［決定版］

新・ほんとうにわかる
経営分析

Business Analysis Made Easy

公認会計士
高田直芳
Naoyoshi Takada

ダイヤモンド社

はじめに

　本書は、企業経営者や中堅幹部の方々にとって「ほんとうにわかる経営分析」をお伝えするものです。若きビジネスパーソンにとっても、会計や経営分析に関する基礎知識が身につくような工夫を凝らしました。

　金融機関の与信審査や取引先の信用調査に携わる担当者、アナリストなどの専門家、株式投資に取り組んでいる方々にも、十分に役立つ内容としました。

　IFRS基準（国際会計基準）やM&A戦略への取り組みかたや、実務上のブラックボックスとされる為替感応度分析、そして翌期の予算貸借対照表の作成方法も紹介しています。筆者の、銀行員時代から公認会計士までの知識や経験を総動員して、読み応えのあるテーマを取り揃えました。

　特に最終章では、粉飾決算の事例を紹介し、読者にガチンコ勝負を挑んでいます。古今東西の企業で考案された不正会計の仕組みを暴き、不適切会計問題で「袋だたき」にあっている会計からの逆襲を試みています。

　もちろん、経営分析の本来の目的は、粉飾決算や不正会計を解明するものではありません。重要なのは、全体の体系を俯瞰し、「なぜ、そう考えるのか」を自らに問い、「分析結果を見て、企業の財務諸表は何を訴えているのか」を読み取ることです。

　それがわからなければ、どんなに数多くの経営指標を並べても、その本質を読み取ることはできないでしょうし、第三者を説得することもできません。「風説の流布」に惑わされることなく、自らの分析能力を磨くことで、数値の裏に隠された「企業の叫び声」を聞き取ってください。

　本書の大きな特徴は、経営指標や分析手法の背後にある "know why" の解説に重点を置いていることです。計算式や専門用語の "know how" を浅く広く書いて、結局、実務で役立たなければ何の意味もない、と考えたからです。読者に徹底的に考えていただくことを主眼としたため、これだけの分量になってしまいました。話題が多くて、どうもすみません。

　ただし、目次をご覧いただければ、遊びの要素がふんだんに盛り込まれていることを、ご理解いただけるはずです。高校の数Iで挫折した者でも理解できる内容にしてほしい、という声にも配慮しました。

なお、本書は、2002年7月に出版した『決定版　ほんとうにわかる経営分析』（PHP研究所）を全面改訂したものです。出版当時から12年6か月も経過すると、法令や会計基準もさすがに様変わりします。今回の『新・ほんとうにわかる経営分析』は、最新の制度改正までを見すえた内容としました。

　それでは、企業活動のダイナミックな世界を、経営分析の目を通してご案内しましょう。独断と偏見に、毒舌とユーモアを盛り込んだ「アカウンティング・エンターテインメント」の始まりです。

2016年1月

公認会計士　高　田　直　芳

【凡例】

1．本書では、2種類の引用符号を用いています。

（1）図表や文章の左肩や右肩に「＊英数字」が表示されている場合、その前後にある文章の金額または単語と対応表示させています。

（2）用語の右肩に「①」の丸数字が表示されている場合、ページ下にある脚注をご覧ください。参照法令や参考文献を掲載しています。

2．企業名は、東洋経済新報社『会社四季報』または日本経済新聞社『日経会社情報』で採用されている名称によっています。

3．財務諸表などの数値については、原則として表示桁数未満を四捨五入しています。

[決定版]
新・ほんとうにわかる経営分析
Business Analysis Made Easy

目次

CONTENTS

第1章 はい、こちら粉飾決算研究所です

第1節 経営分析は、不適切会計問題を解明するものではないけれど —— 2
- 1-1-1 大きな声ではいえない、ここだけの話 —— 2
- 1-1-2 東芝問題で一躍有名になった「不適切な会計処理」 —— 3
- 1-1-3 不正会計、粉飾決算、不適切会計は、どう違うのか —— 4

第2節 日本基準とIFRS基準の対立が粉飾を生む —— 6
- 1-2-1 経理操作というグレーゾーンがある —— 6
- 1-2-2 「のれん」について、IFRS基準は「奇貨おくべし」 —— 7
- 1-2-3 経理操作に、ほくそ笑む人たちがいる —— 8
- 1-2-4 粉飾決算は、錯覚と欺瞞から成り立っている —— 9
- 1-2-5 火（粉飾決算）のないところに、煙（経理操作）はたたぬ —— 9

第3節 経営分析は、仲違いする指標で成り立つ —— 11
- 1-3-1 経営分析の土俵に立つ二本柱 —— 11
- 1-3-2 「儲けがすべてではない」と、うそぶく人々 —— 12
- 1-3-3 短期的には反目し、長期的には寄り添う男女の仲 —— 13
- 1-3-4 収益性とキャッシュフローの板挟みに、痩せる思い —— 14
- 1-3-5 トレードオフ曲線上は「常に一定」と油断する —— 15
- 1-3-6 総資本営業利益率から、ROAやROEが、う、生まれる —— 16

第2章 企業の声、財務諸表をして語らしむ

第1節 コロンブスも想像していなかった世界 —— 18
- 2-1-1 難読語の乱立が、会計アレルギーを生む —— 18
- 2-1-2 上場企業と非上場企業では、作る財務諸表が異なる —— 19
- 2-1-3 財政状態変動計算書って何? と、損益計算書が問う —— 19
- 2-1-4 財務諸表は新大陸から東方貿易へ広がる —— 20

第2節 損益計算書って、何様? —— 22
- 2-2-1 収益性分析のターゲットは、損益計算書にあり —— 22
- 2-2-2 人の英知を結集した産物なのに —— 22
- 2-2-3 損益計算書の番外編が肩で風を切る時代 —— 24

2-2-4	営業外損益の下にある「ケーツネ」	24
2-2-5	「何がなんだか、わかりません」の法人税等	25
2-2-6	当期純利益は最終利益なのか、2歩手前の利益なのか	25
2-2-7	財務諸表利用者の利便性を考慮しない会計基準	26

第3節　損益計算書の「昔は良かった」問題 —————————— 27

2-3-1	2015年3月末の深夜零時に起きた革命	27
2-3-2	非支配株主（旧・少数株主）とは、新自由人のこと	28
2-3-3	親と子の、微妙なバイアス関係	29
2-3-4	私は誰の子、あなたの子	29
2-3-5	学説の対立が、財務諸表を崩壊させる	30
2-3-6	会計基準が押す横車には困ったものだ	31

第4節　貸借対照表は愚痴をこぼさず —————————————— 32

2-4-1	洗練された様式美に、歴史の苦闘を見る	32
2-4-2	経営分析は枝葉末節にこだわらない	33
2-4-3	「経営分析の二本柱」と「財務諸表の両輪」	33
2-4-4	なぜ、収益性分析だけでは駄目なのか	34
2-4-5	「古き良き時代」の流れは、ここで終了	34

第5節　寄せ木造りの貸借対照表 ———————————————— 36

2-5-1	総資本さんと使用総資本さん、どちらをご指名	36
2-5-2	資金は流動化したり、固定化したり、忙しい	37
2-5-3	固定資産は資金に窮屈な思いをさせる	37
2-5-4	固定資産、ごめんなさい	38
2-5-5	そこのけそこのけ、親会社説の自己資本が通る	39
2-5-6	あつものに懲りて資本コスト率にひるむ	39
2-5-7	経済的単一体説は親会社説を、うっちゃれるか	40

第3章　右手に貸借対照表を、左手に損益計算書を

第1節　貸借対照表と損益計算書のバラバラ事件 ——————— 44

3-1-1	財務諸表をバラして経営指標をドッキング	44
3-1-2	貸借対照表を本当に、バラしてみました	45
3-1-3	流動比率で、明日の支払能力がわかる	46

CONTENTS

3-1-4	冷めた目線と上から目線	46
3-1-5	流動比率を用いるときの留意点	47
3-1-6	当座比率をよく味わってね	48
3-1-7	カモがネギを背負って借金をする	49
3-1-8	固定比率は、ないがしろにされる	50
3-1-9	固定長期適合率とは、いかめしい名だ	51
3-1-10	固定長期適合率と流動比率の因果関係を問う	52

第2節 他人資本比率と自己資本比率に隠された嘘を見抜け ———— 53

3-2-1	日本の中小企業は、借金に強く依存する	53
3-2-2	他人資本比率で財務諸表の裏を読め	54
3-2-3	一犬虚に吠ゆれば自己資本比率を計算できる	54
3-2-4	自己資本比率ランキング表に隠された嘘	55
3-2-5	ただそれだけのD/Eレシオ	56
3-2-6	日本の会計基準は自己資本比率を崩壊させる	57

第4章 貸借対照表を倒せ、転がせ、引っ繰り返せ

第1節 売上高とキャッシュを転がしてみました ———————————— 60

4-1-1	静かなる指標から、動きのある指標へ	60
4-1-2	ビジネスは、さや取りだけでなく、スピードも重要	61
4-1-3	回転率や回転期間を細かく調理する	61
4-1-4	ヒトが変わる、モノやカネも変わる	62
4-1-5	それにつけても、カネの欲しさよ	62
4-1-6	キャッシュが転がらぬと、資金はショートする	63
4-1-7	キャッシュの最適残高は存在するか	64

第2節 お得意様への債権を転がしてみました ———————————— 66

4-2-1	「一見さん、お断わり」が意味するもの	66
4-2-2	売掛債権回転期間と回収サイトの極意を伝授	67
4-2-3	欄外の割引手形にこだわる人へ	67
4-2-4	売掛債権回転期間で社長に怒られる	68

第3節 二重人格の棚卸資産回転期間 ———————————————————— 70

| 4-3-1 | 商品は廃棄損、製品は評価減の違いがある | 70 |

	4-3-2	製品・商品・仕掛品・貯蔵品に区分する実用性はない	71
	4-3-3	棚卸資産回転期間 Part I	71
	4-3-4	棚卸資産回転期間 Part II	72
	4-3-5	閑話休題	73

第4節 製品と仕掛品は右へ転がり、現金は左へ転がる ———— 75

	4-4-1	葬り去られた製造原価明細書の復活戦	75
	4-4-2	勘定連絡図に目まいを起こした人へ	75
	4-4-3	製品と材料の回転期間は簡単に計算できるのに	78
	4-4-4	仕掛品の回転期間がクセモノ	79
	4-4-5	仕掛品には3つの顔がある	80
	4-4-6	よせ! 仕掛品回転期間に深入りするな	81

第5節 固定資産が繰り出す減価償却マジック ———————— 83

	4-5-1	IFRS基準は、有形資産と無形資産と呼ぶんだってさ	83
	4-5-2	減価償却「引当金」を見かけたら笑っちゃおう	84
	4-5-3	有形固定資産では回転期間が用をなさず	85
	4-5-4	固定資産回転率は2つの錯覚に陥りやすい	86

第6節 のれんとM&AがIFRS基準を増長させる ——————— 88

	4-6-1	腕押しした「のれん」の向こう側	88
	4-6-2	「のれん」は粉飾にあらず。典型的な経理操作なり	89
	4-6-3	IFRS基準の企業を、あしらう方法、あります	90
	4-6-4	研究開発費＝（研究費）＋（開発費）	91

第5章 貸借対照表の右側の話、右です、右

第1節 借りたものは必ず返しなさい ——————————————— 94

	5-1-1	他人資本は買掛債務と有利子負債に注目する	94
	5-1-2	短期借入金の運用先に注意せよ	95
	5-1-3	短期借入金の長期化は「分析眼」を曇らせる	95
	5-1-4	割引手形は手形の売却	96
	5-1-5	有利子負債回転期間から「借金漬け」の度合を知る	97
	5-1-6	支払いは延ばせばいいってもんじゃない	98
	5-1-7	買掛債務回転期間は分母に注意	99

CONTENTS

| | 5-1-8 | 買掛債務を仲間はずれにしないで | 100 |

第2節　固定負債の調達は、案外、難しい ——— 101

	5-2-1	直接金融・間接金融は死語です	101
	5-2-2	設備投資は長期の資金調達で行なえって本当?	102
	5-2-3	他に収益性の高いビジネスモデルを抱えているか	103
	5-2-4	有利子負債返済期間	103
	5-2-5	短期借入金が長期化する	104
	5-2-6	ローンが得か、リースが得か、それが問題だ	105

第3節　自己資本だからって自由にできるわけじゃない ——— 107

	5-3-1	株主資本と自己資本の名称を間違えないこと	107
	5-3-2	その他の包括利益累計額（評価・換算差額等）	107
	5-3-3	非支配株主持分	108
	5-3-4	結局、債務超過って何なのさ?	108
	5-3-5	債務超過はバックネットを直撃するほどの大暴投	109
	5-3-6	株式数と株価のデータを入手する	110
	5-3-7	株主資本等変動計算書や包括利益計算書は相手にしない	110

第6章　ここが収益性分析の本丸だ

第1節　財務諸表からROAとROEをおびき出す方法 ——— 114

	6-1-1	誰がために収益性の鐘は鳴る	114
	6-1-2	資本利益率を計算するのが、いの一番	115
	6-1-3	四半期報告書で開示される利益には工夫が必要	115
	6-1-4	総資本や自己資本にも工夫が必要	117
	6-1-5	数十種類の資本利益率を用いる金融機関	118
	6-1-6	ROAとROEが現われたぞ、と	118

第2節　ROAは企業の意思決定を迷わせる ——— 120

	6-2-1	資本利益率には効用があるが、限界もある	120
	6-2-2	総資本営業利益率と総資本当期純利益率の比較問題	121
	6-2-3	個々のプロジェクトに隠された罠	122
	6-2-4	一見、優劣がつかないプロジェクトだが	123
	6-2-5	総資本当期純利益率が優れている理由	124

| | 6-2-6 | 総資本営業利益率のほうが優れている理由 ————————— | 124 |

第3節　猫も杓子もROE経営 ——————————————————————— 126

	6-3-1	なぜ、自己資本「当期純」利益率ではないのか —————————	126
	6-3-2	ROEの分子は、なぜ、1種類だけでいいのか —————————	127
	6-3-3	ここでも親会社説の横車　ああっ、面倒くさっ! —————————	127

第4節　資本利益率を分解したら何が出る ——————————————— 129

	6-4-1	総資本営業利益率をバラセ —————————————————	129
	6-4-2	流通業界の総資本営業利益率は四字熟語を表わす ———————	129
	6-4-3	トレードオフ曲線がなだらかに描かれる理由————————————	130
	6-4-4	回転率や回転期間は新陳代謝の度合を表わす —————————	131

第7章　利益増減要因分析から為替感応度分析へ

第1節　経営分析の古典的名作をどうぞ ——————————————————— 134

	7-1-1	商品や製品1個あたりの儲けを調べる方法 ———————————	134
	7-1-2	営業利益はなぜ、増えたり減ったりするのか —————————	135
	7-1-3	販売価格、販売数量、コストダウンの三角関係に悩む —————	135
	7-1-4	営業利益の増減には理由がある。結果がある———————————	137
	7-1-5	販売価格と販売数量の関係は複雑だ —————————————	137
	7-1-6	売上高の増減要因分析から見えてくるもの ———————————	139
	7-1-7	営業コストの増減要因分析で初めてわかること ————————	140

第2節　利益増減要因分析表で、こんなことがわかりました———————— 142

	7-2-1	四角四面の利益増減要因分析表ですが ————————————	142
	7-2-2	営業利益の増減を売上高面とコスト面に分解する ———————	142
	7-2-3	「販売価格の変化率」と「営業コストの変化率」を求める ———	142
	7-2-4	利益増減要因分析表を要約してみよう ————————————	145
	7-2-5	利益増減要因分析は利用する者の力量を推し量る ———————	146

第3節　為替感応度分析で円安円高の耐性を知る ——————————— 147

	7-3-1	メディアでもブラックボックスの為替感応度 —————————	147
	7-3-2	発想の転換と、発想の飛躍と、適当な着地 ———————————	148
	7-3-3	超円高がニッポン企業を海外へ押しやった ———————————	149
	7-3-4	為替レート変動率を求めましょう ———————————————	149

CONTENTS

| 7-3-5 | これがタカダ式為替感応度分析表です | 150 |
| 7-3-6 | ブラックボックスに風穴を開けました | 150 |

第8章 そこのけそこのけ、CVP分析が通る

第1節 CVP分析を知らなければ経営分析にあらず ——— 154
8-1-1	CVP分析は正方形で描くのがマナーです	154
8-1-2	売上高に従う変動費、我関せずの固定費	154
8-1-3	空中に浮かぶ損益分岐点は風の向くまま	156
8-1-4	損益分岐点は直感で理解できるのが強み	157
8-1-5	損益分岐点売上高を加減乗除で求めましょう	157
8-1-6	損益分岐点比率と経営安全度	158

第2節 上場企業の「決算短信」で活躍するCVP分析 ——— 160
8-2-1	売上高がわかれば当期純利益の予想がつく	160
8-2-2	当期純利益がわかれば目標売上高だってわかる	161
8-2-3	上場企業でも予算貸借対照表を作るのは難しい	162

第3節 えいやっと、固定費と変動費を分解する方法 ——— 163
8-3-1	現代の会計システムで100%採用されている方法	163
8-3-2	固定費と変動費をそんなに簡単に分けてもいいの?	163
8-3-3	固変分解は新入社員に行なわせよう	165

第9章 経営者の常套句「固定費を削減せよ」

第1節 「付加価値も同時に高めよ」「社長、それは無理です」 ——— 168
9-1-1	CVP分析の基本型をもう一度	168
9-1-2	固定費と変動費を入れ替えても同じ点が浮かぶ	169
9-1-3	限界利益の正体は付加価値にあると見た	170
9-1-4	EBITDA（えびっとだ）って何?	171
9-1-5	固定費を削減すると、付加価値は増加する?	172
9-1-6	CVP分析を歪曲する人たちに告ぐ	173

第2節 上場企業で業績の下方修正が起きるワケ ——— 174

9-2-1	決算短信の「業績予想」に隠された謎	174
9-2-2	売上高と営業利益を介在する「謎の正体」	175
9-2-3	弾力係数を知っておくと食が進む	175

第3節 経営分析の限界と、それを乗り越えた先にあるもの —————— 178

9-3-1	大正9年（1920年）から時が止まった経営分析	178
9-3-2	CVP分析から浮かび上がる素朴な疑問	179
9-3-3	多くの企業で固定費がマイナスになるのは、なぜか	179
9-3-4	総コスト線を1次関数で描くのは正しいことなのか	180
9-3-5	経営分析の革新を目指して	181

第10章 税と、加重平均資本コスト率（WACC）の二重奏

第1節 経営分析に立ちはだかる壁、それが税 ————————————— 184

10-1-1	食わず嫌いの税効果会計	184
10-1-2	法定実効税率の求めかた	185
10-1-3	税効果会計のお陰で当期純利益が復活する	186

第2節 WACCとNOPATとROEのローマ字戦争 ————————————— 187

10-2-1	モルモット企業は、二番手商法に負ける	187
10-2-2	3つを足して、3で割ると	188
10-2-3	すべてを税引き後にそろえて天下統一	189
10-2-4	加重平均資本コスト率の注意点を少々	190
10-2-5	調達する資金に制約があると困るんです	191
10-2-6	目標ROEはハードルレートと呼ばれる	192

第11章 いでよ！ キャッシュフロー分析

第1節 自己資本利益率ROEにこだわる人たちへ警告する ——————— 194

11-1-1	収益性分析だけではダメよ、ダメだめ	194
11-1-2	日銭商売は最強のビジネスモデルだ	195
11-1-3	損益計算書のフローと、キャッシュフロー計算書のフロー	196
11-1-4	利益とキャッシュフロー、あなたはどちらを重視する？	197

CONTENTS

11-1-5 収益性とキャッシュフローは水と油の関係なり ———— 197

11-1-6 月末の1億円より、明日の100万円がほしい ———— 199

第2節 資金は八方美人なり ———————————————— 200

11-2-1 左から右か、右から左か ———————————————— 200

11-2-2 資金繰りを理解できないのが、つまずきのもと ———— 201

11-2-3 柱は借金で建てて、屋根は社債で棟上げ ——————— 201

11-2-4 経常資金は損益計算書にも隠されている ——————— 202

11-2-5 会計制度は様式美に無頓着 ———————————————— 203

第3節 キャッシュで最大派閥の営業運転資金 ——————— 204

11-3-1 営業運転資金は、ぐるぐる回る、目が回る ————— 204

11-3-2 現金を持つのは資金の運用といえるのか ————— 205

11-3-3 売掛債権を眠らせるな、太らせるな ——————— 205

11-3-4 二律背反を同時に追い求める —————————————— 206

第4節 在庫の恐ろしさは誰もが知っているはずなのに ——— 208

11-4-1 赤信号、みんなで在庫を増やせば怖くない ————— 208

11-4-2 在庫がどんどん、どんどん増える理由 ——————— 209

11-4-3 適正在庫は回転期間からわかるもの ——————— 209

11-4-4 収益性と資金繰りは親友でありライバルである ——— 210

11-4-5 年末にどっと押し寄せるものがある ——————— 211

11-4-6 年末決済資金は冬のヒマワリ —————————————— 211

第12章 固定資金を経由して正味営業運転資金まで

第1節 設備投資で失敗した固定資金は悲惨な結末 ————— 214

12-1-1 設備投資は経営者の力量が問われる ——————— 214

12-1-2 安易な設備投資は末代までの恥となる ——————— 215

12-1-3 有形固定資産回転率を後から見ても遅い ————— 216

第2節 決算資金は年度末後に襲いかかる大津波 ————— 218

12-2-1 営業活動の外でも資金は独りでに動く ——————— 218

12-2-2 決算資金はキャッシュの垂れ流し ——————— 219

12-2-3 決算資金は建前と本音の食い違い ——————— 220

第3節 内部留保と非資金コストの綱引き合戦 ——————— 221

12-3-1	内部留保が白旗を揚げる	221
12-3-2	勝利の陰でほくそ笑む非資金コスト	222
12-3-3	キャッシュフロー計算書は内部留保を無視する	223

第4節　正味の営業運転資金 ——————————————————————————————— 225

12-4-1	Show Me！　営業運転資金	225
12-4-2	いまさら回転期間なんて、遅すぎる	226
12-4-3	正味の経常資金と混同するな	227

第13章　資金繰り表はカラダで覚えるもの

第1節　資金繰り表を見ると目が点になる人へ ——————————————————— 230

13-1-1	つじつま合わせに苦労する	230
13-1-2	かなり細かいかもしれませんが	231
13-1-3	内部の眼、外部の眼	231
13-1-4	パッと見て直感的にわかるものがいい	233
13-1-5	脳ミソに汗をかけ	233

第2節　資金繰り表に悪戦苦闘する ——————————————————————————— 235

13-2-1	資金繰り表をなめまわす	235
13-2-2	営業収入の4つのポイント、いえ死角です	236
13-2-3	営業支出は六変化する	238
13-2-4	いや～ん、営業収支のオシリのにおい	240
13-2-5	設備投資は予算でフォローしろ	240
13-2-6	財務収支はガス抜き調整弁	241
13-2-7	資金繰り表は資料ファイル棚の肥やし	242

第14章　キャッシュフロー計算書と資金運用表の合わせ技一本勝負

第1節　キャッシュフロー計算書に隠された、重大な欠陥 ————————— 244

| 14-1-1 | 分析する者にとって漁夫の利となるキャッシュフロー計算書 | 244 |
| 14-1-2 | 営業活動キャッシュフローが一番重要 | 245 |

CONTENTS

14-1-3 キャッシュフロー計算書は大雑把な性格 —————— 246

14-1-4 フリーキャッシュフローは「ごった煮」状態 —————— 247

14-1-5 キャッシュで満たされた宝島を探せ ——————— 248

第2節 資金運用表で免許皆伝 ————————————— 249

14-2-1 キーワードは資金の量と方向性 ———————— 249

14-2-2 上場企業のみなさん、ありがとう ——————— 250

14-2-3 資金運用表の一丁上がり ——————————— 252

14-2-4 キャッシュフロー計算書から資金運用表への組み替え —— 253

14-2-5 動態分析の極意をご覧あれ ———————————— 254

第3節 資金運用表チェックリストで「問題あり」 ———— 256

14-3-1 株主にとって言わずもがなの配当性向 —————— 256

14-3-2 企業にとって社外流出率が雌雄を決する————— 257

14-3-3 あつものに懲りて、手堅い設備投資 —————— 258

14-3-4 経常資金の中にもベクトルがある ——————— 258

14-3-5 資金運用表チェックリスト———————————— 258

14-3-6 「問題あり」って何が問題？ ———————————— 258

第4節 翌期の「予算貸借対照表」の作りかた、教えます —— 261

14-4-1 翌期の「予算貸借対照表」を作成できない理由 —— 261

14-4-2 損益計算書は貸借対照表の連結環にあらず————— 261

14-4-3 翌期の資金運用表を作成せよ —————————— 262

14-4-4 予算貸借対照表を作成するための総仕上げ ————— 263

第15章 粉飾決算研究所からの告発

第1節 会計監査でも見抜けない裏技がある ——————— 266

15-1-1 東芝の不適切会計問題は古典的名作ばかり ————— 266

15-1-2 さらば同志、粉飾決算で見事に散る ——————— 267

15-1-3 最初から粉飾決算と疑うわけにいかないし ————— 268

15-1-4 インターネットにある「買い物かご」の誘惑 ———— 269

15-1-5 動機の不純な子会社、それを食い物にする親会社 —— 270

15-1-6 値札飛ばしのルーツは不良債権飛ばしにあり————— 271

15-1-7 営業利益が売上高を上回る上場企業が存在した ———— 272

| 15-1-8 目クソが笑う | 272 |

| 第2節 | **究極の粉飾決算メニューをどうぞ** | 274 |

15-2-1 借入金が売上高に化ける錬金術	274
15-2-2 貸借対照表と損益計算書が生まれる前の姿	275
15-2-3 簿外負債は収益を劇的に改善させる	276
15-2-4 包括利益の敗者復活戦	277

| 第3節 | **棚卸資産に対する粉飾** | 278 |

15-3-1 本日は棚卸につき休業します	278
15-3-2 時価評価が現場を混乱させる	279
15-3-3 評価方法の多様性が粉飾に拍車をかける	280
15-3-4 研究開発費はどこへ消えた、誰が隠した	280
15-3-5 オーナーとイエスマンがはびこる企業	281
15-3-6 霞が関と虎ノ門の天下りシステムが最も強力	282

| 第4節 | **固定資産に対する粉飾** | 283 |

15-4-1 粉飾決算のゴミ箱といわれる由縁	283
15-4-2 よくここまでやるものだ	284
15-4-3 「おバカな企業だ」と腹の中で笑う	284

| 第5節 | **投資勘定と簿外負債の粉飾** | 286 |

15-5-1 金融商品会計の外ですから心配御無用	286
15-5-2 回収されることのない長期未収入金	287
15-5-3 粉飾決算のスパイラル現象	288
15-5-4 二重帳簿はどこへ消えた	288

第16章 粉飾決算はトイレ掃除の仕方でわかる

| 第1節 | **損益計算書からのアプローチ** | 292 |

16-1-1 掃除道具はそろったか	292
16-1-2 利益増減要因分析を活用する	293
16-1-3 売上総利益の増減が嘘の始まり	293
16-1-4 パーセントで裏付け捜査を行なえ	294
16-1-5 自白の強要	295
16-1-6 世間の良識で販管費に切り込め	295

	16-1-7　少額といえども支払利息に矛盾はないか	296
第2節	**貸借対照表からのアプローチ**	297
	16-2-1　粉飾決算は年度末に集中する	297
	16-2-2　買掛債務と融通手形のドッキング	297
	16-2-3　台所事情は火の車	298
	16-2-4　苦肉の押し込み販売	299
	16-2-5　倉庫の棚に並んだ在庫も怪しい	300
	16-2-6　こうなったら固定資産も疑え	300
第3節	**粉飾決算・番外編**	301
	16-3-1　善意の粉飾と、悪意ある粉飾	301
	16-3-2　社長も知らないところで	302
	16-3-3　抜かずの宝刀の斬れあじ	303
	16-3-4　建設業は「粉飾決算のデパート」って本当ですか	304
	16-3-5　別表一、四、五で粉飾決算の足がかり	304
	16-3-6　「下の下」の企業	305
	16-3-7　税務申告書が悪用される	306
第4節	**アカウンティング・エンターテインメントは続く**	308
	16-4-1　大理石で固められたトイレも要注意	308
	16-4-2　ゲームの達人と、宿命の対決	308
	16-4-3　会計監査はコピーに騙され続けた歴史である	310

第 1 章

はい、
こちら粉飾決算
研究所です

第1節

経営分析は、
不適切会計問題を解明するもの
ではないけれど

――― 世間の信用をなくなしたが最後、人間ど
うじたばたしてみたところで、もう誰も
相手にはしてくれませんからね。

（里見　弴『多情仏心』）

1-1-1　大きな声ではいえない、ここだけの話

　1973年、愛知県の信用金庫で、電車の中で交わされた女子高校生の会話
を発端として、取り付け騒ぎが起きたことがありました。

　いまや、インターネット全盛時代。140文字程度の呟きで、ウソかマコト
か、情報発信源はどこなのか、といったことを確かめる間もなく、企業に関
する情報が瞬時に伝播します。

　サイバー攻撃とは、インターネットを通して、政府や企業のシステムを直
接破壊することをいいます。これからは、噂やデマによる攻撃で、企業が一
気に追い詰められるケースが出てくるかもしれません。

　特に、悪い情報は伝達速度が速い、という特徴があります。企業のあずか
り知らぬところで、数十万人・数百万人へと「くさい情報」が一気に広がる
ので、当事者である企業は蓋のしようもなく、気がついたときにはブラック
企業の烙印を押されてしまいます。

　企業の未発表の情報を利用して株式投資を行なうと、インサイダー取引と
して処罰されます①。ところが、それがインサイダー情報だと理解していな
い素人が、インターネットという鍵を使って、パンドラの箱をうっかり開け
てしまうことだってあり得ます。

---

①金融商品取引法166条

2

とはいえ、情報を隠すことに汲々とし、真実の姿を伝えない企業の側に、問題の本質があるのはいうまでもありません。

企業が公表する製品情報や、有価証券報告書などで開示される財務諸表などをつぶさに観察すると、どんなに隠しても隠し切れないメッセージを読み取ることができる場合があります。企業をめぐる噂は本当なのか、企業が公表する情報は信用できるのか、そうしたことを冷静に判断するのが経営分析です。

最善（ハイリターン）を予測しながら、最悪（ハイリスク）の事態をも読み取るところに、経営分析の妙味がある、というのは、斜に構えた見方でしょうか。

だとしたら、まずは、必ず最悪の事態を招くケースを知ることから始めましょうか。

1-1-2　東芝問題で一躍有名になった「不適切な会計処理」

2015年2月、金融庁の証券取引等監視委員会に、1通の内部通報が寄せられました。それが対外的に公表されたのは、2か月後。

東芝の「不適切な会計処理に関する問題」、略して「不適切会計問題」の始まりです。

最初に「不適切な会計処理とは何か」それを説明しておきます。これは「意図的であるか否かにかかわらず、財務諸表作成時に入手可能な情報を使用しなかったことによる、又はこれを誤用したことによる誤り[2]」をいいます。

意図的に行なうものを「不正」といい、意図的でないものを「誤謬」といいます。

しばしば耳にするのが、「これは会社のために良かれと思ってやったこと。個人的に利益を得た行為（利得行為）は一切ない」と抗弁する社員がいることです。会社のためか、個人のためかに関係なく、第三者を欺く意図があるならば、それは「不正」になります。

意図的ではない「誤謬」には、次のパターンがあります[3]。

---

[2]日本公認会計士協会監査・保証実務委員会研究報告第25号『不適切な会計処理が発覚した場合の監査人の留意事項について』Ⅱ1

図表1　誤謬のパターン

> （1）財務諸表の基礎となるデータの収集または処理上の誤り
> （2）事実の見落としや誤解から生じる会計上の見積りの誤り
> （3）会計方針の適用の誤りまたは表示方法の誤り

　東芝で問題となった「不適切な会計処理」は、「誤謬」では収まらなかったようです。

　「これはヤバイぞ」という後ろめたさがあったからこそ、不適切会計問題が表面化した直後に、東芝は、翌期の業績予想を取り下げたり、無配を表明したりしたのでしょう。

1-1-3　不正会計、粉飾決算、不適切会計は、どう違うのか

　2015年の東芝問題を機に、とんでもない誤用として広まってしまった語に「粉飾」があります。

　同年7月21日付の日本経済新聞では、次の記事が掲載されました。

> 　損失隠しや利益の水増しが組織的に行なわれ悪質性が高くなると「不正会計」、刑事告発されて事件になれば「粉飾」と呼ぶのが一般的だ。（日本経済新聞、2015年7月21日付）

　上記の記事は何度読んでも、「不正会計→粉飾」という発展型で読めてしまいます。へぇ、そうなんですか、と驚いてしまいました。

　筆者も随分と長い間、経営分析や管理会計の専門家として活動してきましたが、日本経済新聞のような「一般的な解釈」があることを、2015年7月21日になって初めて知りました。へぇ、そうなんですか。

　筆者は、大メディアに抗する力など持ってはいません。しかし、おかしいものは、おかしい、と述べておかないと、専門家としての沽券に関わります。

---

③前掲報告Ⅲ1

第1章　はい、こちら粉飾決算研究所です

　本書では、不正会計や粉飾決算について、次の扱いとします。

　まず、意図的であるかないかに関係なく、利益を過大に表示する会計処理を「粉飾決算」と定義します。その反対に、意図的であるかないかに関係なく、利益を過小に表示する会計処理を「逆粉飾」と定義します。これらの定義に、先ほどの「不正」や「誤謬」の定義を組み合わせると、**図表2**になります。

図表2　不正会計、粉飾決算および不適切会計

	[*1]粉飾決算	[*2]逆粉飾
[*3]不正	(A)	(B)
[*4]誤謬	(C)	(D)
[*5]経理操作	(E)	(F)

　上場企業は「株価を上昇させたい」というインセンティブ（誘因）が強く働くため、**図表2**にある[*1]粉飾決算の誘惑に負けやすい傾向があります。これは**図表2**（A）に該当します。2015年の東芝問題や、2011年のオリンパス事件は、ここに該当します。

　非上場企業の[*3]不正は、少々複雑です。「納税額を1円でも減らしたい」というインセンティブが働く場合は、[*2]逆粉飾に流れやすくなります。これは**図表2**（B）に該当します。

　公共工事の入札に参加する場合や、銀行からの融資を引き出したい場合は、何としてでも黒字決算とする必要があるので、[*1]粉飾決算に流れやすくなります。これは**図表2**（A）に該当します。

　上場企業や大企業では、会計監査人による会計監査が義務づけられています。監査の現場で、会計監査人から企業に対して、[*4]誤謬の是正を求めるのが、**図表2**の（C）と（D）です。

　図表2（A）（B）（C）（D）を合わせたものが「不適切会計」であり、このうちの（A）と（B）が「不正会計」と呼ぶべきものです。

　以上の定義を踏まえると、「不正会計→粉飾決算」という発展型になりません。この点を、しっかりと押さえましょう。

5

第2節

日本基準と
IFRS基準の対立が
粉飾を生む

――――噂は、それを語る人によって、人々は信
じるか信じないかを決める。
（司馬遼太郎『項羽と劉邦』）

1-2-1　経理操作というグレーゾーンがある

　不正や誤謬があるわけではないのに、アゴの下あたりに妙なむず痒さを感じるのが、**図表2**の最終行にある*5経理操作です。会計基準が、1つの取引について2種類以上の会計処理を容認し、どれを選択するかを企業の裁量に委ねている場合に発生します。

　例を挙げましょう。会社法や金融商品取引法など日本独自の会計基準（以下、「日本基準」といいます）では、商品を自社の倉庫から出荷した時点で売上高を計上することを原則としています。これを出荷基準といいます。

　一方、グローバル・スタンダードの会計基準とされるIFRS基準④では、出荷基準を原則的な処理方法として採用していません。

　IFRS基準では、「収益とは、当該会計期間中の資産の流入若しくは増価⑤又は負債の減少の形をとる経済的便益の増加であり、持分参加者からの拠出に関連するもの以外の持分の増加を生じさせるものをいう⑥」と定義しています。

　難解な表現です。会計基準は総じて「よらしむべし、しらしむべからず」

――――――――――――――――――――――――――――――
④International Financial Reporting Standards　「国際会計基準」や「国際財務報告基準」と訳します。
⑤ここは「増加」ではなく、「増価」です。会計基準は難しい。
⑥会計制度委員会研究報告第13号「我が国の収益認識に関する研究報告（中間報告）IAS第18号「収益」に照らした考察」

のところがあるので、やむを得ません。

　噛み砕いて表現するならば、「売掛金を確実に回収できる段階になったら、売上高を計上してもいいですよ」と定めているのが、IFRS基準です。

　この会計基準によれば、商品を倉庫から出荷した時点や、商品が相手に到着した時点では、売上高の計上が早すぎる、と解釈します。かといって、相手が商品を検収し、「貴社の商品には満足しました」という通知を受け取った時点で売上高を計上するのでは遅すぎます。

　そこで、相手が商品を検収したであろうと、販売した企業側で推認できる時点に至ったら、売上高を計上してもいいですよ、というのがIFRS基準の立場です。これを検収基準といいます。

　日本国内の配送事情を考慮した場合、検収基準は出荷基準に比べて、数日程度、売上高の計上が遅くなります。

　そこで問題となるのが、出荷基準から検収基準へ、会計処理を変更した場合です。

　日本基準を採用している企業が、出荷基準から検収基準へ変更することは、逆粉飾（利益の過小計上）となり、**図表2**（B）に該当します。

　ところが、日本基準からIFRS基準へ乗り換える場合は、IFRS基準が「錦の御旗」になります。したがって、出荷基準から検収基準への変更は、**図表2**（F）に該当し、経理操作として容認されるのです。

1-2-2　「のれん」について、IFRS基準は「奇貨おくべし」

　図表2（E）に該当するものとしては、「のれん」があります。これは、M&A[7]によって取得した「被買収企業側の価額」が、「買収企業側で受け入れた価額」を上回る場合、その超過額をいいます[8]。

　日本基準によれば、のれんは20年以内に償却する必要があります[9]。償却しなかった場合は、**図表2**（A）に該当します。

　のれんの償却問題については〔4-6-1〕以降で改めて説明します。ここで

---

[7]Mergers and Acquisitions（合併および買収）
[8]企業会計基準第21号『企業結合に関する会計基準』31項
[9]前掲会計基準32項

は、最大で20年の歳月にわたり、利益を圧迫する要因になるのだな、と理解しておいてください。

日本基準では償却が義務づけられている「のれん」について、IFRS基準は「償却不要」の扱いです。したがって、IFRS基準を採用している企業が、のれんを償却しなくても、これは**図表2**（E）に該当し、経理操作として容認されてしまうのです。「錦の御旗」おそるべし。

製薬業界やIT業界のように、M&Aで規模の拡大を図りたい企業ほど、のれんの償却を行なわないIFRS基準は都合がいい。「奇貨おくべし」ということで、日本基準からIFRS基準へ乗り換える上場企業が、増加の一途を示しています。

1-2-3　経理操作に、ほくそ笑む人たちがいる

非上場企業になると、経理操作の事例はザラにあります。会社法や金融商品取引法よりも、法人税法に基づく会計処理を重視する傾向があるからです。

例えば、減価償却費。〔15-4-3〕でも説明するように、非上場企業では減価償却費を計上しないケースが多々あります。

減価償却を行なわないのは、明らかに**図表2**（A）に該当するのですが、法人税法では「不正だ」と糾弾されることがありません。法人税法31条1項では、償却限度額に「達するまでの金額」と定められているので、達しなくても（ゼロであっても）税法では「適切な会計処理」になるのです。

減価償却費を計上しなければ、それだけ利益が増えて、納税額が増えて、いいことなんか1つもないはずです。それにもかかわらず、「利益を多く見せたい」というインセンティブが、働く場合があります。

利益を過大表示する非上場企業に対して、税務当局はアドバイスしないのかって？　するわけがありません。だって、余計なアドバイスをしたら、納税額が減ってしまうのですから。

この理屈は、上場企業で行なわれる粉飾決算にも当てはまります。税務当局が、**図表2**（A）に該当する事案を発見しても、「これって、まずいんじゃないですか」と、アドバイスをするわけがないのです。

1-2-4　粉飾決算は、錯覚と欺瞞から成り立っている

　粉飾決算（逆粉飾も含めます）によって欺かれる第三者としては、株主や銀行のほか、取引業者や官公署なども含まれます。彼ら（彼女ら）を、利害関係者（ステークホルダー）といいます。

　経営分析に期待される役割としては、利害関係者が粉飾決算などを見破ることができるかどうか、にあるといえるでしょう。

　粉飾決算は、どこか恋愛に似ています。本当の自分を偽り、他人を欺くものだからです。ロマンスといわれるものの多くは「錯覚と欺瞞から成り立っている」と喝破したのは、19世紀に活躍したイギリスの作家、オスカー・ワイルドでした。

　いえ、恋にはやがて倦怠期が訪れ、自分を虚飾する努力を怠るようになりますが、粉飾決算は破綻する最後まで努力するものなので、両者はやはり異なるか。

　粉飾決算の火種は通常、業績悪化の兆候が認識されたときから、少しずつ燻り始めます。少しずつ、です。一気に燃え広がるわけではありません。

　その後、宝くじ級の僥倖があって、業績が改善された場合は、どさくさに紛れて消えていきます。

　しかし、粉飾決算に手を染める企業は、業績がジリ貧傾向にあるのが常であり、火種は徐々に拡大していきます。業績が少し好転したくらいでは、もはや消し止められない事態に陥ります。

　そして、粉飾決算が明らかになって企業が倒産したとき、企業経営者の多くは「いずれ業績が回復したときに、粉飾決算をやめようと考えていた。あともう少し、おカネがあればなぁ」と言い訳をします。

1-2-5　火（粉飾決算）のないところに、煙（経理操作）はたたぬ

　経営分析を行なう側で最も注意しなければならないのは、毎年作成される財務諸表について、去年と同じ会計処理が採用されているかどうかです。毎年、同じ会計処理が採用されることにより、財務諸表を連続して比較検証することが可能になります。

厄介なのは、経理操作の存在です。

　日本基準からIFRS基準への乗り換えが行なわれていないのに、出荷基準から検収基準へ変更することは、一般的にはかなり問題があるのですが、場合によっては経理操作として容認されることもあります。

　重要なのは、なぜこの時期に変更しなければならないのか、今年になって会計処理の継続性を守れなくなったのは、なぜなのか、その理由を十分に検証することです。

　ときどき、「経営分析によって、粉飾決算を見破ることはできるのか」と質問を受けることがあります。できる場合と、できない場合とがあります。

　粉飾決算に取り組む企業は必死ですから、あの手この手で隠そうとします。それを第三者が見破るのは至難の業です。

　万が一、上場企業の有価証券報告書から、粉飾決算の火種を見つけたとしても、それをインターネットで呟くのは厳禁です。風説の流布⑩に問われかねないからです。

　明確な証拠がなければ、当該企業から名誉毀損で訴えられる可能性があります。運よく見つけたときは、黙って売り抜けましょう。

　それに対して経理操作については、財務諸表を注意深く観察することによって、比較的容易に見抜くことができます。粉飾決算には何らかの経理操作が伴いますから、経理操作の有無は経営分析を行なうにあたって、留意すべき事項です。

　経理操作がそのまま粉飾決算に化ける可能性は低いですが、粉飾決算の前段階として経理操作は必ず行なわれる、と思って差し支えありません。

　むかしの人は、いいました。火（粉飾決算）のないところに、煙（経理操作）はたたぬと。

---

⑩金融商品取引法158条

第3節

経営分析は、仲違いする指標で成り立つ

――――― あまり賢くない人は、自分が理解できない事については何でもけなす。
（ラ・ロシュフコー『箴言集』）

1-3-1　経営分析の土俵に立つ二本柱

経営分析には、主体と客体があります。

主体は「誰が経営分析に取り組むか」です。彼ら（彼女ら）を、利害関係者（ステークホルダー）と呼ぶことは、すでに紹介しました。

客体は「経営指標の何に注目するか」です。収益性、安全性（健全性）、流動性、成長性、生産性、資金繰り、キャッシュフローなどがあります。

これら主体と客体を組み合わせて、そのすべてを説明していては、とても1冊の本に収まりません。

ところが、経営分析には体系があり、誰が見ても、経営指標のどれに着目しようとも、共通の土俵があって嬉しくなってしまいます。その土俵に立つのは、**図表3**に示す二本柱です。

図表3　経営分析の二本柱

（1）収益性分析	……収益力は向上しているか
（2）キャッシュフロー分析	……資金は滞りなく循環しているか

図表3（1）収益性分析と、**同**（2）のキャッシュフロー分析とが、相互に関連し合って、1つの体系を作り出しています。図解すると、**図表4**になります。

11

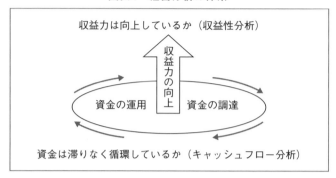

図表4　経営分析の体系

1-3-2 「儲けがすべてではない」と、うそぶく人々

　企業活動の成果は、最終的には「収益力」によって判断されます。
　収益──俗っぽい表現をするならば「儲け」または「稼ぎ」──は、企業活動における究極の目標です。
　儲ける（稼ぐ）以外に、企業が存在する意義などありません。したがって、収益性は、経営分析最大のターゲットになります。
　「儲けがすべてではない」と主張する人もいるでしょう。しかし、世に名経営者と呼ばれるのは、本業で大成功を収めた人たちばかりです。揺るぎない収益基盤があるから、福祉事業にも貢献できるし、財界活動もできるのです。
　もちろん、儲けることを目標としない組織も存在します。行政機関や公益法人です。
　隠し預金口座を利用して発注代金の一部をフィードバックさせたり、贈収賄で逮捕されたりする人がいますが、それは「個人的な儲け」を追求しているのであって、収益性とは異なる話です。
　ところで、収益性とは別の問題として、企業の体内をめぐる資金（キャッシュ）がうまく循環（フロー）しているかどうかを検討する必要があります。それが、資金循環に関する分析＝キャッシュフロー分析です。
　図表4を見ると、収益性分析とキャッシュフロー分析とは、仕組みがまっ

たく異なります。

　収益性分析は、上昇気流に乗っているかどうかで評価されます。キャッシュフロー分析は、お金がぐるぐると回り続けているかどうかで評価されます。

　収益力が多少劣っていても、資金がうまく回っていれば「どうにかなる」ものです。しかし、どんなに収益力が高くても、資金のどこかが滞っては「どうにもならない」のです。

　売上高が1億円減るよりも、売掛金を100万円回収できないほうが、実は恐ろしいのです。

　儲けるためには必ず、キャッシュの裏付けが必要です。

1-3-3　短期的には反目し、長期的には寄り添う男女の仲

　そして、これが最も大事なこと。収益性とキャッシュフローとの間には、**図表5**に示す関係があります。

図表5　収益性とキャッシュフローの関係

> （1）短期的には「収益力を向上させること」と「資金を滞りなく循環させること」とを同時に追求するのは難しい。
> （2）長期的には、収益性が高ければ、キャッシュフロー（資金循環）もうまくゆく。キャッシュフローがうまくいけば、収益性も高まる。

　図表5（1）を確認するデータを、**図表6**に掲げます。

　図表6は、中小企業庁のウェブサイトで公開されている『中小企業実態基本調査』を、独自に解析処理したものです。

　縦軸には、収益性分析の指標の1つである「売上高営業利益率」を設定しています。これは損益計算書にある営業利益を、売上高で割った比率です。売上高営業利益率が高いほど「収益性は高い」と評価します。

　横軸には、キャッシュフロー分析の指標の1つである「総資本回転率」を設定しています。これは貸借対照表の資産が、1年間で何回転したかを表わすものです。総資本回転率が高いほど「資金は滞りなく循環している」と評価します。

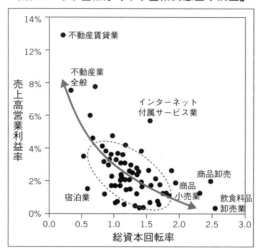

図表6 中小企業庁「中小企業実態基本調査」

1-3-4 収益性とキャッシュフローの板挟みに、痩せる思い

　図表6からは、いくつかの特徴を指摘できます。
　1つめは、図表6の左上に、不動産業界が分布していることです。
　不動産取引は俗に「千三つ」といわれ、1千件の問合せに対して3件の成約があれば御の字が付くビジネスモデルです。不動産という商品の回転率（横軸）は非常に低いのですが、その代わり1件あたりの儲け（売上高営業利益率＝横軸）は非常に厚い、という特徴があります。
　2つめは、図表6の右下に、卸売業や小売業などの流通業界が分布していることです。
　流通業界の特徴は、薄利多売にあります。商品1個あたりの儲けは、「円」や「銭」どころか、「厘(りん)」単位であるともいわれ、これが薄利を表わします。そのため、売上高営業利益率（縦軸）は、非常に低いものとなります。
　その一方で、仕入れた商品を大量に販売します。スーパーマーケットやコンビニエンスストアの棚に並んでいる商品は、1か月後には（たとえ商品名が同じでも）そっくり入れ替わります。これが多売であり、総資本回転率（横軸）の高さとなって現われます。

3つめは、**図表6**に、破線で、右下がりの楕円形を描いています。この楕円形の内側または周辺に、建設業、製造業、サービス業の多くが分布します。これらの業界は、売上高営業利益率（縦軸）と総資本回転率（横軸）のどちらかが抜きん出ているわけではなく、両睨みの状態にあります。

1-3-5　トレードオフ曲線上は「常に一定」と油断する

4つめは、左上の不動産業から、破線で描いた楕円形を経由して、右下の流通業に至るまで、右下がりの曲線（灰色の曲線）を描くことができます。これを「トレードオフ曲線」といいます。

トレードオフとは、何かを手に入れるためには、別の何かを犠牲にする関係をいいます。

不動産業界であれば、総資本回転率の低さを犠牲にする代わりに、儲け（売上高営業利益率）を厚くとります。流通業界であれば、儲け（売上高営業利益率）の薄さには目をつぶる代わりに、総資本回転率の高さで補います。

どちらかを重視すれば、もう一方を犠牲にせざるを得ず、結局、あらゆる業界がトレードオフ曲線の近くに分布する宿命を負っています。

このトレードオフ曲線を経営指標として表わしたものを、「総資本営業利益率」といいます。その正体は、**図表7**の式で表わされるように、売上高営業利益率と総資本回転率を掛け合わせたものです。

図表7　総資本営業利益率

$$(^{*1}総資本営業利益率)=(^{*2}売上高営業利益率)\times(^{*3}総資本回転率)$$

図表7右辺の詳細は、**図表80**で改めて説明します。

図表6のトレードオフ曲線上では、**図表7**右辺の^{*2}売上高営業利益率や^{*3}総資本回転率が様々な値をとりながらも、両者を掛け合わせた^{*1}総資本営業利益率は、「3％」という一律の値をとっていることを紹介しておきます。

1-3-6　総資本営業利益率から、ROAやROEが、う、生まれる

図表7から、「総」や「営業」の文字を取り除いた「資本利益率」を、本書では、経営分析の総合指標と位置づけます。資本利益率を応用することによって、**図表8**で示す総資本利益率ROA（Return On Assets）や、自己資本利益率ROE（Return On Equity）を組み立てることができます。

図表8　資本利益率の応用

総資本利益率ROAや自己資本利益率ROEには、「トレードオフ関係」が隠されていることを知っておいてください。詳細は**図表71**で説明します。

ところで、**図表6**で描かれている右下がりの曲線は、「短期のトレードオフ曲線」です。「長期のトレードオフ曲線」は、右下がりになりません。

5年10年と努力を積み重ね、「収益力の向上」と「キャッシュの増大」を目指していけば、**図表6**の「短期のトレードオフ曲線」は、右上方へと徐々にシフトしていきます。その軌跡が、「長期のトレードオフ曲線」になります。

第2章

企業の声、
財務諸表をして
語らしむ

第1節

コロンブスも
想像していなかった世界

――― 自分が幸福であるだけでは不十分なの
だ。他人が不幸でなければならないの
だ。

(ルナール『日記』)

2-1-1　難読語の乱立が、会計アレルギーを生む

　経営分析に取り組むにあたっては、財務諸表の仕組みを理解する必要があります。ただし、財務諸表を「作る」わけではないのですから、必要最小限の仕組みを理解しておけば十分です。

　財務諸表を理解するうえで最も困るのは、その名称が統一されていない点にあります。法令によっては、決算書や計算書類と呼んでいます。本書では、財務諸表の名称で統一します。

　財務諸表は**図表9**にある通り、1社だけの業績を表わした個別財務諸表（または単体財務諸表）と、企業集団の業績をまとめた連結財務諸表とがあります。なお、企業集団とは、資金面・人事面・取引面などで強固に結びついた、2社以上の集まりをいいます。

図表9　個別財務諸表と連結財務諸表

（1）個別財務諸表………1社だけの業績を表わしたもの
（2）連結財務諸表………企業集団の業績をまとめたもの

　本書では特に断わらない限り、「財務諸表」という四文字を、**図表9**（2）連結財務諸表の意で用います。「連結〜」の冠を付けたままでは、会計アレルギーを引き起こしそうだからです。

第2章　企業の声、財務諸表をして語らしむ

　また、有価証券報告書の大半を占めるのは、連結財務諸表に関するものであり、個別財務諸表は消えゆく運命にあります。メディアで取り上げられるのも、連結財務諸表に基づく記事が中心です。そうした実務上の取り扱いも考慮します。

2-1-2　上場企業と非上場企業では、作る財務諸表が異なる

　財務諸表は主に、**図表10**と**図表11**から構成されます。

図表10　上場企業の財務諸表	図表11　非上場企業の財務諸表
（1）貸借対照表 （2）損益計算書 （3）包括利益計算書 （4）株主資本等変動計算書 （5）キャッシュフロー計算書	（1）貸借対照表 （2）損益計算書 （3）株主資本等変動計算書

　上場企業の財務諸表は、**図表9**にある「個別〜」「連結〜」の別に関係なく、**図表10**から構成されます。

　非上場企業の財務諸表は、**図表11**から構成されます。包括利益計算書とキャッシュフロー計算書を作成する義務がありません。実務の負担を考慮したものです。

　以降では、**図表10**の構成で、話を進めていきます。

2-1-3　財政状態変動計算書って何？　と、損益計算書が問う

　本書の前半（収益性分析）では、**図表10**（1）貸借対照表と、**同**（2）損益計算書の2種類に的を絞ります。

　IFRS基準では、貸借対照表を「財政状態変動計算書」、損益計算書を「包括利益計算書」（または損益計算書のまま）と呼びます。大切なのは、名称を暗記することではなく、財務諸表の基本構造を見誤らないようにすることです。

　その基本構造とは何か。例えば3月31日を決算日とする企業の場合、そ

の決算日時点のストックを表わしたのが、貸借対照表です。4月1日から翌年3月31日までの、1年間のフローを表わしたのが、損益計算書です。

会計基準上の定義で表現するならば、貸借対照表は「財政状態を表わしたもの」であり、損益計算書は「経営成績を表わしたもの」です[①]。「貸借対照表＝財政状態」「損益計算書＝経営成績」は、暗記しておいて損のない定義です。

IFRS基準で貸借対照表を「財政状態変動計算書」と呼ぶのは、上記の定義に基づいています。それならいっそのこと、損益計算書を「経営成績変動計算書」と呼べばいいのに、IFRS基準もそこまでは踏み込まないようです。

2-1-4　財務諸表は新大陸から東方貿易へ広がる

財務諸表はストック（貸借対照表）とフロー（損益計算書）の組み合わせ、と機械的に説明すると、何らかの自然法則に従っているような印象を受けます。

そうではありません。財務諸表は徹頭徹尾、人為的に作られた仕組みです。

人が作ったものなのですから、それを悪用しようとする企業が、後を絶たないのは仕方のないことです。

歴史を振り返ると、財務諸表の萌芽は、コロンブスが新大陸を発見した大航海時代（15世紀後半）にまで遡ります。当時は、1回の航海を終えるごとに、取引のすべてを精算するための貸借対照表だけが作成されました。これは精算時点でのストックを表わしたものです。

17世紀になって東インド会社が設立されるようになると、フローを記録した損益計算書が重視されるようになりました。

ところが、フローの記録だけでは、取引が雪だるま式に増えていくばかりで都合が悪い。そこで地球の公転軌道に合わせて、年に1回、ストックを表わした貸借対照表も合わせて作成されるようになりました。

このような歴史的な経緯を経て、貸借対照表と損益計算書とが、財務諸表の両輪として機能するようになったのです。

---

①企業会計審議会『企業会計原則』第一　一般原則

第2章　企業の声、財務諸表をして語らしむ

　現在、上場企業では、財務諸表を3か月（四半期）ごとに開示する制度にまで発展しています。

　なお、第1四半期、第2四半期、第3四半期、第4四半期を、1Q、2Q、3Q、4Qと表記することがあります。Qは、クォーターです。

　「こんなことも知らないの？」と、気取って使うようにしましょう。

21

第2節

損益計算書って、何様?

――― 自分が他人にしてほしいと思うことを、他人にも同じようにしてやるべきではない。その人の好みが自分と一致するとは限らないからだ。

(バーナード・ショー『人と超人』)

2-2-1　収益性分析のターゲットは、損益計算書にあり

　次の**図表12**と**図表13**で、**図表10**（2）損益計算書と、**同**（3）包括利益計算書の様式を紹介します。

2-2-2　人の英知を結集した産物なのに

　図表12の様式はかなり集約したものなのですが、それでも一見しただけでは、わけのわからぬ科目が、たくさん並んでいます。おまけに、**図表12**の[*13]当期純利益が、**図表13**の[*25]当期純利益へ横滑りしています。

　コロンブス以来、人間の英知を結集した様式なのだ、ということで、このまま受け入れてください。

　図表12と**図表13**のうち、背景を灰色のマーカーで染めた科目が、本書で主に扱うものです。

　「えっ!　これだけ?」と驚かれるかもしれません。はい、損益計算書は、これだけで十分です。

　図表12において背景を灰色で染めていないものの中で、「おや?」と思うのは、[*8]経常利益です。染めない理由は、次の通りです。

　1つめは、IFRS基準では[*8]経常利益が省略されているからです。日本の企業だけを相手にした「ガラパゴス分析」は避けるべきです。

第2章　企業の声、財務諸表をして語らしむ

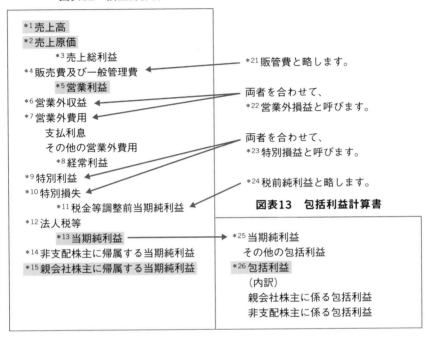

　2つめは、有価証券報告書に「セグメント情報」というものがあります。そこで掲載されているセグメント利益は、セグメント別の営業利益のことです。そうであるならば、全社ベースでも、**図表12**の*5営業利益をメインとすべきです。

　セグメントとは、これを直訳すれば、紙テープを裁断したときの切れ端のこと。この切れ端に「四輪事業」「二輪事業」「金融事業」と書き込めば、ホンダのセグメント情報ができあがります。

　図表12にある「〜原価」「〜費用」「〜損失」の総称として、本書では「コスト」という語を用います。*2売上原価、*4販売費及び一般管理費（本書では*21販管費と略します）、*7営業外費用、*10特別損失、*12法人税等は「正のコスト」であり、*6営業外収益と*9特別利益は「負のコスト」として扱います。

　図表12の*2売上原価から*12法人税等までを合計した名称として、本書で

は「総コスト」という語を用います。*1売上高から*13当期純利益を減算することによっても、総コストを一発で求めることができます。

2-2-3　損益計算書の番外編が肩で風を切る時代

かつて、企業集団の中で製造業と流通業とを営む企業が存在した場合、損益計算書の売上高は、製品売上高と商品売上高の二本立てで開示されていました。

ところが、**図表12**の損益計算書は、*1売上高一本勝負です。これは別途、セグメント情報という番外編が開示されるからです。二本立ての頃よりもデータ量が増えたのは、喜ばしいことです。

図表12の損益計算書で、*2売上原価や*21販管費の内訳科目が開示されないのは、これまたセグメント情報に譲っているからです。

その結果、損益計算書における*1売上高から*5営業利益までは、シンプルな構成となりました。

今後、セグメント情報が充実されていった場合、売上原価と販管費が合算されて、営業コストの一本立てになるかも。いや、それでは**図表40**で説明する棚卸資産回転期間を求めることができなくて、困ります。

2-2-4　営業外損益の下にある「ケーツネ」

図表12にある*6営業外収益と*7営業外費用を合わせて*22営業外損益、*9特別利益と*10特別損失を合わせて*23特別損益といいます。

*1売上高・*2売上原価・*4販管費とは異なり、*22営業外損益と*23特別損益は、損益計算書の中で詳細な内訳が開示されています。セグメント情報で、セグメント別の営業外損益や特別損益が開示されないからです。

金融機関との取引で発生する営業外損益や、固定資産管理などで発生する特別損益は、本社（または持株会社）ですべて行なっています、という、時代の流れを表わしています。

日本基準では、*22営業外損益と*23特別損益の間に、*8経常利益を設けます。IFRS基準に経常利益がないのは、すでに説明しました。ちなみに「経常」

は、「ケーツネ」と発音します。「計上」と混同しないようにするためです。

2-2-5 「何がなんだか、わかりません」の法人税等

　図表12にある*12法人税等の「等」には、税効果会計の科目である法人税等調整額を含めています。

　法人税等は、専門家でもその扱いに苦労します。これに税効果会計が加わるのですから、「何が何だか」の世界です。

　ところが、「毒をもって毒を制す」というのでしょう。会計制度の中でも超難解といわれる税効果会計のおかげで、経営分析がすっきりとしたものになりました。

　現在の損益計算書では、**図表12**にある*11税金等調整前当期純利益（本書では*24税前純利益と略します）を100円とするならば、税前純利益の下にある*12法人税等は30円前後、さらにその下にある*13当期純利益は70円前後で着地します。

　海外子会社を抱える企業などで若干の例外がありますが、ほとんどの企業で、**図表12**の*12法人税等と*13当期純利益の比は30対70になります。その理由は、〔10-1-1〕以降でさらりと説明する予定の、税効果会計のお陰です。

2-2-6 当期純利益は最終利益なのか、2歩手前の利益なのか

　税効果会計が導入される前、**図表12**の*13当期純利益は大きく変動し、これを分析対象とするのは困難を伴いました。

　税効果会計が導入されて以降、*13当期純利益は安定するようになりました。自己資本利益率ROEを経営指標として利用できるのも、税効果会計のおかげです。

　図表12にある*24税前純利益の正式名称は、個別財務諸表であれば「税引前当期純利益」、連結財務諸表であれば「税金等調整前当期純利益」です。

　それに対し、**図表12**の*13当期純利益には、「税引後」という冠が付きません。個別財務諸表も連結財務諸表も、*13当期純利益という五文字のみ。

　冠が付かないことで、「これは税引き後なんだな」と解釈します。

25

メディアでは、ときどき「最終利益」という語を用います。これが**図表12**の*13当期純利益を指すのか、その2行下の*15親会社株主に帰属する当期純利益を指すのかは、経営分析に取り組むにあたって十分に注意する必要があります。

つくづく、昔の損益計算書は良かった、と思うのであります。

2-2-7　財務諸表利用者の利便性を考慮しない会計基準

〔2-1-1〕で説明したように、本書は基本的に、上場企業の連結財務諸表をベースにしています。ですから、**図表12**と**図表13**の組み合わせは、「上場」企業の「連結」損益計算書です。

「個別」損益計算書の場合、**図表12**の*13当期純利益で打ち止めであり、そこから下はありません。

「非上場」の企業では、**図表13**の包括利益計算書は作成されません。

非上場を含めたすべての企業に適用される会社計算規則の、その95条を参照すると、「削除」とだけ表示されています。そこにはかつて、包括利益に関する規定がありました。それを削除してしまうのですから、会社法がいかに包括利益を毛嫌いしているかがわかります。

日本の会計制度が、財務諸表利用者の利便性をまったく考慮せずに定められていることが、こうした様式や条文によく現われています。

第3節

損益計算書の
「昔は良かった」問題

——— おろしたてから着物を惜しめ、若いうち
から名は惜しめ。

(プーシキン『大尉の娘』)

2-3-1　2015年3月末の深夜零時に起きた革命

「オレの若い頃は」というのは、いつの時代にも通用する言葉です。

損益計算書も、昔は良かった。**図表12**にある*13当期純利益で打ち止めに
なっていたのですから。

当期純利益より下には、かつて、連結財務諸表であれば剰余金計算書、個
別財務諸表であれば利益処分計算書、というのがあって、株主にいくらの配
当を支払ったかを開示するだけで終わったのでした。

ところが、時代が進むにつれて、**図表12**にある*13当期純利益は、一時期
「少数株主損益調整前当期純利益」という名称へ格下げになり、**図表12**の最
終行にある*15親会社株主に帰属する当期純利益が、その時期「当期純利益」
として君臨したのでした。

ところが、です。

2015年3月末の深夜零時に、革命が起きました。それまで「少数株主損
益調整前当期純利益」へ格下げされていたものが、当期純利益へ再び格上げ
されたのです。

その代わり、2015年3月まで当期純利益として君臨していたものが、**図
表12**の最終行にある*13親会社株主に帰属する当期純利益へ格下げになった
のでした。

一夜にして起きた「革命の様子」をまとめると、**図表14**になります。

図表14　損益計算書で起きた革命

2015年3月まで	2015年4月以降 図表12
[*31] 少数株主損益調整前当期純利益 ——→	[*13] 当期純利益
[*32] 少数株主利益 ——→	[*14] 非支配株主に帰属する当期純利益
[*33] 当期純利益 ——→	[*15] 親会社株主に帰属する当期純利益

　図表14の右側にある引用符号は、**図表12**と同じものを採用しています。

2-3-2　非支配株主（旧・少数株主）とは、新自由人のこと

　図表14で示した変更内容を理解しておくことは、財務諸表[②]を読み解くにあたって重要です。

　まず、財務諸表のあちこちで顔を出すのが、2人の株主です。「親会社株主」と「非支配株主」といいます。

　例えばA社とB社という企業があって、A社がB社の議決権の100％を掌握している場合、A社を完全親会社といい、B社を完全子会社といいます。

　そこまで「ガチの関係」になく、A社がB社の議決権の80％を握っている場合には、「完全」の冠が外れて、A社を親会社といい、B社を子会社といいます。

　このとき、B社（子会社）には、A社（親会社）以外の株主が20％存在することになります。この20％の株主のことを、非支配株主といいます。2015年3月までは、少数株主と呼ばれていました。

　そして、B社（子会社）の議決権の80％を所有するA社（親会社）を、親会社株主といいます。

　ときどき、A社の株式を保有している個人投資家が、「オレは、非支配株主だ」と勘違いしている場合があります。違います。彼は立派な「B社の親会社株主」です。

---

②本文にある財務諸表は、個別財務諸表ではなく、連結財務諸表であることを確認しておきます。

2-3-3　親と子の、微妙なバイアス関係

図表15を使って、親会社株主と非支配株主の関係を説明します。

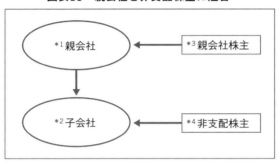

図表15　親会社と非支配株主に注目

　図表15で理解してほしいのは、「*¹親会社と*²子会社の関係」や「*³親会社株主と*⁴非支配株主」の関係ではなく、「*¹親会社と*⁴非支配株主の関係」にあります。この、微妙なバイアス（斜めの）関係。
　こうした斜向かいの関係を知らずにボタンの掛け違えをしてしまうと、経営分析に取り組むにあたって、あとあとまで苦労するので、**図表15**で十分に確認してください。

2-3-4　私は誰の子、あなたの子

　図表15にある*¹親会社と*⁴非支配株主の関係は、「子会社は誰のものか」という問いに対し、2つの学説の対立として現われます。
　1つは「*²子会社は、*¹親会社のものだ」と主張するものであり、これを「親会社説」といいます[3]。
　もう1つは、「いえいえ、*²子会社は、80％の議決権を持つ*¹親会社だけのものではなく、残り20％の議決権を持つ*⁴非支配株主のものでもあるの

---

[3]企業会計基準第22号『連結財務諸表に関する会計基準』第51号

ですよ」と主張するものです。これを「経済的単一体説」といいます。

　学者同士の対立でとどまるのであれば、別に気にすることもないのですが、これが会計基準に影響を及ぼしているとなると、疎（おろそ）かにできません。

　すなわち、日本基準では親会社説が採用されているのに対し、IFRS基準では経済的単一体説が採用されているのです（**図表16**）。

図表16　親会社説と経済的単一体説

（1）親会社説
　　……　子会社は、親会社のものとする説
　　　　→　日本基準が採用
（2）経済的単一体説
　　……　子会社は、親会社だけでなく、非支配株主のものだとする説
　　　　→　IFRS基準が採用

　なんでまた、このような対立があるかというと、日本では会社法が親会社説を支持し、多方面に強烈な影響力を及ぼしているからです。その証拠に、年に一回、定時株主総会で承認されるのは、連結財務諸表ではなく、いまだに個別財務諸表です。

2-3-5　学説の対立が、財務諸表を崩壊させる

　図表14左側は、親会社が猛威を振るっていた時代の様式です。

　ところが、日本国内にも、経済的単一体説支持派が存在します。その巻き返しにより、**図表14**左側にある[*31]少数株主損益調整前当期純利益が、右側では[*13]当期純利益へ格上げされたのです。

　これに伴い、**図表14**左側ある[*33]当期純利益は、右側で[*15]親会社株主に帰属する当期純利益へ格下げされました。

　IFRS基準を採用している企業は、もともと親会社説の影響を受けていません。2015年3月以前でも、IFRS基準を採用している企業は、非支配株主の語を用いていました。

　その実績を後ろ盾にして、日本基準でも2015年4月以降、少数株主が非支配株主へと名称変更されたのでした。**図表14**の左側にある[*32]少数株主利

益から、右側にある*14非支配株主に帰属する当期純利益という名称変更により、その変遷ぶりを窺い知ることができます。

ここまでくれば、**図表12**にある損益計算書を、*13当期純利益で打ち止めにしてもいいはずです。IFRS基準の様式はそうなっているのですから。

ところが、親会社説支持派も黙ってはいません。強烈な巻き返しを図ることにより、**図表12**にある*13当期純利益の下に、*14非支配株主に帰属する当期純利益と、*15親会社株主に帰属する当期純利益が、踏みとどまることになったのでした。

2-3-6　会計基準が押す横車には困ったものだ

親会社説と経済的単一体説のメンツをかけた争いによって、日本の財務諸表の様式は、複雑怪奇なものとなりました。経営分析に取り組む者にとっては、迷惑な話です。

例えば「昔の損益計算書は良かった」時代では、最終利益と当期純利益とは同義でした。なぜなら、当期純利益より下には何もなかったのですから。

ところが、その後、親会社説の猛威が吹き荒れて、**図表12**の*13当期純利益の2行下にある*15親会社株主に帰属する当期純利益が、最終利益と呼ばれることになりました。

現在の会計制度で「最終利益」という通称名を用いる場合、それは**図表12**の*13当期純利益なのか、*15親会社株主に帰属する当期純利益なのか、に注意する必要があります。

また、**図表78**で紹介する自己資本利益率ROE（日本基準）は、**図表12**の*15親会社株主に帰属する当期純利益を用いて計算します。ところが、**図表79**の自己資本利益率ROE（IFRS基準）は、**図表12**の*13当期純利益を用いて計算します。

最終利益の呼び名といい、自己資本利益率ROEの計算方法といい、これらは**図表14**右側にある*15親会社株主に帰属する当期純利益の地位を守ろうとする親会社説の横車です。

統一性を欠いた会計基準には、困ったものだ。

第4節

貸借対照表は
愚痴をこぼさず

――― 権威に弱い、というのは、教養・教育と
はあまり関係ないようだ。私の知ってい
るいわゆる食通には、店の名前で食べて
いる男が何人かいる。
(吉行淳之介『「権威」について』)

2-4-1　洗練された様式美に、歴史の苦闘を見る

　次は**図表10**（1）貸借対照表です。500年以上もの歳月をかけて洗練され
てきた様式を、**図表17**に掲げます。

図表17　貸借対照表

資産の部	負債の部
*[1] 流動資産	*[14] 流動負債
*[2] 実際キャッシュ残高	*[15] 買掛債務
（＝*[3] 現金預金＋*[4] 有価証券）	（＝*[16] 支払手形＋*[17] 買掛金）
*[5] 売掛債権	*[18] 短期有利子負債
（＝*[6] 受取手形＋*[7] 売掛金）	*[19] 固定負債
*[8] 棚卸資産	*[20] 長期有利子負債
*[9] 固定資産	
*[10] 有形固定資産（有形資産）	*[21] 負債合計（*[22] 他人資本）
*[11] 無形固定資産（無形資産）	
	純資産の部
	*[23] 自己資本∞親会社説
	*[24] 株主資本
	*[25] その他の包括利益累計額
	*[26] 非支配株主持分
	[27] 純資産合計（[28] 自己資本）
[12] 資産合計（[13] 総資本）	*[29] 負債純資産合計（*[30] 使用総資本）

32

第2章　企業の声、財務諸表をして語らしむ

2-4-2　経営分析は枝葉末節にこだわらない

　経営分析で用いる貸借対照表は、**図表17**において、背景を灰色で染めた箇所だけです。繰延税金資産、その他の資産や負債、新株予約権などは省略しています。

　損益計算書に続き、「えっ！　これだけ？」と驚かれることでしょう。はい、経営分析の対象とする貸借対照表の科目は、これで十分です。

　貸借対照表の合計が左右で完全に一致しないと「気持ちが悪い」ということで、表計算ソフトに金額を入力するとき、詳細な勘定科目を展開し、縦や横の合計を何が何でも一致させようとする人がいます。そのようなことにこだわっていては、経営分析に取り組む前に疲れてしまいます。

　枝葉末節にこだわらず、大局的に取り組むようにしましょう。キャッシュフロー計算書（それに続く資金運用表）に取り組む場合も同様です。

2-4-3　「経営分析の二本柱」と「財務諸表の両輪」

　貸借対照表（**図表17**）の説明を行なう前に、財務諸表と経営分析の関係について、説明を行なっておきます。

　図表12の損益計算書は「経営成績を表わす財務諸表」であり、**図表17**の貸借対照表は「財政状態を表わす財務諸表」である、と〔2-1-3〕で説明しました。両者は「財務諸表の両輪」です。

　財政状態とは、その企業が調達した「もとで」（＝元本）がいくらあって、それがどのような形で運用されているのか、を表わしたものであり、それを金額で示したのが**図表17**の貸借対照表です。具体的には、決算日における「資本の調達源泉」を貸借対照表の右側で表わし、「資本の運用形態」を左側で表わします。

　ところで、**図表3**では、経営分析の体系は二本柱からなることを紹介しました。収益性分析と、キャッシュフロー分析と。「経営分析の二本柱」と「財務諸表の両輪」は、どのような関係にあるのでしょうか。

　答えは、収益性分析の主眼は、損益計算書の解明にあります。キャッシュフロー分析の主眼は、貸借対照表の解明にあります。四者は、このように対

33

応します。

2-4-4　なぜ、収益性分析だけでは駄目なのか

ここで素朴な疑問が生まれます。

経営分析は、なぜ、収益性分析だけでは駄目なのでしょうか。

たった今、貸借対照表は「資本の調達源泉」と「資本の運用形態」を表わすものだと述べました。それがヒントになります。すなわち、貸借対照表は基本的にキャッシュの流れ（フロー）を表わすものであり、収益性分析だけでは、貸借対照表の実像に迫ることができないからです。

例えば、銀行からの借入金を増やせば増やすほど、貸借対照表は「成長」し、キャッシュフローは高速で回転します。しかし、企業の目的は、借金を増やすことではありません。

また、借金の多さは必ずしも、収益性の改善を保証するものではありません。むしろ、借金過多は、自転車操業に陥るリスクを高めます。

貸借対照表がキャッシュの流れを表わすものであるならば、それは収益性よりも、安全性または健全性に配慮したものであるべきです。そのため、キャッシュフロー分析は、安全性分析または健全性分析と呼ばれます。

2-4-5　「古き良き時代」の流れは、ここで終了

そう言うは易く行なうは難しで、貸借対照表を用いて本格的なキャッシュフロー分析に取り組むのは、大変な苦労を伴います。20世紀末まで、経営分析の世界で収益性分析が幅を利かせていたのは、そういう事情がありました。

第3章で「収益性分析の本題に入る」と宣言していながら、貸借対照表を優先してこれに経営指標をドッキングさせた説明を行なっているのは、「古き良き時代」の流れを斟酌しているからです。

ところが、です。

2000年に「第三の財務諸表」ともいうべき、キャッシュフロー計算書が導入されました。これはキャッシュフロー分析に直接、役立つ財務諸表です。

34

裏を返せば、キャッシュフロー計算書を作成する実務担当者の苦労が増大したわけですが――。

　その苦労のお陰で、収益性分析に偏りがちだった財務諸表（特に貸借対照表）について、キャッシュフロー分析からも大胆にアプローチすることができるようになりました。本書は、そうした歴史上の経緯を考慮しながら、経営分析の世界を紹介するものです。

第5節

寄せ木造りの
貸借対照表

——— 私は勤倹精神だの困苦欠乏に耐える精神
などというものが嫌いである。
（坂口安吾『欲望について』）

2-5-1　総資本さんと使用総資本さん、どちらをご指名

　図表17で掲げた貸借対照表の概要を説明します。

　図表17左側に、[*1]流動資産と[*9]固定資産があります。これらの合計を、会計制度では[*12]資産合計と呼びます。経営分析では、[*13]総資本と読み替えます。

　図表17右側にある[*29]負債純資産合計を、経営分析では[*30]使用総資本と読み替えます。この名称と平仄（ひょうそく）を合わせるために、貸借対照表の左側を[*13]総資本と呼ぶのが、経営分析の慣例です。

　図表17の[*12]資産合計と[*29]負債純資産合計とは必ず一致しますから、[*13]総資本と[*30]使用総資本も必ず一致します。したがって、経営分析に取り組むにあたっては[*30]使用総資本を無視して、[*13]総資本の金額に注目すればいいことになります。

　図表17の[*30]使用総資本は、調達資本（**図表171**）と呼ばれることがあります。[*13]総資本のほうは、運用資本や投下資本と呼ばれることがあります。名称そのものに重要性があるわけではなく、貸借対照表の左側のことなのか、右側のことなのかに注意するようにします。

2-5-2 資金は流動化したり、固定化したり、忙しい

　図表17左側にある[*1]流動資産は、1年以内に流動化するもので構成されます。

　「流動化」という専門用語を、何気なく用いてしまいました。[*3]現金預金の残高が増えることを「資金の流動化」といいます。現金預金を減らして、建物を立てたり、子会社株式を購入したりすることを、「資金の固定化」といいます。

　図表17の[*1]流動資産に計上される[*4]有価証券は上場銘柄が中心であり、売却すれば数日のうちに流動化することが可能です。[*3]現金預金と同じなので、両者を足したものを**図表17**では[*2]実際キャッシュ残高としています。

　図表17では、[*6]受取手形と[*7]売掛金を合わせて、[*5]売掛債権としています。これにはリース債権や、電子記録債権も含めます。

　図表17の[*8]棚卸資産は、商品・製品・仕掛品・原材料・貯蔵品を合算したものです。

　図表17では、[*16]支払手形と[*17]買掛金を合わせて、[*15]買掛債務としています。これには電子記録債務も含めます。ただし、リース債務は、[*15]買掛債務に含めません。

　金融機関などから資金を調達した際に、利息の支払義務が生ずるものを有利子負債といい、これには短期のものと長期のものがあります。

　短期借入金・割引手形・短期リース債務を合わせたものを、**図表17**では[*18]短期有利子負債としています。社債、長期借入金、長期リース債務を合わせたものを、[*20]長期有利子負債としています。

　[*1]流動資産と[*14]流動負債を合わせたものを経常資金といいます。[*9]固定資産と[*19]固定負債を合わせたものを固定資金といいます。経常資金や固定資金は、キャッシュフロー分析で使用します。

2-5-3 固定資産は資金に窮屈な思いをさせる

　図表17左下にある[*9]固定資産は、1年以上にわたって企業が使用する資産です。土地建物などの[*10]有形固定資産と、のれん（営業権）や特許権など

の[*11]無形固定資産から構成されます。

[*9]固定資産に属する不動産などは、売却益を期待するものではありません。また、購入した段階で、損失を覚悟しておくものでもありません。企業活動に、間接的に役立つためのものですから、損益度外視の資本です。

不動産開発業者（デベロッパー）やハウスメーカーなどは、不動産を頻繁に売り買いしているので、「利益を追求しているぞ」という反論がありそうです。しかし、ハウスメーカーなどが保有する不動産は、[*9]固定資産ではなく、販売用不動産や未成工事支出金という名で**図表17**の[*8]棚卸資産に計上されます。

なお、ハウスメーカーなどが保有する本社ビルは、売買を目的とするものではないので、[*10]有形固定資産に分類されます。不動産業界といえども、そうした棲み分けはきちんと行なわれています。

2-5-4　固定資産、ごめんなさい

収益性分析では、**図表17**にある[*9]固定資産そのものに対する分析を重視しません。

確かに、固定資産については、〔4-5-1〕以降で説明する回転期間分析を当てはめる方法が、あるにはあります。しかし、固定資産は、損益を度外視する資本なのですから、回転期間が長いか短いかを調べたところで意味がないのです。

固定資産の中で、回転期間を調べる意義があるとしたら、機械装置くらいでしょう。

図表17の[*9]固定資産そのものに対する収益性分析を詳細に行なわないのは、どれだけ有効活用されているかが外部の第三者にはわからない、という事情もあります。

誰もいない会議室や応接室、リストラによって閑散としてしまった社員食堂や社員用駐車場などが、売上高にどれだけ貢献しているのか、企業自身、把握していないでしょう。

固定資産は、売ったり買ったりしたときに、大きなキャッシュフローを生み出します。固定資産を買ったとき、それはどういう資金で手当てされたも

のなのか。固定資産を売ったとき、それはどこへ流れていったのか。

そうしたことを解明するのは、キャッシュフロー分析の役割です。

2-5-5　そこのけそこのけ、親会社説の自己資本が通る

図表17右側は、*14流動負債、*19固定負債、*27純資産の三部構成になっています。いずれも資金の調達源泉を表わします。

これらのうち、*14流動負債と*19固定負債を合わせた*21負債合計を、経営分析では*22他人資本と読み替えます。*27純資産合計を、*28自己資本と読み替えます。

図表17にはもう1つ、自己資本の名を用いた*23自己資本∞親会社説があります。語尾に「∞親会社説」と表示しているように、親会社説の横車によって生ずる自己資本です。

本書では特に断わらない限り、**図表17**の*28自己資本のほうを、自己資本として扱います。本当に面倒な話です。

2-5-6　あつものに懲りて資本コスト率にひるむ

図表17の*22他人資本と*28自己資本では、決定的な違いが、2つあります。

1つは、*22他人資本には返済期限があるのに対し、*28自己資本には返済期限がないことです。もう1つは、資本コストの違いです。

外部から資金を調達するにあたって、例えば銀行借入金や社債で資金を調達したときは、支払利息や社債利息というコストが発生します。これを「他人資本コスト」といい、百分率で表わされる利子率を「他人資本コスト率」といいます。**図表18**の式で表わされます。

株主からの出資で集めた資本金には、配当金というコストが発生します。これを「自己資本コスト」といい、配当率を「自己資本コスト率」といいます。**図表19**の式で表わされます。

他人資本コストと自己資本コストを合わせたものを、「資本コスト」といい、これには重要な性質があります。すなわち、他人資本コストは法人税法上、そのままコストとして認められます。専門用語で、損金算入といいます。

図表18 他人資本コスト率

$$\left(\begin{array}{c}\text{他人資本コスト率}\\ =\text{利子率}\end{array}\right) = \dfrac{\left(\begin{array}{c}\text{他人資本コスト}\\ =\text{支払利息・社債利息}\end{array}\right)}{\text{他人資本}}$$

図表19 自己資本コスト率

$$\left(\begin{array}{c}\text{自己資本コスト率}\\ =\text{配当率}\end{array}\right) = \dfrac{\left(\begin{array}{c}\text{自己資本コスト}\\ =\text{配当金}\end{array}\right)}{\text{自己資本}}$$

それに対して、自己資本コストは法人税法上、コストとして認められません。専門用語で、損金不算入といいます。

資本コストの問題は、〔6-2-3〕や〔10-1-1〕で改めて説明します。

2-5-7 経済的単一体説は親会社説を、うっちゃれるか

図表17では、2種類の自己資本を表示しました。1つめは、[27]純資産合計としての[28]自己資本。

もう1つは、[24]株主資本と[25]その他の包括利益累計額を合計した[23]自己資本∞親会社説。なお、[23]自己資本∞親会社説は、[27]純資産合計から[26]非支配株主持分を減算して求めることもできます。

勘の鋭い読者であれば、すでに気づいているはず。**図表17**の[28]自己資本は、「経済的単一体説に基づく自己資本」であることを。

日本では親会社説が猛威を振るっているので、証券取引所、『日経会社情報』『会社四季報』が定義する自己資本は、**図表17**の[23]自己資本∞親会社説に基づいています。それに対し、IFRS基準を採用している企業の自己資本は、[28]自己資本に基づいています。

図表14に貸借対照表の表示変更を加えて、2015年3月末に行なわれた革命の様子[4]を、**図表20**にまとめます。

---

[4]企業会計基準第25号「包括利益の表示に関する会計基準」
　企業会計基準適用指針第8号「貸借対照表の純資産の部の表示に関する会計基準等の適用指針」

第2章　企業の声、財務諸表をして語らしむ

図表20　財務諸表に起きた革命

2015年3月まで	2015年4月以降
【損益計算書】 *1 少数株主損益調整前当期純利益 ——→ 　少数株主利益 ————————→ 　当期純利益 ——————————→ 【貸借対照表】 *2 少数株主持分 ——————————→	【損益計算書】 *3 当期純利益 非支配株主に帰属する当期純利益 親会社株主に帰属する当期純利益 【貸借対照表】 *4 非支配株主持分

　日本の会計制度は、いまだ過渡期にあります。現在、親会社説に立脚している日本基準は、いずれIFRS基準の経済的単一体説へ移行していくと予想しています。

　図表20左側にある*1少数株主損益調整前当期純利益が、右側では*3当期純利益へと格上げされたり、*2少数株主持分が*4非支配株主持分へ名称変更されたりして、頑固な親会社説の外堀が少しずつ埋められていることがわかります。

41

第3章

右手に貸借対照表を、
左手に損益計算書を

第1節

貸借対照表と
損益計算書のバラバラ事件

――――― いやあ、私たちの将棋はね、詰められる
ように詰められるようにと自分の王様が
逃げるんですよ。

(古今亭志ん生)

3-1-1　財務諸表をバラして経営指標をドッキング

収益性分析の本題に入ります。具体的には、**図表21**に示す3種類の方法
によって、財務諸表へのアプローチを行ないます。

図表21　収益性分析に取り組むための方法

> （1）比率による分析
> （2）実数による分析
> （3）図表を用いた分析

前章では、財務諸表の概要を説明しました。これらの財務諸表を用いて、
収益性分析をどのように展開していくか。手っ取り早い方法は、財務諸表と
各種の経営指標とを、ドッキングさせることです。

次の**図表22**で貸借対照表と損益計算書を左右上下に分解し、これに**図表
21**（1）「比率による分析」の指標を当てはめてみました。

図表22にある各指標は、矢印の始点を分母、終点を分子として構成され
ます。

第3章　右手に貸借対照表を、左手に損益計算書を

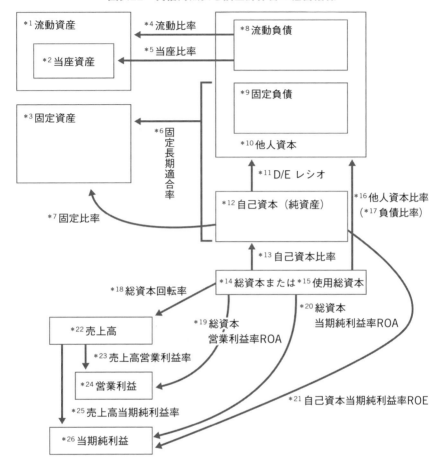

図表22　貸借対照表と損益計算書の経営指標

3-1-2　貸借対照表を本当に、バラしてみました

図表22上段では、バラバラとなった貸借対照表に、*⁴流動比率や*¹³自己資本比率などの経営指標を当てはめています。貸借対照表に関連づけたこれらの指標を、静態比率といいます。

静態比率は、大勢の人々が働いたり機械設備などが絶え間なく稼動したり

45

している企業を、一定時点で静止させた状態で分析するものなので、「実情にそぐわない」という批判があります。しかし、それぞれの比率の意味を理解して用いれば、「古い」とか「実情にそぐわない」ことはありません。

　静態比率は、資金の流れ（キャッシュフロー）を直接、解明するものではありませんが、資本の運用形態と調達源泉のバランスを見るには都合のいい指標です。あとは、使う側の力量次第です。

3-1-3　流動比率で、明日の支払能力がわかる

　図表22にある*1流動資産と*8流動負債を組み合わせたものが、*4流動比率になります。**図表23**の式で表わされます。

図表23　流動比率

$$流動比率 = \frac{流動資産}{流動負債}$$

　図表23右辺の分母にある流動負債は、1年以内に弁済する必要があるものから構成されます。弁済に充当される資金としては、手持ちの現金預金または1年以内に流動化される資産（売掛債権や棚卸資産）で賄うのが望ましいとされています。

　土地などの固定資産を売却して、商品仕入れに係る支払手形を決済するのは、業績悪化でリストラに直面した企業のすることです。

　1年以内に支払義務が発生する流動負債と、1年以内に支払手段として使えるようになる流動資産とを対比させて、企業の支払能力を見るのが、**図表23**の流動比率です。

　アメリカの銀行が融資先企業の支払能力を判定するために用いてきた比率ですので、別名、銀行家比率とも呼ばれます。

3-1-4　冷めた目線と上から目線

　そのアメリカでは、流動比率が200％以上であることが望ましいとされて

います。分母の流動負債100に対して、分子の流動資産が200以上ということ。

なぜ、200％以上が望ましいのでしょうか。

流動負債の金額はほとんど確定したものであるのに対して、流動資産については売掛金の貸し倒れが発生したり、商品が売れ残ったりして、流動資産のすべてが1年以内に流動化するとは限りません。したがって、流動負債の2倍以上の流動資産を保有していれば、信用不安は起こらないだろう、というのがその根拠です。

中小企業庁『中小企業実態基本調査』によれば、日本の中小企業153万社の流動比率（平均値）は、152.2％でした。200％に遠く及びません。

流動比率が高ければ高いほど、その企業の支払能力は高い、と評価するのは一理あるのですが、200％以上などという水準を、日本の中小企業に当てはめるのは難しい。

流動比率は、業種業態の違いによって、その値も異なります。例えば、電気ガス水道を営む企業の流動比率は、100％を割ります。固定資産が非常に大きいからです。

日本の企業について流動比率を用いる場合には、同じ業種業態に属する限り、流動比率が高いほど相対的に支払能力が高いのだ、という冷めた目線で見るべきでしょう。

3-1-5　流動比率を用いるときの留意点

図表23の流動比率を用いる場合の留意点を挙げます。

(1) 流動比率は企業の新陳代謝を表わさない

図表23右辺の分母にある流動負債は、1年以内に支払わなければならない負債です。企業活動を続けていく限り、1年後には現時点の流動負債のほとんどは消え去り、新たな支払手形や買掛金に生まれ替わります。1年後の勘定科目が同じ支払手形であっても、手形の背後にある取引内容は、まったく異なります。

図表23右辺の分子にある流動資産についても、同じことがいえます。1

年後には、売掛金や棚卸資産の中味は総入れ替えになっているでしょう。

　このように、流動資産や流動負債は、常に新陳代謝が行なわれます。

　ただし、流動比率は、こうした新陳代謝を測定する指標ではない点に注意してください。極端な表現をするならば、流動比率は、企業が解散すると仮定した場合の、解散日の売却価値を示す指標にすぎない、ということです。

(2) 流動資産の中味に注意

　流動比率では、流動資産の質が無視されています。不良債権や不良在庫が増えても、流動比率は上昇します。不良資産の増加→流動比率の上昇→支払能力が高まった、と判断することはできません。

(3) 両建ては資金を殺す

　金融機関に気がねしているわけでもないでしょうが——ましてや、金融機関から恫喝（おどし）されているわけでもないでしょうが——、企業によっては、定期預金と短期借入金の残高がほぼ拮抗しているケースがあります。預金と借入金とが両方建っている状態ですから、これを両建てといいます。

　企業側からすれば、「当座の用に備えるために、預金を確保しておきたい」「金融機関に見捨てられないために、借り入れの実績を残しておきたい」ということで、両建てをしているのでしょう。

　ところが、これはおカネを「殺している」以外の何ものでもありません。

　業績がいいときは両建てをするのもいいでしょう。しかし、景気が悪くなったときや、企業の業績が停滞・悪化したときに備え、両建ての借入金はできるだけ返済し、流動比率が上昇するように努めるべきです。

3-1-6　当座比率をよく味わってね

　図表22にある*2当座資産と*8流動負債を組み合わせたものが、*5当座比率になります。**図表24**の式で表わされます。

第3章　右手に貸借対照表を、左手に損益計算書を

図表24　当座比率

$$当座比率 = \frac{当座資産}{流動負債}$$

　当座比率は、**図表23**の流動比率の分子を、流動資産ではなく当座資産に置き換えたものです。当座資産は、流動資産のうち、短期間で流動化するものに限定します。**図表17**の貸借対照表でいえば、*²実際キャッシュ残高と*⁵売掛債権です。

　図表17にある*⁸棚卸資産は、当座資産に含めません。販売活動を通じていろいろな努力を重ね、売掛債権となってようやく、流動化するものだからです。倉庫に商品を積み上げておくだけで現金が入ってくるほど、世の中、甘くはありません。

　図表24の当座比率は別名、リトマス試験比率とも呼ばれ、アメリカの銀行では流動比率とともに重要視されています。そのアメリカでは、当座比率は100％以上が望ましいとされます。

　中小企業庁『中小企業実態基本調査』によれば、100.2％でした。まずまず、といったところです。

　読者の企業の当座比率が100％を割っているからといって、アメリカへの進出を断念することはありません。彼我の器（基準）を同じように揃えても、器の中までコカ・コーラやグーグルである必要はないからです。日本では日本なりの、経営分析の味わいかたがあります。

　当座比率を用いると、不良在庫を考慮しなくてすみますが、〔3-1-5〕（1）から（3）までと同じ問題点が、そのまま当てはまる点に注意してください。

3-1-7　カモがネギを背負って借金をする

　図表22では図解していない指標を紹介します。

49

図表25　実際キャッシュ残高対有利子負債比率

$$\left(\begin{array}{c}\text{実際キャッシュ残高}\\\text{対有利子負債比率}\end{array}\right)=\dfrac{\text{実際キャッシュ残高}}{(\text{短期有利子負債})+(\text{長期有利子負債})}$$

　図表25右辺の分母（短期と長期の有利子負債）と、分子（実際キャッシュ残高）の勘定科目は、**図表17**の貸借対照表で確認してください。

　上場企業の場合、『会社四季報』や『日経会社情報』から入手できるデータで、**図表25**を簡単に計算することができます。

　図表25は、企業側が利用する指標というよりも、銀行側が利用する指標です。有利子負債の返済余力を表わすからです。

　図表25の分母が短期借入金と長期借入金で構成されている場合、銀行にとって「おいしい客」の選別基準になります。倒産しそうで倒産せず、銀行からの借入金によって命脈を繋いでいる企業は、銀行にとって「ネギを背負ったカモ」だからです。

　中小企業庁『中小企業実態基本調査』によれば、**図表25**は66.2％でした。「生かさず殺さず」を基本方針とする銀行の立場からすれば、中小企業は絶好の「かもネギ」です。

3-1-8　固定比率は、ないがしろにされる

　図表22にある[*3]固定資産と[*12]自己資本を組み合わせたものが、[*7]固定比率になります。**図表26**の式で表わされます。

図表26　固定比率

$$\text{固定比率}=\dfrac{\text{固定資産}}{\text{自己資本}}$$

　固定比率と固定費率を間違えないようにしてください。固定費率は、固定費を売上高で割った比率です。

　図表22にある[*3]固定資産という資本は、10年、20年という長期にわたっ

第3章　右手に貸借対照表を、左手に損益計算書を

て運用されるものですから、そのために調達される資本も、長期にわたって
返済されるものであることが望まれます。それが安全性（健全性）の礎になり
ります。

　図表22にある*¹²自己資本はその点、うってつけ。そのため、**図表26**の
固定比率は、100％以下であることが理想であって、この比率が低ければ低
いほど、望ましいと評価されます。

　ところが、です。

　日本の中小企業の多くはオーナー色が強く、同族関係者以外の出資を拒む
ため、固定資産の増加に比べて、自己資本の充実が「ないがしろ」にされる
傾向にあります。また、成長のスピードが速いベンチャー企業の場合、自己
資本の増強が追いつきません。これを過少資本といいます。

　中小企業庁『中小企業実態基本調査』によれば、固定比率は134.7％でし
た。100％以下には程遠く、固定比率を求める意義が薄れます。

　上場企業のほうは、どうでしょう。20世紀末、バブル経済が華やかなり
しころ、上場企業の多くがエクイティ・ファイナンス（新株発行を伴う社債
の発行）に走り、「自己資本の充実に努める」と宣言していました。

　図表29で説明する自己資本比率につては、メディアでもしばしば取り上
げられますが、**図表26**の固定比率について「これを改善するぞ」という話
を聞いたことがありません。

　中小企業にしても上場企業にしても、固定比率という指標は、ほとんど役
に立っていないようです。

3-1-9　固定長期適合率とは、いかめしい名だ

　図表22にある*³固定資産に、*⁹固定負債と*¹²自己資本を組み合わせたも
のが、*⁶固定長期適合率になります。**図表27**の式で表わされます。

図表27　固定長期適合率

$$固定長期適合率 = \frac{固定資産}{（固定負債）＋（自己資本）}$$

51

設備投資のために調達される資金は、なるべく返済を急かされないものがいい、とするならば、自己資本だけでなく、他人資本であっても、長期的に安定したものであれば差し支えない、という考えかたが成り立ちます。これに基づくのが、**図表27**の固定長期適合率です。

日本の企業の多くが過小資本であることを考慮すると、**図表26**の固定比率が100％超であっても、**図表27**の固定長期適合率が100％以下であれば「問題なし」と評価することにします。

中小企業庁『中小企業実態基本調査』によれば、固定長期適合率は71.7％ですから、指標の意義を見出すことができそうです。

3-1-10　固定長期適合率と流動比率の因果関係を問う

試験問題として、「**図表27**の固定長期適合率が100％以下のとき、**図表23**の流動比率は何％になりますか」と出題してみると面白いかも。

答えは「100％以上」です。

逆に、もし、固定長期適合率が100％を超えている（流動比率が100％未満である）場合、短期借入金で工場を建設し、土地を売り払って買掛金を決済している可能性があります。このようなことをしていては、早晩、資金繰りに行き詰まります。

固定長期適合率については、次の点に注意してください。

図表27の式は、固定資産、固定負債、自己資本の3要素から成り立っています。固定長期適合率を手っ取り早く改善するには、固定資産を少なくし、固定負債と自己資本を増加させることです。しかし、これらは一律に、増加や減少ができるものではありません。

企業が成長するためには、設備投資は不可欠です。これによって増加した固定資産は、減価償却という手続によって「減価」していきます。つまり、固定資産は、増加と減少を繰り返します。

その資金を賄うために、固定負債も増加と減少を繰り返します。それに対して自己資本は、一本調子で増加することが望ましい。

これが「自己資本比率信仰」とも呼ぶべき邪教を生み出します。

第2節

他人資本比率と自己資本比率に隠された嘘を見抜け

――― 1人の金持ちが存在するためには、少なくとも500人の貧乏人がいなければならない。

（アダム・スミス『国富論』）

3-2-1　日本の中小企業は、借金に強く依存する

図表22にある[*10]他人資本と[*14]総資本（[*15]使用総資本）を組み合わせたものが、[*16]他人資本比率になります。**図表28**の式で表わされます。

図表28　他人資本比率（負債比率）

$$他人資本比率＝\frac{他人資本}{総資本}$$

図表22を見ると、貸借対照表の右側は、[*10]他人資本と[*12]自己資本とに分離しています。[*10]他人資本は、[*8]流動負債と[*9]固定負債の合計であり、これが**図表28**の分子になります。

貸借対照表の合計である総資本を、**図表28**の分母としたものが、他人資本比率です。別名を、負債比率ともいいます。

改めて確認するほどのこともないでしょうが、**図表28**の分母は、使用総資本を用いても同じです。

図表28の他人資本比率が低いほど、後ほど**図表29**で紹介する自己資本に依存する割合が高く、資金面では安定している、と評価されます。

図表28の他人資本比率は、「一般的に50％未満であることが望ましい」といわれます。

53

現実はどうか。中小企業庁『中小企業実態基本調査』によれば、65.5％でした。他人資本に強く依存する体質があるようです。

3-2-2　他人資本比率で財務諸表の裏を読め

図表28の他人資本比率については、次の点に留意してください。

第一に、商社機能などを備えた卸売業では、企業間信用を利用するため、他人資本比率が異常に高くなる場合があります。ここでいう企業間信用とは、売掛金と買掛金の両建てです。

だからといって、卸売業の会社が、不健全だとは言い切れません。他人資本比率が低いと、「信用力のない会社だ」と取引相手に警戒される恐れがあるからです。

第二に、製造部門と販売部門の双方を1社で抱えている企業と、どちらかの部門を子会社に委ねている企業とでは、他人資本比率に大きな差が生じます。

上場企業の多くは、製販一体の企業集団を構成しているので、他人資本比率に違いはないように見えます。しかし、製造親会社と販売子会社からなる企業集団（自動車業界など）と、販売親会社と製造子会社からなる企業集団（流通業界など）とでは、他人資本比率は異なります。

プロ棋士は、将棋盤の裏側まで読むといいます。経営分析に取り組むからには、財務諸表がプリントアウトされた「紙の裏」まで読み込みたいものです。

3-2-3　一犬虚に吠ゆれば自己資本比率を計算できる

図表22にある[*12]自己資本と[*14]総資本（[*15]使用総資本）を組み合わせたものが、[*13]自己資本比率になります。図表29の式で表わされます。

第3章　右手に貸借対照表を、左手に損益計算書を

図表29　自己資本比率

$$自己資本比率＝\frac{自己資本}{総資本}$$

図表29の分母は、理論上は、使用総資本（他人資本と自己資本の合計）を用います。ただし、実際に自己資本比率を計算するときは、総資本を用います。

メディアなどで頻出する指標でありながら、これほど扱いにくいものはないだろう、といえるのが、**図表29**の自己資本比率です。注意すべき点を、いくつか指摘します。

1つめは、自己資本比率は企業の安全性（健全性）を評価するための指標であり、「一般的に50％以上が望ましい」と言われます。「一般的に50％以下が望ましい」といわれる他人資本比率を裏返したものです。

中小企業庁『中小企業実態基本調査』によれば、中小企業の自己資本比率（平均値）は34.5％でした。日本の中小企業の足腰は脆弱です。

ただし、自己資本比率は「一般的に50％以上が望ましい」と主張するからには、それを証明するための一般公式が存在しなければなりません。

ところが、「一般公式は存在しない」というのが、経済学やファイナンス論の通説です[1]。つまり、自己資本比率は「一般的に50％以上が望ましい」という主張には、何の根拠もないのです。

「一犬虚に吠ゆれば万犬実を伝う」みたいなところが、自己資本比率や他人資本比率にはあるので、注意してください。

3-2-4　自己資本比率ランキング表に隠された嘘

2つめは、日本のメディアはときどき、自己資本比率ランキング表を掲載して、上場企業の業績を評価しようとします。これにも注意しましょう。

このランキング表を作成すると、製薬会社のほとんどが上位を占めます。

[1]日本公認会計士協会東京会（編）『企業価値と会計・監査　会計とファイナンスの接点を探る』（税務研究会出版局）65ページ

「へぇ、製薬会社って、健全なんだ」とか、「我が社も、製薬業界へ進出しようかな」などと考えてはいけません。

製薬会社は、新薬開発に多大なリスクを抱えています。1万件の研究開発案件のうち、ものになるのは2件か3件程度だといわれています。

たとえ新薬開発に成功したとしても、特許を取得するまでに気の遠くなるような審査手続をクリアしていかねばなりません。新薬の発売にこぎ着けたとしても、副作用による損害賠償リスクがあります。

このように多大なリスクを抱えたビジネスモデルを扱う場合、その資金を、有利子負債に頼るのは禁じ手です。失敗した場合、返済できなくなるからです。

株式投資やFX投資を思い浮かべるといいでしょう。株式投資などを、銀行借入金で行なう人はいません。多額の含み損を抱えることになっても、銀行は返済を猶予してくれないからです。株式投資は、ポケットマネー（自己資金）で行なうのが鉄則です。

製薬会社も同じであり、巨大なリスクを抱えたビジネスモデルであるがゆえに、自己資本比率が高くなるのです。

あ、借入金によって、株式投資を行なえる方法が、1つだけありました。インサイダー情報を入手した場合です。ただし、お縄にかかるリスクがあることを忘れずに。

3つめは、自己資本比率が低いからといって、この企業の健全性は低い、と即断しないことです。数十万人・数百万人という消費者を相手とする流通業界や通信業界の場合、市場シェアの拡大が最も重要です。世界中から資金をかき集めて、スケールメリット（規模の経済）を追求することが、明日の業績拡大に結びつきます。

こういう企業の場合、自己資本比率という指標は邪魔になります。

3-2-5　ただそれだけのD/Eレシオ

図表22にある[*10]他人資本と[*12]自己資本を組み合わせたものが、[*11]D/Eレシオになります。**図表30**の式で表わされます。

新しもの好きの人は何にでも飛びつくという点で、格好のネタになるの

第3章　右手に貸借対照表を、左手に損益計算書を

図表30　D/Eレシオ

$$D/E\text{レシオ} = \frac{\text{他人資本Debt}}{\text{自己資本Equity}}$$

$$= \frac{\text{他人資本}}{\text{総資本}} \times \frac{\text{総資本}}{\text{自己資本}} = \frac{\text{他人資本}}{\text{総資本}} \div \frac{\text{自己資本}}{\text{総資本}} = \frac{\dfrac{\text{他人資本}}{\text{総資本}}}{\dfrac{\text{自己資本}}{\text{総資本}}}$$

$$\therefore D/E\text{レシオ} = \frac{\text{他人資本比率}}{\text{自己資本比率}}$$

が、**図表30**のD/Eレシオです。分子の "D" はDebt（他人資本）、分母の "E" は自己資本（Equity）です。日本語に訳しようがないので、D/Eレシオと呼ばれます。

図表30では、他人資本、自己資本、総資本を用いて、式の展開を試みました。

図表30の最終行にある結果を見てわかるように、D/Eレシオは、他人資本比率を自己資本比率で割ったものです。「他人資本比率は50％以下が望ましい」と「自己資本比率は50％以上が望ましい」を組み合わせると、「D/Eレシオは1倍以下が望ましい」となります。

D/Eレシオは、ただそれだけの指標です。

3-2-6　日本の会計基準は自己資本比率を崩壊させる

図表29の自己資本比率や、**図表30**のD/Eレシオを計算するにあたり、非常に困った問題に直面します。親会社説と経済的単一体説の対立です。

日本基準は親会社説に立脚していますから、自己資本比率は次ページの**図表31**で計算します。IFRS基準は経済的単一体説に立脚していますから**図表32**で計算します。

『会社四季報』や『日経会社情報』に掲載されている自己資本比率は、**図表31**で計算されています。それに対し、IFRS基準を採用している企業の自己資本比率は、**図表32**で計算されています。

図表31と**図表32**を比べた場合、**図表31**の実務解は、絶対的に小さくな

57

図表31　日本基準（親会社説）の自己資本比率

$$親会社説の自己資本比率 = \frac{(^{*1}純資産) - (^{*2}非支配株主持分)}{^{*3}総資本}$$

図表32　IFRS基準（経済的単一体説）の自己資本比率

$$経済的単一体説の自己資本比率 = \frac{純資産}{総資本}$$

ります。なぜなら、**図表31**の分子では、^{*2}非支配株主持分が、^{*1}純資産から減算されているのですから。

　したがって、日本基準を採用している企業と、IFRS基準を採用している企業の、自己資本比率を比べる場合は、非支配株主持分を減算した**図表31**の式で統一して計算するか、非支配株主持分を加味した**図表32**で統一して計算する必要があります。

　非常に面倒ですが、親会社説を採用する日本基準の宿命です。

　ところで、**図表31**の分母にある^{*3}総資本には、非支配株主持分が含まれています。**図表31**で自己資本比率を計算する場合、分子では^{*2}非支配株主持分を減算しているのですから、分母の^{*3}総資本からも非支配株主持分を減算するのが、理論的には正しい。

　ところが、『会社四季報』や『日経会社情報』では、総資本ではなく総資産という名称を用いて、分母（総資本＝総資産）からは、非支配株主持分を減算しない扱いとしています。これは、とんでもない矛盾です。

　図表31の計算式は、理論的な不整合も甚だしい。親会社説が押す横車には、ほとほと困ったものです。

第4章

貸借対照表を倒せ、転がせ、引っ繰り返せ

第1節

売上高と
キャッシュを転がしてみました

    ―――― 駄目な男というものは、幸福を受け取る
    に当たってさえ、下手くそを極めるもの
    である。

          （太宰治『貧の意地』）

4-1-1　静かなる指標から、動きのある指標へ

　前章では、貸借対照表と損益計算書を組み合わせた静態比率を紹介しました。ここでは回転期間や回転率といった「動きのある指標」を用いて、個々の勘定科目に適用する分析手法を説明します。回転期間分析といいます。

　図表6では、売上高営業利益率とトレードオフ関係を持つ指標として、総資本回転率を取り上げました。これは、1年間に、総資本が「何回転するのか」を表わす指標です。回転率の単位は、「回」です。

　回転率の逆数を回転期間といい、総資本が1回転するのに「どれくらいの期間を要するか」を表わします。回転期間の単位は、通常「月」を用います。

　回転率の逆数が回転期間なのですから、両者には**図表33**で示す関係があります。

図表33　回転率と回転期間

$$総資本回転率 = \frac{1}{総資本回転期間}$$

　総資本回転率が1回であれば、総資本回転期間は1年＝12か月です。総資本回転率が2回になれば、総資本回転期間は0.5年＝6か月に短縮されます。

60

第4章　貸借対照表を倒せ、転がせ、引っ繰り返せ

4-1-2　ビジネスは、さや取りだけでなく、スピードも重要

　総資本回転率に売上高営業利益率を掛け合わせた指標が、**図表7**の総資本営業利益率でした。**図表34**に再掲して確認します。

図表34　総資本営業利益率

$$総資本営業利益率 = (^{*1}売上高営業利益率) \times (^{*2}総資本回転率) \cdots\cdots (1)$$

$$= \frac{営業利益}{売上高} \times \frac{^{*3}売上高}{^{*4}総資本} \cdots\cdots (2)$$

　もし、**図表34**（1）式の^{*1}売上高営業利益率が一定であっても、^{*2}総資本回転率が1回から2回に上がれば、両者を掛け合わせた総資本営業利益率は2倍となって、収益力が向上した、と評価されます。

　図表34を見ると、企業活動には、利鞘（^{*1}売上高営業利益率）だけでなく、スピード（^{*2}総資本回転率）も大切なことがわかります。そのスピードを決めるのは、**図表34**（2）式の右辺第2項にある通り、損益計算書の^{*3}売上高と貸借対照表の^{*4}総資本との力関係です。

4-1-3　回転率や回転期間を細かく調理する

　回転の基礎となる総資本は、現金預金、売掛金、棚卸資産などから構成されますから、総資本回転率は、現金預金回転率や売掛金回転率などに分解されます。また、総資本回転期間は、現金預金回転期間や売掛金回転期間などに分解されます。

　理論的には、**図表35**のように分解されます。

図表35　総資本回転率と総資本回転期間

（1）総資本回転率＝（現金預金回転率）＋（売掛債権回転率）＋……＋（固定資産回転率）
（2）総資本回転期間＝（現金預金回転期間）＋（売掛債権回転期間）＋…＋（固定資産回転期間）

使用総資本でも回転率や回転期間を求めることができるので、買掛債務回転率や有利子負債回転期間なども求めることができます。

4-1-4　ヒトが変わる、モノやカネも変わる

企業活動で運用される総資本（ヒト、モノ、カネ）は、日々の企業活動によって、徐々に古い資産から新しい資産へと変わっていきます。企業活動が続く限り、新旧の入れ替わりは、総資本だけでなく、使用総資本（他人資本と自己資本）でも行なわれます。

資本金の向こうにいる株主も、入れ替わるといえば入れ替わります。回転期間分析は、こうした新陳代謝を、回転率または回転期間で表わそうとするものです。

回転期間分析では、回転率と回転期間を**図表36**のように使い分けます。

図表36　回転期間分析の使い分け

（1）回転率を使うもの………総資本回転率、固定資産回転率など
（2）回転期間を使うもの……現金預金、売掛債権、棚卸資産、買掛債務など

個々の科目に対する回転期間分析については、**図表36**（2）回転期間を用います。売掛金回転期間は「1年間で何回、回転するか」よりも、「何か月で回収できるか」のほうが理解しやすいからです。

回転率や回転期間は、貸借対照表のすべての項目について求める必要はありません。現金預金から始まって固定資産を経由し、他人資本まで細かく求める人がいますが、主要なものだけを把握すれば十分です。

回転期間分析を利用して、個々の勘定科目を見ていくことにします。

4-1-5　それにつけても、カネの欲しさよ

図表17の貸借対照表では、現金預金と有価証券を合わせて、実際キャッシュ残高と定義しました。回転期間分析でも、この定義をそのまま用います。

その前に、現金預金と有価証券の説明を行なっておきます。

（1）現金預金

　貨幣に代表される現金は、流動性が最も高い資産です。預金は、当座預金や普通預金から構成されます。預金のうち、満期までの期間が1年を超える定期預金は、固定資産に計上します。

　貸借対照表の「現金預金」は、キャッシュフロー計算書の最終行にある「現金及び現金同等物の期末残高」と必ずしも一致しません。1つめの理由は、「現金及び現金同等物の期末残高」には、有価証券も含まれるからです。

　2つめは、「現金及び現金同等物の期末残高」は、満期までの期間が3か月以内のものに限定されるからです。

（2）有価証券

　現代はインターネット全盛時代。ネット証券に口座を開設しているか、いないかではなく、いくつの口座を開設しているか、が話題になります。その口座を通して、会社名義で売買している銘柄が、有価証券になります。

　有価証券の最大の特徴は、期末日に時価で評価し直すことです。評価した結果、含み益があるものは、営業外収益に計上されます。含み損があるものは、営業外費用に計上されます。

　以上は、売買を頻繁に繰り返している有価証券の扱いです。

　有価証券の中には、得意先からの要請により、半ば強制的に持たされている「持ち合い株式」があるはずです。その含み益については、連結貸借対照表であれば「その他の包括利益累計額」、個別貸借対照表であれば「評価・換算差額等」に計上されます。

4-1-6　キャッシュが転がらぬと、資金はショートする

図表37　キャッシュ回転期間

$$キャッシュ回転期間（月）＝\frac{実際キャッシュ残高}{月平均売上高}$$

　図表37右辺の分子は、キャッシュフロー計算書の「現金及び現金同等物

の期末残高」を採用することも可能です。『会社四季報』や『日経会社情報』では、その金額が掲載されています。

図表37右辺の分母は、月平均売上高（または月商）を用います。

図表37を厳密に求めようとするならば、分母は月平均売上高ではなく、月平均の現金支払い額とすべきです。しかし、企業外部の者に、現金支払い額はわからないので、月平均売上高を利用します。

企業内部の人であれば、分母は**図表159**の資金繰り表を活用するといいでしょう。

図表37の回転期間は、これが短ければ短いほど、資金効率がよいことを表わします。しかし、実際キャッシュ残高があまりに少ないと、資金ショートを起こす可能性が高まります。

2001年9月、アメリカで同時多発テロが起きて、世界中の経済活動が一時パニックになったとき、ある企業経営者がこんなことを述べていました。「企業にとって最大のリスク回避策は、現金を持っていることだ」と。

けだし、名言であります。

4-1-7　キャッシュの最適残高は存在するか

図表37の回転期間を計算しているとき、ふと、ある疑問が浮かびます。現金預金はどれくらい保有していれば最適なのか、というものです。残念ながら、定説はありません。

企業が保有する現金預金は、「一時的な支払い準備」と「経常的な支払い準備」という2つの面があります。

「一時的な支払い準備」は、有利子負債の返済期限によって、大きく変動します。

「経常的な支払い準備」は、月平均売上高と同じ額のものを保有しておけばよい、と一般的にいわれています。それに相当する支払い準備をしておけば、月を単位として回転している資金繰りに不安はない、ということです。この場合、キャッシュの最適残高は「1か月」になります。

IT（情報技術）の発達により、全国で展開している事業所の現金預金を、日々把握している企業もあります。こういう企業では、「1か月」ではなく、

「数日」である可能性があります。

　とはいえ、「最適」キャッシュ残高の回転期間がどれくらいなのかは、勘と経験に依存する面が強く、定説はないようです。

　実際に資金ショートを起こしてみて、「そうか、ここが最低ラインだったのか」と気づくのが、実務解といえるでしょう。いえ、それでは手遅れですね。

第2節

お得意様への
債権を転がしてみました

——— 世の中で生きて暮らしてるものが、世間
を気にしなくてどうする。

(矢代静一『城館』)

4-2-1 「一見さん、お断わり」が意味するもの

図表17の貸借対照表を説明するとき、受取手形、売掛金およびリース債権を合計したものを、売掛債権としました。電子記録債権も含めます。サービス業では、実質的に売掛金であるにもかかわらず、未収入金として扱っているケースがあるので、これも売掛債権に含めます。

企業活動では、売掛債権など発生させずに、その都度、現金回収するのが理想です。しかし、それでは回収コストがかかります。

費用対効果を考慮すると、継続的な取引をする相手には1か月間の取引をまとめて、翌月に決済する方法を採用するのが通常です。その「1か月間の取引」をまとめたものが、売掛債権です。

継続的な取引をしていなくても、相手の支払い資金が不足しているために、「しょうがねぇなぁ、今回は掛け（売掛金）にしてやっから、この次、来るときに支払いな」という意味で発生することがあります。

一流の料理店などでは、意図的にツケ（売掛金）を発生させるケースがあります。その場で現金を受け取ってしまうと、二度と来店してくれない可能性があるからです。

資産家の客は敢えてツケにして、次の来店を待つ。「一見さん、お断わり」というのは「見知らぬ客はお断わり」という意味ではなく、「ちょくちょく来店してほしい」という店側の願いが込められています。

第4章　貸借対照表を倒せ、転がせ、引っ繰り返せ

4-2-2　売掛債権回転期間と回収サイトの極意を伝授

図表38　売掛債権回転期間

$$売掛債権回転期間(月) = \frac{売掛債権}{月平均売上高}$$

図表38の売掛債権回転期間は、売上高の何か月分の売掛債権を持っているか、または売掛債権を何か月で回収しているか、を表わします。

図表38右辺の分母に注目してください。売掛債権回転期間の売上高は、**図表37**のキャッシュ回転期間と同様に、月平均売上高を使用します。

図表38分母の売上高について、なぜ、年間の売上高ではなく、月平均の売上高を採用するのでしょうか。**図表37**のキャッシュ回転期間のとき、その理由を省略しました。いま説明します。理由は、分子の売掛債権が、期末日1か月間のものだからです。

図表38の売掛債権回転期間は、これが短いほど回収が早いことを表わし、売掛債権という資産の運用効率がよいことを意味します。これは、総資本回転率を高めます。

その会社の売掛債権の決済条件が、月末締め切りで、翌月25日に90日サイトの手形で受け取るものであるならば、売掛債権の回収期間は4.8か月以内でなければなりません。

この場合、1か月の平均日数を30日として、25日＋90日＝115日だから、回収期間は約3.8か月（＝115日÷30日）だろう、と計算してはいけません。売掛金は月の初めから発生することもあるので、これにあと1か月分を加えて最長4.8か月となります。

求めた売掛債権回転期間が4.8か月よりも長ければ、滞留債権があることになります。

4-2-3　欄外の割引手形にこだわる人へ

売掛債権の構成要素の1つである受取手形は、手持ち手形・割引手形・裏書手形から構成されます。これに関して、問題が2つ。

67

1つめの問題は、貸借対照表に計上されている受取手形には、割引手形と裏書手形（以下、割引手形等と称します）が含まれていないことです。会社法の理論では、割引手形等は「手形の売買」と解釈されているからです。

しかし、経営分析が、法律論に従う必要はありません。割引手形等が不渡りになれば、手形遡求義務が発生するからです。

もし、貸借対照表の注記に割引手形等が掲載されているときは、これらの金額を売掛債権に加算して、**図表38**の売掛債権回転期間を計算します。このとき、同じ手形金額を、短期有利子負債に加算することを忘れずに。

2つめの問題は、総資本回転率を求める場合は、総資本に割引手形等を含めないことです。1つめの問題との違いに気をつけてください。

理由は、現在の会計制度で求めている貸借対照表が、割引手形等を保証債務と同様のものとして位置づけ、貸借対照表の欄外で注記事項として扱っている、という趣旨を尊重するからです。各種の統計資料においても、総資本には、割引手形等を含めないのが慣例です。

こうした制度上の扱いに対し、割引手形等は銀行からの借入金と実質的に変わらないのだから、総資本に含めるべきだ、と主張する人もいます。他の統計資料との比較を考えると、やはり含めないほうがいいでしょう。

これに対し、売掛債権回転期間は、売上高に係る代金が、何か月で回収されているのかを検討するものですから、手持ちの受取手形以外に割引手形等を含めます。先ほどの、1つめの問題に戻ります。

理由は、受取手形をすべて割り引いて資金繰りをしている企業の場合、受取手形に割引手形を含めなければ、手持ちの受取手形がゼロになってしまうからです。また、売掛債権回転期間は、売掛金だけの回転期間となってしまい、得意先に対する債権の実態がわからなくなってしまうからです。

4-2-4　売掛債権回転期間で社長に怒られる

図表38の売掛債権回転期間は、業界の慣習、その企業の商品開発力、販売力の強さ、市場の競争状態、得意先との力関係などによって左右されます。市場での競争が激しい場合、売掛債権回転期間は長くなります。逆に、独占的な商品を扱っている場合には短くなります。

第4章　貸借対照表を倒せ、転がせ、引っ繰り返せ

　上場企業の貸借対照表で、受取手形の勘定科目を計上している例が、少なくなりました。だからといって、売掛債権回転期間が短くなっている、とはいえないようです。

　売掛債権回転期間に、最適解はありません。敢えて示すならば「0か月」でしょう。現実にそれはあり得ない話ですから、各年度の推移を調べて、前の年よりも回転期間が長くなった場合は、回収に手間取っているのかな、と推定するようにします。

　売掛債権の回収方法の巧拙によって、回転期間が長期化することもあります。回収方法がずさんであれば、回転期間が長期化し、得意先の倒産により売掛債権が焦げ付き、滞留債権が生じて、社長から怒られる、ということを毎年、繰り返してはいませんか。

　ないっすか。そいつは結構なことで。

69

第3節

二重人格の
棚卸資産回転期間

―――― やったり、やらなかったりでは、まるき
りやらない方がいい。
(庄野潤三『ザボンの花』)

4-3-1 商品は廃棄損、製品は評価減の違いがある

　流通業の棚卸資産は「商品」であり、製造業の棚卸資産は「製品・仕掛品」
です。これは付加価値を加えるか、加えないか、の違いです。

　製造業は工場を構えて、独自の付加価値を加えます。流通業は、左から仕
入れて、右へ販売するだけであり、独自の付加価値を加えません。

　セブン＆アイHDの「セブンプレミアム」や、イオンの「トップバリュー」
は、各社の付加価値を加えたものです。ただし、これらは製造子会社（また
は受託メーカー）が手掛けるものであり、製造子会社が出荷した「製品」は、
販売親会社の棚では「商品」になります。

　製造業の製品には「評価減」がつきまとい、流通業の商品には「廃棄損」
がつきまとう、という違いがあることにも留意しましょう。評価減というの
は、評価損を認識することをいいます。廃棄損というのは、消費期限や賞味
期限が切れた商品を「捨てる」ことです。

　商品に、評価減はありません。閉店間際のスーパーマーケットで、価格の
張り替えを行なうのは、評価減ではなく、売上値引きです。

　製品には、消費期限や賞味期限がありません。価格競争が激しかったり、
陳腐化したりした製品には、評価減がつきまといます。廃棄しない代わりに、
評価が下がった製品には中古市場が存在します。

70

4-3-2　製品・商品・仕掛品・貯蔵品に区分する実用性はない

　上場企業の有価証券報告書を見ると、棚卸資産を、製品・仕掛品（半製品）・材料・貯蔵品に区分しています。経営分析では、これらを区分する実用性が、まったくありません。その理由は、棚卸資産回転期間で説明します。

　ときどき、「原料と材料は、どう違うのか」という質問を受けます。原料とは、製造過程において化学的な変化が生じ、素材としての現状をとどめないものをいいます。プラスチック製品のもとが石油であることは、なかなか想像ができません。こうした場合の石油は、原料です。

　材料とは、製造過程において物理的な変化を伴うだけであり、素材の現状をとどめるものをいいます。

　例えば、水を酸素と水素に分ける場合、その水は原料であり、水を凍結して氷にする場合、その水は材料になります。

　素材と材料はほぼ同義であり、これに原料を加えた原材料は一般的な呼称だといえます。

4-3-3　棚卸資産回転期間 Part I

図表39　棚卸資産回転期間 Part I

$$棚卸資産回転期間\,Part\,I\,(月) = \frac{棚卸資産}{月平均売上高}$$

　図表39の棚卸資産回転期間には、2種類の意味があります。1つめは、月平均売上高の何か月分の棚卸資産を在庫として抱えているか、を表わすものです。これを「手持ち期間」といいます。

　2つめは、何か月が経過すれば、現在保有している棚卸資産が費消されるのか、という「費消期間」を表わします。

　なお、「消費」と「費消」の使い分けに注意してください。モノやサービスの対価としておカネを支払うことを消費といい、材料や商品などのモノが、材料費や売上原価に変わることを費消といいます。

企業内部の人であれば、（勘と経験に頼るところがあるかもしれませんが）適正な在庫残高と比較し、過剰なものがないかどうかを調べます。企業外部の人で棚卸資産回転期間を調べる場合は、う〜む、適正な在庫残高など知るよしもないので、前期より長いかどうかで騒ぐしかありません。

騒いだからといって、別にどうとなるものでもないですが。

図表39右辺の分子にある棚卸資産は、小売業・流通業の場合は商品だけとなります。製造業の場合は、製品、仕掛品、材料などを合計します。中小企業などで在庫の変動が激しい場合、分子の棚卸資産は、毎月末の在庫残高を平均したものを用いたほうがいいでしょう。

図表39右辺の分母は、流通業・製造業の別なく、月平均売上高を用います。

先ほど、棚卸資産回転期間は、在庫の「手持ち期間」を表わす、と述べました。資産の運用が効率的に行なわれているかどうか、という観点からすれば、手持ち期間は短いほうがいいに決まっています。

棚卸資産回転期間が長期化している場合は、売れ行き不振、販売力を超えた過大仕入れ、生産工程の乱れなどを疑います。

ただし、在庫の手持ち期間があまりに短いと、品切れを引き起こします。材料であれば生産活動が停滞しますし、製品であれば販売機会を逃します。ここが売掛債権と違って、判断の難しいところ。

売掛債権回転期間は、短ければ短いほど、売掛金の回収が進んでいることを表わし、限りなく喜ばしいと単純に判断できるのに。

4-3-4　棚卸資産回転期間Part Ⅱ

図表39の棚卸資産回転期間は、末尾に「Part Ⅰ」を付けました。ということは、「Part Ⅱ」もあります。**図表39**の求めかたでは、厳密な意味での回転を示さない場合があるからです。

棚卸資産の新陳代謝を表わすためには工夫が必要です。

そこで、**図表39**分母を、月平均売上高の代わりに、「月平均費消額」に置き換えます。それに基づいた**図表40**を、「棚卸資産回転期間Part Ⅱ」と名づけます。

第4章　貸借対照表を倒せ、転がせ、引っ繰り返せ

図表40　棚卸資産回転期間Part Ⅱ

$$棚卸資産回転期間 \text{Part Ⅱ}（月）＝ \frac{棚卸資産}{月平均費消額}$$

図表40右辺の分母にある「月平均費消額」を説明するために、少し遠回りします。

　回転期間分析が、収益性分析とキャッシュフロー分析のどちらに属するか、ということにこだわる人がいます。定義にうるさい人は、次のように使い分けるようです。

　すなわち、収益性分析における回転期間は、分子を期首と期末の平均残高とし、分母はすべて月平均売上高とします。キャッシュフロー分析における回転期間は、分子を期末残高とし、分母を月平均費消額とします。

　それがどうだというのでしょう。筆者には違いがわかりません。

4-3-5　閑話休題

　それはさておき、棚卸資産ごとの費消額を並べると、**図表41**になります。

図表41　棚卸資産回転期間Part Ⅱの構成

	図表39の分母		図表40の分母
商品回転期間	月平均売上高	⟹	月平均売上原価
製品回転期間	同上	⟹	月平均売上原価
仕掛品回転期間	同上	⟹	$\dfrac{（月平均材料費）＋（月平均製品製造原価）}{2}$
材料回転期間	同上	⟹	月平均材料費

　棚卸資産回転期間Part Ⅱは、**図表42**のように展開されます。

73

図表42　各棚卸資産の棚卸資産回転期間Part II

$$商品回転期間 = \frac{商品の月末残高}{(売上原価) \div 12か月}$$

$$製品回転期間 = \frac{製品の月末残高}{(売上原価) \div 12か月}$$

$$仕掛品回転期間 = \frac{仕掛品の月末残高}{\{(材料費) + (^{*1}製品製造原価)\} \div ^{*2}2 \div 12か月}$$

$$材料回転期 = \frac{材料の月末残高}{(材料費) \div 12か月}$$

　さぁて、話が面白くなってきました。棚卸資産の説明で終わると思っていたのに、損益計算書の仕組みを解明しなければ、この先の話を進めることができなくなりました。

　損益計算書の「売上原価の背後」には何があるのか、という話です。現在のディスクロージャー（企業情報開示）制度では、「売上原価の背後」が省略されているので、企業外部の人にとって、**図表42**の式の構成は学ぶ必要のない知識です。

　しかし、世の中に、無駄な知識は1つもありません。

　図表42にある*1製品製造原価って、何だ？　仕掛品回転期間の分母は、なぜ、*2 2で割るんだ？　そうした疑問を1つひとつ解明していくことにより、企業内部で会計処理に取り組んでいる人たちの苦労を知ることができます。

　多少の遠回りは承知のうえ、水面下に潜って、「アヒルの水かき」を観察することにしましょう。

第4節

製品と仕掛品は
右へ転がり、
現金は左へ転がる

——— 負けるが怖さの中立は、卑怯の骨頂。
（徳富蘆花『思出の記』）

4-4-1　葬り去られた製造原価明細書の復活戦

　現在では、連結財務諸表を財務諸表と称しても差し支えないほど、「連結全盛時代」です。しかし、20世紀までは、個別財務諸表が主であり、連結財務諸表は従の扱いでした。

　個別財務諸表が主流であった20世紀では、損益計算書の付属資料として、製造原価明細書が作成されていました。

　ところが、残念なことに、21世紀になってから、製造原価明細書の開示が省略されてしまいました。経営分析に取り組む者にとって、非常に残念な話です。

　本書で、製造原価明細書の復活戦を行ないます。

　次ページの**図表43**では、製造原価明細書から損益計算書までの流れを図解しました。これを勘定連絡図といいます。金額の単位を、万円として説明します。

4-4-2　勘定連絡図に目まいを起こした人へ

　勘定連絡図（**図表43**）は、貸借対照表や損益計算書の構造を、視覚的に捉えるために作成されるものです。特に**図表43**の右側にある損益計算書と、左側にある製造原価明細書の繋がりを理解するときに、威力を発揮します。

75

図表43　勘定連絡図

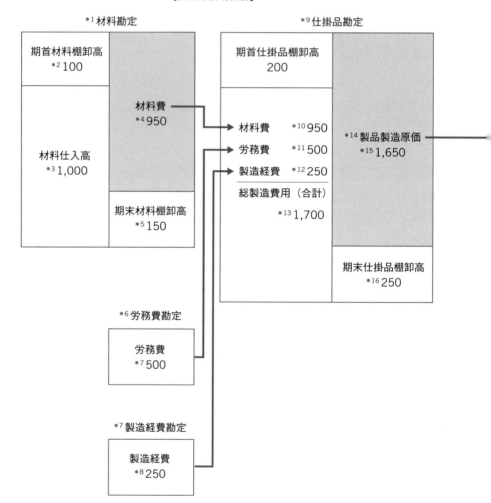

第4章　貸借対照表を倒せ、転がせ、引っ繰り返せ

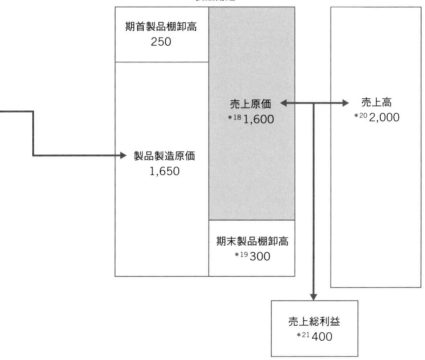

77

勘定連絡図の基本は、左から右へとコストが流れていくことです。右から左へ反対に流れる取引があるとしたら、それは、生産活動の中で起きた失敗品の再利用など、例外的なケースです。

図表43の左にある*¹材料勘定を見てください。期首材料棚卸高*²100万円と材料仕入高*³1,000万円を合計したものが、同じ材料勘定の材料費*⁴950万円と期末材料棚卸高*⁵150万円に振り分けられます。材料費*⁴950万円は、その右隣にある*⁹仕掛品勘定の総製造費用の材料費*¹⁰950万円に振り替えられます。

*⁹仕掛品勘定の左側にある材料費*¹⁰950万円、労務費*¹¹500万円、製造経費*¹²250万円を合計したものが、総製造費用*¹³1,700万円になります。

左から右へと次々にコストが流れていくことで、売上原価*¹⁸1,600万円と、売上高*²⁰2,000万円との差額として、売上総利益*²¹400万円が求められます。

勘定連絡図（**図表43**）にある材料費、総製造費用、製品製造原価、売上原価の位置をそれぞれ確認してください。これらは専門用語ですから、その位置と合わせて理解するようにします。

*¹材料勘定から始まって、*⁶労務費勘定や*⁷製造経費勘定を加え、*⁹仕掛品勘定までが、製造原価明細書の世界です。*⁹仕掛品勘定の製品製造原価*¹⁵1,650万円は、*¹⁷製品勘定の製品製造原価へ振り替えられます。*⁹仕掛品勘定の右側と、*¹⁷製品勘定の左側は、製品製造原価という共通の用語で結ばれていることを確認してください。

*¹⁷製品勘定から右側の世界は、損益計算書になります。

4-4-3　製品と材料の回転期間は簡単に計算できるのに

製品回転期間PartⅡは、**図表44**で計算します。これは、商品の場合も同じです。

第4章 貸借対照表を倒せ、転がせ、引っ繰り返せ

図表44 製品回転期間 Part Ⅱ

$$製品回転期間 Part Ⅱ = \frac{期末製品棚卸高}{(売上原価) \div 12 か月}$$

$$= \frac{{}^{*18}300}{{}^{*17}1,600 \div 12 か月} = 2.25 か月$$

材料回転期間は、**図表45**で計算します。

図表45 材料回転期間 Part Ⅱ

$$材料回転期間 Part Ⅱ = \frac{期末材料棚卸高}{(材料費) \div 12 か月}$$

$$= \frac{{}^{*5}150}{{}^{*10}950 \div 12 か月} = 1.89 か月$$

4-4-4 仕掛品の回転期間がクセモノ

仕掛品の回転期間を理解するには、アタマの体操が必要になります。具体的に「ものづくり」を考えてみます。

製造方法には、大きく分けて次の3種類があります。

図表46 仕掛品の製造方法

（1）始点投入
　　……工程の最初に材料を投入し、あとはその材料に加工を行なうだけのもの。
（2）平均投入
　　……製品が完成するまで、工程全体で材料を逐次投入し、加工を行なうもの。
（3）終点投入
　　……工程の最後で材料を投入するもの。

部品製造などをメインとする中堅中小企業は、**図表46**（1）が多いかもしれません。最初の工程でパイプを切断し、あとは曲げたり伸ばしたり。材料を「始点投入する」といいます。

工程全体で薬品などを満遍なく投入したり、大規模な機械装置産業や建設

79

業など比較的大きな製造活動を行なったりする企業の場合には、材料は工程を通して逐次投入されますから、**図表46**（2）になります。材料を「平均投入する」といいます。

図表46（3）は、最終工程で梱包するものです。材料を「終点投入する」といいます。

4-4-5　仕掛品には3つの顔がある

　問題は、ここから分岐します。材料が始点投入されるか、平均投入されるか、終点投入されるかで、仕掛品回転期間の計算式が異なるのです。

　材料を始点投入する場合の仕掛品回転期間は、**図表47**になります。

図表47　材料始点投入の場合の仕掛品回転期間Part Ⅱ

$$仕掛品回転期間 Part Ⅱ = \frac{期末仕掛品棚卸高}{(材料費＋製品製造原価)÷2÷12か月}$$

　材料を平均投入する場合の仕掛品回転期間は、**図表48**になります。

図表48　材料平均投入の場合の仕掛品回転期間Part Ⅱ

$$仕掛品回転期間 Part Ⅱ = \frac{期末仕掛品棚卸高}{(製品製造原価)÷2÷12か月}$$

　材料を終点投入する場合の仕掛品の回転期間は、**図表49**になります。

図表49　材料終点投入の場合の仕掛品回転期間Part Ⅱ

$$仕掛品回転期間 Part Ⅱ = \frac{期末仕掛品棚卸高}{(製品製造原価－材料費)÷2÷12か月}$$

分析対象となる企業がどのような生産活動を行なっているかで、仕掛品回転期間を使い分ける必要があります。

4-4-6　よせ！　仕掛品回転期間に深入りするな

　図表47、**図表48**、**図表49**のいずれの分母も、12か月で割っているのは、月平均とするためです。

　図表47、**図表48**、**図表49**のいずれの分母も、「2」で割っています。その理由は次の通りです。

　仕掛品は、工程の最初のほうにあったり、完成品に近いものがあったりします。その平均をとると、おおよそ50%。その意味で「2」で割ります。「0.5をかける」でも同じです。

　次に、始点投入**図表47**の分母は、なぜ、材料費を加算するのでしょうか。平均投入**図表48**の分母は、なぜ、製品製造原価だけでいいのでしょうか。終点投入**図表49**の分母は、なぜ、製品製造原価から材料費を減算するのでしょうか。

　すべての仕掛品回転期間を、**図表48**の平均投入で統一してしまえばいいような気がします。そうすれば、「2」で割る以外は、製品の**図表44**や材料の**図表45**の回転期間の式と同じになりますから。

　それにもかかわらず、始点投入**図表47**や終点投入**図表49**が、平均投入**図表48**と異なるのは、それなりに理由があります。

　製品製造原価が「材料費＋労務費＋製造経費」の3つの要素から構成されているのは、**図表43**の[*9]仕掛品勘定の左側で、すでに説明しています。このうち、労務費や製造経費に始点投入はなく、すべて平均投入です。さらに、材料費が平均投入であるならば、**図表50**の式になります。

図表50　材料費が平均投入であるケース

$$
\begin{aligned}
&（製品製造原価）÷2＝（材料費＋労務費＋製造経費）÷2 \\
&\quad =\left(材料費×\frac{1}{2}\right)+\left(労務費×\frac{1}{2}\right)+\left(製造経費×\frac{1}{2}\right)
\end{aligned}
$$

図表50は、材料費も労務費も製造経費も、平均的（50％＝$\frac{1}{2}$）に費消されていることを表わしています。

ところが、始点投入の場合、工程の始点ですべて（100％＝$\frac{2}{2}$）の材料が投入されます。したがって、**図表51**になります。

図表51　材料費が平均投入であるケース

$$\left(\text{材料費}\times\frac{2}{2}\right)+\left(\text{労務費}\times\frac{1}{2}\right)+\left(\text{製造経費}\times\frac{1}{2}\right)$$

$$=\left(\text{材料費}\times\frac{1}{2}\right)+\left(\text{材料費}\times\frac{1}{2}\right)+\left(\text{労務費}\times\frac{1}{2}\right)+\left(\text{製造経費}\times\frac{1}{2}\right)$$

$$=\left(\text{材料費}\times\frac{1}{2}\right)+\left(\text{製品製造原価}\times\frac{1}{2}\right)$$

$$=(\text{材料費}+\text{製品製造原価})\div2$$

図表51の1行目で、材料費を50％ではなく、100％とするのがミソです。

一方、材料を終点投入する場合、勘定連絡図（**図表43**）の期首仕掛品棚卸高と期末仕掛品棚卸高の双方に、材料費は含まれていません。材料費が含まれるのは、製品製造原価のところだけです。なにしろ、終点投入なのですから。

終点投入では、**図表49**の分子にある期末仕掛品棚卸高に材料費が含まれていないのですから、分母の製品製造原価から材料費を減算する必要があります。

いままでの説明は、先入先出法を前提としています。先に入れたモノから、先に出ていく、と仮定するものです。期首にあった棚卸資産が、1年後の期末まで残留しているわけがない、という仮定に基づきます。

第5節

固定資産が繰り出す
減価償却マジック

――― 麻雀で負けそうになったら、パンツを脱
いで驚かせ。それでも駄目なら黙って帰
れ。
（高橋三千綱『さすらいのにせギャンブラー』）

4-5-1 IFRS基準は、有形資産と無形資産と呼ぶんだってさ

　固定資産は、長期にわたり企業が使用する資産であって、有形固定資産、
無形固定資産、投資その他の資産に区分されます。IFRS基準では「固定」
を省略し、有形資産・無形資産と称します。

（1）有形固定資産（有形資産）

　有形固定資産は、土地、建物、機械装置などに区分されます。

　注意したいのが、建設仮勘定。滅多にお目にかかれません。お目にかかっ
たときは、これ幸いとばかりに「ん？」と小首を傾げましょう。

　建設仮勘定は、建設中または製作中の有形固定資産であり、金額的な規模
が大きい未稼働の資産です。建設が完了すれば、建物や機械装置などの本勘
定へ振り替えられます。

　建設仮勘定は、「総資産」の1つです。ところが、「総資本」では、建設仮
勘定を除外します。未稼働の資本だからです。

　建設仮勘定は、漢字五文字で1つの科目名です。現金預金勘定や売掛金勘
定の呼称に倣うならば、「建設仮勘定勘定」と呼ぶべきなのですが、そうい
う読みかたをする人には、お目にかかったことがありません。

83

(2) 無形固定資産（無形資産）

　無形固定資産は、目に見えない固定資産です。「法律上の権利」と「営業上の権利」に分けられます。

　法律上の権利は、特許権、商標権、借地権などがあります。特許権や商標権は、時間の経過に伴い、減価する（価値が減少する）と想定するので、一定の期間をかけて償却を行ないます。借地権は減価しないので、償却を行ないません。減価償却の仕組みについては、〔4-5-2〕で説明します。

　営業上の権利としては、「のれん」があります。M&Aにより新規取得した場合に限り、無形固定資産として計上できます。これについては〔4-6-1〕で説明します。

(3) 投資その他の資産

　投資その他の資産は、流動資産、有形固定資産、無形固定資産に分類されなかったものから構成されます。

　重要性が高いのが、投資有価証券です。時価のあるものは時価評価し、その評価損益を——損益計算書ではなく——純資産の「その他の包括利益累計額」に計上します。

4-5-2　減価償却「引当金」を見かけたら笑っちゃおう

　経営分析において鬼門ともいえる減価償却について説明します。

　例えば、1,000円の文房具を購入したとします。このように「少額の有形固定資産」は、1年以内のうちに費消してしまうものなので、貸借対照表に計上するまでもありません。損益計算書の事務用消耗品費になります。

　次に、10億円のビルを建てたとします。完成と同時に、気前よくポンと、10億円を支払うことにします。

　ビルほどの大きな建物になると、これを1年以内に取り壊すことはありません。また、この10億円全額を、支払った年度の損益計算書に一括計上しては、大赤字になる可能性があります。

　そこで減価償却という仕組みを利用します。まず、支払った年に、10億円の全額を、有形固定資産に計上します。このビルを、50年間にわたって

84

第4章　貸借対照表を倒せ、転がせ、引っ繰り返せ

使い続けるとしましょう。

　そうなると、1年ごとのビルの利用価値は、2,000万円（＝10億円÷50年間）になります。

　そこで毎年2,000万円ずつを、有形固定資産に計上した建物から取崩し、損益計算書へ振り替えるのです。そのときに損益計算書で利用する科目が、減価償却費です。

　支出はないのに、コストになる。実に会計らしい仕組みです。

　減価償却は、古くから認識されていた会計処理ではありません。19世紀後半、アメリカの鉄道会社が、その巨額の設備投資額をどのように扱ったらいいかと悩んで、減価償却制度が生まれたとされています。

　減価償却が考え出された当初、その累積額は、引当金の一種と解釈されていました。昭和の時代、「減価償却引当金」という名称を用いていたくらいですから。時代に取り残された財務会計システムでは、いまだに減価償却引当金という科目があるので、確かめてみてください。

　現在では、減価償却の累積額を、減価償却累計額と呼んでいます。

　固定資産の除却損や売却損も、減価償却費の仲間です。なぜなら、これらは固定資産を除却したり売却したりしたときに現われる「減価償却費の最終調整額」だからです。新たな支出はありません。

　ところが、固定資産の売却益には、注意が必要です。売却益に相当するキャッシュが、新たに入ってくるからです。

4-5-3　有形固定資産では回転期間が用をなさず

　有形固定資産は、回転期間ではなく、回転率を計算します。「何か月間で1回転するか」よりも、「1年間で何回転しているのか」のほうが理解しやすいからです。総資本回転率と同じです。

　有形固定資産回転率は、土地や建物などの有形固定資産が、どれだけ有効活用されているかを表わします。**図表52**にある分子の売上高は、1年間のものを用います。

85

図表52　有形固定資産回転率

$$有形固定資産回転率＝\frac{売上高}{（有形固定資産）－（建設仮勘定）}$$

図表52の分母を固定資産（有形固定資産＋無形固定資産＋投資その他の資産）の合計とした場合、名称は固定資産回転率になります。ただし、企業活動で重要なのは、有形固定資産です。その稼働状況を見たいということで、有形固定資産に限定した**図表52**を示しました。

図表52の分母は、有形固定資産から建設仮勘定を減算している点に注意してください。

有形固定資産回転率は、回転数で表されますから、その値が高いほど、資産が有効活用されていることを表わします。反対に、回転数が低いほど、過大投資が行なわれていることを表わします。

有形固定資産は購入したその年度に、資金がドンと支出され、その後、長期にわたって生産活動や販売活動に貢献します。「ドンと支出した資金」と「長期にわたる貢献」を取り持つのが、先ほど説明した減価償却です。

有形固定資産回転率が低い場合、収益力への貢献が弱いことを表わします。当初の設備投資が過大でなかったか、現状の有形固定資産が十分に活用されていないのではないか、といったことを検証する必要があります。

4-5-4　固定資産回転率は2つの錯覚に陥りやすい

図表52の有形固定資産回転率を計算するにあたっては、その値が単純に高いか低いかだけで喜ぶことはできません。かなりの慧眼を必要とします。

分析する者を惑わせるのは、有形固定資産そのものの性質にあります。**図表52**で計算する場合、分母の有形固定資産は簿価を採用します。簿価とは「帳簿上の価額」を略したものであり、建物や機械装置などの取得価額から、減価償却費累計額を減算したものです。

もし、設備投資を行なわなければ、その年は減価償却費の分だけ簿価が減少し、売上高が横ばいでも**図表52**の回転率は上昇します。業績は低迷して

いても、資産効率が良くなったかのような錯覚に陥ります。

　反対に、積極的な設備投資をすると有形固定資産は急増するので、売上高が多少伸びた程度では、**図表52**の回転率が低下します。業績拡大のために行なった積極的な取り組みが、資産効率の悪化を招いたかのような錯覚に陥ります。

　したがって、有形固定資産回転率は、単純に上昇すればよく、下降すれば悪い、とはいえないのです。過去の回転率を時系列で並べて、設備投資に関する変動の波を読み取るようにします。

　土地や建物は一度購入すると、そう簡単に売却することができません。「隣の土地はご祝儀相場でも買え」といって、結局、青空駐車場以外に使い道がない、というのはよくあるパターンです。

　更地を最も有効活用する方法は、更地として持ち続けることだ、という呑気な考えかたもありますが。

第6節
のれんとM&AがIFRS基準を増長させる

> ── 人を責めることが大好きな人があるね、
> 正義の味方の中には。
> （田辺聖子『休暇は終った』）

4-6-1　腕押しした「のれん」の向こう側

「のれん」を簡単な例で説明します。総資本*¹10億円、他人資本*²8億円、自己資本*³2億円の企業（被買収企業といいます）を、*⁴3億円で買収します。貸借対照表で表わすと**図表53**になります。

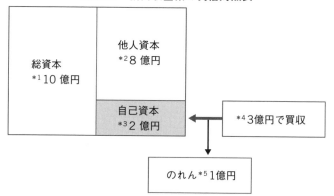

図表53　被買収企業の貸借対照表

図表53において、自己資本*³2億円の企業を、*⁴3億円で買収するのですから、買収企業は、被買収企業を*⁵1億円だけ高く評価したことになります。この*⁵1億円は、被買収企業の技術力や販売網などを評価した「プレミアム」

であり、これが「のれん」として、買収企業の無形固定資産に計上されます。

腕押しする「暖簾」ではありません。商号や看板の背後にある企業の信用を、金額で表わしたものです。

自分で勝手にのれんを計上すること、すなわち「自己創設のれん」は認められません。

買収企業側が計上した無形固定資産は、借地権を除いて均等償却するのが基本です。ところが、「のれん」だけは、これをどのように扱うかで見解が分かれています。

日本基準では、特許権などと同じように、毎年、均等償却すべし、とされています[1]。

それに対して、IFRS基準では、均等償却を行ないません。毎期、「のれん」を時価評価して、時価が簿価を下回るときは、それを損失として認識し、貸借対照表の簿価を減額すべし、とします。これを「減損処理」といいます。

4-6-2 「のれん」は粉飾にあらず。典型的な経理操作なり

IFRS基準では、均等償却を行なう必要がないので、買収企業の収益を圧迫することがありません。総合商社、医薬品事業、通信事業のようにM&Aが活発な業界ほど、日本基準からIFRS基準へ乗り換えようとします。〔1-2-2〕で説明した経理操作の有効活用です。

ただし、こうした乗り換え組の動機は、同じものではありません。

通信業界がM&Aに積極的なのは、スケールメリット（規模の経済）を追求し、市場シェアを拡大することが、収益拡大に結びつくからです。医薬品業界がM&Aに積極的なのは、スケールメリットの追求ではなく、新薬開発のリスクを分散するためです。IFRS基準は、同床異夢のルールと言えるでしょう。

日本基準（均等償却）支持派は、「均等償却は、財務の健全性を保てる」「均等償却をしないと、安易なM&Aを増長させる」「事業環境の変化次第では、一時的に巨額の減損が発生して、企業業績を歪める恐れがある」と批判しま

---

[1]企業会計基準委員会『企業結合に関する会計基準』

す。

　IFRS基準（減損処理）支持派は、「均等償却は、毎期の収益を圧迫する」
「減損処理の場合、時価を落とさないために、事業価値を高める努力をしよ
うとする。最初に減損ありきではない」と主張します。

　会計制度は人為的に作られたものですから、均等償却すべきか、減損処理
すべきかは、企業の裁量に委ねられます。

4-6-3　IFRS基準の企業を、あしらう方法、あります

　本書を執筆している時点では、日本基準とIFRS基準との間で歩み寄りは
認められません。

　困ってしまうのは、経営分析に取り組む側です。「のれん」の扱いによっ
て、当期純利益が大きく異なるからです。

　そこで、日本基準を採用する企業については「のれん償却前利益」を計算
します。IFRS基準を採用する企業については「減損処理前利益」を計算し
ます。その計算式は**図表54**の通り。

図表54　のれん償却前利益と減損処理前利益

（1）日本基準を採用する企業
　　　のれん償却前利益＝（当期純利益）＋（のれん償却額）

（2）IFRS基準を採用する企業
　　　減損処理前利益＝（当期純利益）＋（のれん減損損失）

　図表54（1）のれん償却前利益と、**同**（2）減損処理前利益は、**図表125**
で説明するEBITDAや、**図表152**の内部留保と実質的には同じです。いず
れも償却前利益を求めるものだからです。

　こうした利益概念を用いると、のれんの会計処理について、日本基準と
IFRS基準のどちらが優れているのかを問うのは、意味がないことになりま
す。

　なお、内部留保という専門用語がいきなり登場して、面食らった読者がい
ると推測しています。詳細な説明は、後掲**図表152**を使って説明します。

いまは、当期純利益や減価償却費などを中心として、企業内部に蓄積（留保）された「利益の累積額」と理解しておいてください。

4-6-4　研究開発費＝（研究費）＋（開発費）

のれんと同様に、日本基準と IFRS 基準とで扱いが異なるものに、研究開発費があります。

企業が成長していくためには、競争力の高い製品を絶えず研究開発していく必要があります。その支出に係るコストを、研究開発費といいます。

日本基準では、研究開発費は支出した年度に、そのすべてを損益計算書に計上します。

それに対して IFRS 基準では、「基礎研究」と、その後の「製品開発」とに分けます。基礎研究のために支出したコストは、損益計算書に計上します。一方、製品開発のために支出したコストは、それが将来、企業の収益拡大に結びつく可能性が高いと判断された場合には、いったん貸借対照表に計上します。

例えば、基礎研究に 300 万円、その後の製品開発に 700 万円を支出したとします。日本基準では、1 千万円全額を、損益計算書の研究開発費に計上します。

IFRS 基準では、基礎研究に係る 300 万円は、その全額を損益計算書へ計上します。製品開発に係る 700 万円について、先ほどの条件（将来、企業の収益拡大に結びつく可能性が高い）を満たしている場合には、貸借対照表にいったん計上し、その後、当該製品を販売することにより、徐々に損益計算書へ振り替えていきます。

欧州連合（EU）の自動車業界では、新車開発のために支出したものを、貸借対照表に計上しているケースが多いようです。過去のデータを参照することにより、新車開発のプロセスを予測できるからです。

それに対して製薬業界では、新薬開発に係るプロセスが読み切れないため、研究開発費の全額を損益計算書に計上するケースが多くなります。

第5章

貸借対照表の
右側の話、
右です、右

第1節

借りたものは
必ず返しなさい

――――― 何事によらず、明日にのばせる事は、明
日にのばした方がいい。
(内田百閒『阿房列車』)

5-1-1　他人資本は買掛債務と有利子負債に注目する

　貸借対照表**図表17**の右側は、他人資本と自己資本とから構成され、いず
れも資金の調達源泉を表わします。両者の決定的な違いは、〔2-5-6〕で説明
したように、他人資本には返済期限があるのに対し、自己資本には返済期限
がないことです。

　他人資本は、流動負債と固定負債に分けられます。流動負債のうち、支払
手形と買掛金を合計したものを、買掛債務といいます。外注費の未払い分を
未払金として計上している場合、これも買掛債務に含めます。

　本書で注目する他人資本は、買掛債務以外では、有利子負債のみです。

　銀行の短期借入金のほか、割引手形・裏書手形・短期リース債務を合計し
たものを、短期有利子負債とします。「1年以内返済〜」という冠が付いた
負債も、短期有利子負債に含めます。

　社債、長期借入金、長期リース債務を合計したものを、長期有利子負債と
します。

　有利子負債とは、読んで字のごとし、利息を支払う義務がある債務のこと。
買掛債務や未払金のことを、無利子負債と呼ぶことがあります。

　図表23の流動比率や**図表24**の当座比率を求めるとき、短期と長期の区別
は重要です。それに対して有利子負債は、企業が背負っている借金の総額は
どれくらいあるのか、が最大の関心事なので、短期有利子負債と長期有利子

負債を分けて論ずる意義は小さいものがあります。

　無借金経営とは、有利子負債がゼロのことではなく、実際キャッシュ残高（現金預金と有価証券の合計）が、有利子負債を上回る状態をいいます。

5-1-2　短期借入金の運用先に注意せよ

　企業が資金調達をするにあたって、そのすべてを自己資金で賄えるのならば、それが理想です。しかし、企業規模が拡大すると、自己資金だけでは賄いきれなくなります。そこでやむを得ず、下げたくもない頭を下げて行なうのが、他人資本を利用した資金調達です。

　まず、他人資本のうちの流動負債を説明します。その代表的なものとして、短期借入金、割引手形、買掛債務があります。

　短期借入金は、当面の支払い資金を手元で賄えない場合に、頻繁に利用される資金調達手段です。手詰まり感のシワ寄せが、短期借入金に現われる、といっていいでしょう。

　短期借入金は文字どおり、1年以内に返済されるべき借入金です。金融機関から調達され、企業の営業運転資金などに充当されます。それは建前であって、貸借対照表の流動負債に計上されている短期借入金が、真の意味での短期借入金なのかどうかを判定するのは難しい。

5-1-3　短期借入金の長期化は「分析眼」を曇らせる

　短期借入金が運用される先を考えてみることにします。**図表55**が想定されます。

図表55　短期借入金の運用先

（1）営業運転資金の不足に対して
（2）年末決済資金に対して
（3）決算資金に対して

　図表55（1）の営業運転資金は、流動資産と流動負債の間を行き来するものです。もし、売掛債権の中に焦げ付いたものがあったり、デッドストック

（売れ残り品）があったりすると、営業運転資金はそこに留まったままとなります。これは、資金の流れに動脈硬化を起こします。

図表55に掲げた3種類の資金については、キャッシュフロー分析の**図表144**で改めて説明します。

設備投資に係る資金を、自己資金や固定負債で賄うことができず、短期借入金で賄おうとするケースが多々あります。短期借入金が、いつしか長期化するケースもあります。こうした事実は、静態比率や回転期間への「分析眼」を曇らせます。

5-1-4　割引手形は手形の売却

割引手形は、企業が保有する手持ちの手形を金融機関に売却して、流動化することです。数か月後に到来する手形期日に決済されるので、短期の資金調達手段となります。

現在は、手形よりも、電子記録債権のほうが多くなりました。これは売掛債権を小口分散化できる点で、大きなメリットがあります。

受取手形（電子記録債権を含みます）は、営業運転資金の代表です。企業が手形を金融機関に売却して資金調達するケースとしては、次の状況を想定できます。

図表56　手形を利用するケース

（1）営業運転資金の不足を、内部留保や固定負債で調達することができない場合 （2）営業運転資金の相当部分を、手形として保有している場合

つくづく思うのは、内部留保が潤沢であれば、「今月はいくら、金融機関のお世話になろうかな」などと心配する必要はないのです。

得意先から振り出された受取手形を金融機関に割り引いてもらう場合、会計処理としては、貸借対照表の流動資産にある受取手形から控除し、貸借対照表の欄外に割引手形残高として注記することになっています。

しかし、割引手形と短期借入金は、企業の資金繰りに果たす機能が同じであり、割引手形だけを欄外に置くいわれはありません。また、電子記録債権

第5章　貸借対照表の右側の話、右です、右

が増加傾向にあることも、割引手形を貸借対照表の欄外におく意義を失わせています。

　キャッシュフロー分析を行なう場合には、欄外にある割引手形を貸借対照表に組み入れてしまいます。つまり、割引手形の分だけ、総資本と他人資本が増加します。

5-1-5　有利子負債回転期間から「借金漬け」の度合を知る

　先ほど、有利子負債については短期と長期を区別する意義は小さい、と述べました。その発想に基づき、短期と長期を合わせた有利子負債回転期間を、**図表57**で求めます。

図表57　有利子負債回転期間

$$有利子負債回転期間（月）＝\frac{（短期有利子負債）＋（長期有利子負債）}{月平均売上高}$$

　図表57の有利子負債回転期間は、借入金依存度を測定する指標です。分母は月平均売上高（月商）ですから、有利子負債回転期間の単位は「月」となります。

　有利子負債回転期間は、金融機関に依存している有利子負債が、月商の何か月分あるか、売上高によって何か月後に完済できるか、を表す比率です。回転期間が短ければ短いほど、借入金依存度が低い、と評価することができます。

　それ以外にもこの比率に託された意味があります。それは、金融機関側が、貸付金の焦げ付きを恐れ、追い貸しに走っていないかどうか、の判断基準にもなることです。

　追い貸しとは、元金どころか、利息さえ返済できない企業に追加融資して、履歴の古い借入金を返済させることにより、あたかも返済能力があるかのように見せかけることをいいます。

　貸した側の弱みと、借金太りした側の強みが、妙なところで妥協すると、**図表57**の有利子負債回転期間はじわじわと伸びていきます。

97

5-1-6 支払いは延ばせばいいってもんじゃない

　買掛債務は、数か月以内に決済しなければならないものですが、少なくともその数か月間は、資金を企業内部にとどめ置くことができます。したがって、買掛債務も資金の調達源泉となります。

　貸借対照表の前期と当期を比較してみて、買掛債務が増加していれば、その増加した分だけ、買掛債務による資金調達が行なわれたことになります。

　販売している商品や製品の競争が激しくなって、売掛債権の回収期間が長くなってくれば、長くなった分の資金は、何らかの方法で調達してこなければなりません。買掛債務の立場からできることは、仕入先への支払い期日を延ばすことです。

　ただし、支払い期日を延ばすことは、信用問題に発展しかねないので、おいそれとはできません。

　買掛債務の残高が増加している場合、それがどのような理由によるものなのかを検証する必要があります。通常、買掛債務の絶対額が増加する理由としては、次のものが想定されます。

図表58　買掛債務の増加要因

> （1）企業規模の拡大に見合ったもの
> （2）季節的な要因
> （3）支払い期間が長期化したため

　図表58（1）「企業規模の拡大に見合ったもの」と、**同**（2）「季節的な要因」は、営業上、当然の増加と考えることができます。

　問題は、**図表58**（3）「支払い期間が長期化したため」です。資金繰りが苦しいために、仕入れ先へ頭を下げ、支払い期間を延ばして、資金調達を図っている可能性があります。

　ところが、この支払い期間の長短の解釈が難しい。支払い期間が短縮している場合も、問題があります。仕入れ先が自社の業績を警戒して、支払いサイトの長い手形を受け取ってくれず、支払いサイトを短くせざるを得ない可能性があるからです。

第5章　貸借対照表の右側の話、右です、右

　経営破綻寸前のスーパーマーケットや建設業などで、取引業者が警戒して、納品と同時に現金決済を要求する話は、よく聞くところです。

5-1-7　買掛債務回転期間は分母に注意

　買掛債務回転期間を**図表59**で求めます。

図表59　買掛債務回転期間Part Ⅰ

$$買掛債務回転期間(月) = \frac{買掛債務}{月平均売上高}$$

　分母は月平均売上高（月商）ですから、計算結果は月単位となります。
　中小企業では買掛債務の残高が、月によって大きく変動することもあるため、**図表59**の分子は、毎月末の平均を採用したほうがいいでしょう。外注費にかかる未払金がある場合は、それも分子に加えます。
　図表59の買掛債務回転期間は、買掛債務が月商の何か月分あるのか、支払い期間が何か月にわたるのか、を表わします。買掛債務回転期間が短ければそれでよし、といえないことは、すでにご理解いただいていると思います。
　図表59の末尾に、PartⅠとあります。**図表40**の棚卸回転期間PartⅡを学んでしまった読者は、買掛債務回転期間にもPartⅡがあることを容易に理解できるはずです。

図表60　買掛債務回転期間Part Ⅱ

$$買掛債務回転期間 = \frac{買掛債務}{月平均売上原価}$$

　図表60の分母は、「商品仕入高」「材料仕入高」「外注費」とするのが厳密です。ただし、上場企業の有価証券報告書では、売上原価しか表示されないので、月平均売上原価を採用するのが次善の策となります。

5-1-8　買掛債務を仲間はずれにしないで

　買掛債務は資金調達手段の1つといっても、増資や銀行借入金など他の資金調達手段とは異なる性質があります。

　増資は株主からの資金調達であり、銀行借入金は金融機関からの資金調達です。いずれも、営業活動の「外」から資金を調達してくるものです。お金を借りることを営業の目的としている企業は存在しません。

　それに対し、買掛債務は、企業の営業活動で直接発生する負債です。いわば、マイナスの営業運転資金です。売掛債権や棚卸資産などプラスの営業運転資金と一体となって理解する必要があります。

　過去の実績や同業他社との比較によって、買掛債務回転期間が長いかどうかを検証するとともに、売掛債権回転期間や棚卸資産回転期間との比較も、重要な作業になります。

第2節

固定負債の調達は、
案外、難しい

――――― もし一年じゅう休みだったら、遊びも仕
事と同じく退屈なものになる。
（シェイクスピア『ヘンリ四世』）

5-2-1　直接金融・間接金融は死語です

　流動負債に続いて、下げたくもない頭を下げて資金調達する科目を並べた
ものが、固定負債です。大半を占めるのは、直接金融としての社債（ワラン
ト債などを含みます）と、間接金融としての長期借入金です。

　社債は、企業が社債券を発行し、それを投資家が購入することです。資金
の出し手と受け手とが直接取引するので、直接金融と呼ばれます。

　長期借入金について、この資金を企業へ直接提供するのは金融機関です
が、本来の資金の出し手は預金者です。預金者の資金が、金融機関を経由し
て間接的に企業へ流れていきます。預金者と企業は直接取引しないので、間
接金融といいます。直接金融・間接金融は形式論であって、現在では死語と
いえます。

　社債も長期借入金も、最終の償還（または返済）期限が1年を超えるので、
資金調達する企業の側からすれば、長期にわたって安定した事業を展開する
ことができます。

　経営分析の本を少しでもかじったことのある人なら、「有形固定資産など
の設備投資を行なうときは、社債や長期借入金などの、長期の資金で調達せ
よ」という話を聞いたことがあるはずです。「短期借入金などで資金調達す
るのは、返済に追われて資金繰りを苦しくするからダメだ」といわれます。

　本書でも、**図表27**の固定長期適合率を説明したときに、同様の趣旨を述

101

べました。

　それって、本当ですか？　社債や長期借入金などで資金調達した場合でも、無理が生ずるのではないですか？　ウワサの真相を探ってみます。

5-2-2　設備投資は長期の資金調達で行なえって本当？

　設備投資を行なうために、社債や長期借入金で資金調達する場合、その償還期限は5年〜10年くらいです。それに対し、購入する有形固定資産の利用年数は、機械装置で10年前後、工場建物では40年前後になります。メンテナンスを心掛ければ、もっと長くなるでしょう。

　総じて、社債などを償還する期間よりも、固定資産で運用する期間のほうが長いはずです。

　したがって、仮にすべての固定資産を順調に稼動させて、爆発的な売上高を実現したとしても、日々の営業活動から回収される資金で、社債や借入金の返済を進めていたのでは、どこかに無理が生ずるはずです。ましてや、一部でも使い切れない固定資産を抱えたら、すぐそこにデフォルト（債務不履行）の落とし穴が待ち構えています。

　教科書的には、設備投資には長期の資金を調達して充当せよ、という。しかし現実には、固定資産で運用する期間は、社債や借入金の返済期間よりも長い。この「もどかしさ」を解決するためには、**図表61**のような考えかたが必要になります。

図表61　他人資本と自己資本の使い分け

> （1）初期投資（いわゆる頭金）は、自己資本で賄うこと
> （2）初年度の調達資金のうち、他人資本によるものは極力抑えること
> （3）当該固定資産の稼動によって、高収益の製品の製造・販売が期待できること
> （4）当該固定資産から生産される製品以外にも、収益性の高い製品を扱う事業を抱えていること

　別の表現をするならば「将来において企業にもたらされる内部留保」を上回る設備投資は、絶対に行なわないこと。つまり、設備投資は、日々の企業活動から蓄積されていく内部留保（**図表152**）の範囲内で行なえ、というこ

とです。

　設備投資を行なうなら、社債や長期借入金で調達してくればいい、という発想は短絡的なのです。

　図表61って、個人が住宅ローンを借りるときに、似ていませんか。カネを借りる点では同じなのです。

5-2-3　他に収益性の高いビジネスモデルを抱えているか

　図表61の注意点を2つほど。

　1つめは、個々の設備投資の案件で、内部留保が赤字となっても構いません。大切なのは**図表61**（3）よりも、（4）のほうです。

　2つめは、「合成の誤謬の罠」に陥らないことです。

　かつて、某酒造メーカーが新たにビール事業に進出したとき、ビール事業単独では長期間、内部留保を積み上げることができませんでした。それでも頑張ってこられたのは、既存のウィスキー事業などで大きな内部留保を積み上げてきたからだ、とされています。

　ビール事業に携わる者は、一日でも早く黒字にしようと努力する。他の事業の者は、なんとか全社を支えようと、さらに努力する。

　個々の事業からすれば「やってられねぇよ」となりますが、全体を見渡した経営者のビジョンと従業員の心意気がなせるワザでしょう。

　さらに、もう1つ、話を付け加えておきます。

　社債の償還や長期借入金の返済は、毎月一定の日に元金や利息の支払いが行なわれます。その支払いの日に、月々蓄積される内部留保からきちんと返済できているかどうかが重要です。しかも、長期にわたって、安定的に。

　もし、社債や長期借入金などを、短期借入金へ借り換えたとしても、毎月蓄積される内部留保が潤沢であるならば、短期借入金の増加にそれほど目くじらを立てることはありません。「合成の誤謬」といえるでしょう。

5-2-4　有利子負債返済期間

　他人資本に計上されている有利子負債について、償還能力があるかどうか

を知るための指標があります。有利子負債返済期間といい、**図表62**で表わされます。

図表62　有利子負債返済期間

$$有利子負債返済期間(年) = \frac{(短期有利子負債) + (長期有利子負債)}{内部留保}$$

図表57の有利子負債回転期間は、借入金依存度を見るものでした。**図表62**の有利子負債返済期間は、借金返済能力を見るものです。

図表62分子で、短期有利子負債と長期有利子負債を足し合わせ、これを内部留保で割り返したものが、有利子負債返済期間です。その単位は、年です。

図表62の有利子負債返済期間は、企業内部で蓄積される内部留保によって、有利子負債を何年で返済できるかを表わします。業績拡大への期待感もなく、有利子負債返済期間が伸びるようでは、過剰債務の誇りを免れることができません。大胆なリストラ計画でもあれば、話は別ですが。

5-2-5　短期借入金が長期化する

図表57の有利子負債回転期間や、**図表62**の有利子負債返済期間の分子に、短期有利子負債を含めているのが、奇異に感じられるかもしれません。長期有利子負債だけでもいいはず。

短期有利子負債と長期有利子負債を合わせた有利子負債の合計で、回転期間や返済期間を求める理由は、次の通りです。

短期有利子負債のうち、特に短期借入金は、企業から金融機関へ、約束手形を振り出すことによって行なわれます。金融機関において「コロガシ単名手形」という用語が定着している通り、返済期日が到来すると、同じ金額で、借り換えが行なわれます。

1年後に再び返済期日が到来すると、同じ金額で借り換えが行なわれます。当初、営業運転資金の名目で借り入れた短期借入金が、実質的に長期化することがあります。

これは、やむを得ない現象です。なぜなら、営業運転資金の増加分そのものが、「固定化」する性質を持つものだからです。こういう場合は本来、長期有利子負債で対応すべきなのです。これを、長期運転資金と呼びます。

金融機関の側でも、返済されては困る、という事情があります。

金融機関にとって、無借金経営の企業ほど「にっくき存在」はありません。また、借金を踏み倒す企業も「にっくき存在」です。この低金利の時代、少額とはいえ、借入金の利息を支払ってくれる企業は、金融機関にとって「おめでたい」、いえ、ありがたいのです。

企業──特に中小企業──の短期借入金で、真の意味での短期借入金は、ほとんどないでしょう。「真の意味」とは、1年以内にきちんと返済される、という意味です。

貸借対照表の流動負債にしっかりと根の張った短期借入金の返済財源は、もはや内部留保以外にありません。したがって、**図表62**の有利子負債返済期間は、短期と長期の有利子負債を、企業努力によってすべて返済してみせるぞ、という意気込みを表わした指標になります。

もう1つ、短期有利子負債と長期有利子負債とを合算する理由は、他人資本コスト率の算定にあります。損益計算書の営業外費用に計上される他人資本コスト（支払利息や社債利息）は、短期と長期の区別が行なわれていません。**図表18**の他人資本コスト率を計算するためには、有利子負債一本勝負とする必要があります。

5-2-6　ローンが得か、リースが得か、それが問題だ

横道にそれて（それてばかりで、すみません）、もう1つ、有利子負債に係る周辺問題を取り上げます。

例えば自動車を購入するとき、ローンが得か、リースが得か、という問題があります。ローンは、銀行からの借り入れに際し、自動車を譲渡担保にする方法です。

ローンもリースも同じではないか、と考えるのは間違いです。リースのほうが若干、デメリットがあるといえます。

理由の1つめは、リースは途中解約ができないことです。

2つめは、リースは繰り上げ返済ができないことです。

3つめは、下取りの有無です。ローンの場合、返済期間が終了すれば、自動車の所有権は自社に移転し、新車を買うときは下取りしてもらうことができます。

リースの場合、その所有権は最初から最後まで、リース会社のものです。リース期間が終了すると、リース会社が自動車を引き上げてしまいます。下取りはありません。

小型車や軽自動車の場合で、月々の支払い額が少ないときは、リースを選択してもデメリットを感じないでしょう。高級車であっても、売上高に直接貢献するくらいに乗り回しているのであれば、これもデメリットを感じないでしょう。

ところが、企業経営者が乗るような高級車は通常、売上高に直接貢献するものとはいえず、下取りも高額になります。この場合にリースを選択するのは、デメリットが大きくなります。

リースを利用する側に大きなデメリットがあるということは、裏を返せば、リース会社の側に大きなメリットがあることになります。自動車業界が毎年、史上最高益を更新しているのは、リースを中心とした「金融部門の収益力」にあります。

ところで、ひところ、格差社会が問題になりました。金持ちはますます金持ちになり、貧乏人はますます貧乏になる、という話です。おカネを持っている人は、ローンやリースなどを利用せず、「現金一括払い」という第三の方法を利用します。お金のない人は、ローンやリースを利用します。

違いは、他人資本コストを支払うか、支払わないか、にあります。

金融資本主義が、格差社会を生み出しているといえます。

第3節

自己資本だからって
自由にできるわけじゃない

──── 行き詰りは展開の一歩である。
（吉川英治『草思堂随筆』）

5-3-1 株主資本と自己資本の名称を間違えないこと

他人資本と並んで資金の調達源泉となるのが、自己資本です。会計制度では「純資産の部」と呼ばれ、**図表63**の項目で構成されます。

図表63 自己資本（純資産の部）の構成

```
（1）株主資本
   a. 資本金
   b. 資本剰余金
   c. 利益剰余金
   d. 自己株式
（2）その他の包括利益累計額（評価・換算差額等）
（3）非支配株主持分
```

経営分析において、**図表63**（1）株主資本の中味を吟味する意義は、まったくないです。株主資本と自己資本との名称を間違えないようにすることぐらいです。

5-3-2 その他の包括利益累計額（評価・換算差額等）

図表63（2）その他の包括利益累計額は、連結貸借対照表固有の科目名で

107

あり、個別貸借対照表では「評価・換算差額等」と表示されます。

　科目名から浮かべるイメージとしては、「評価・換算差額等」のほうが、わかりやすい。なぜなら、企業が保有する資産の含み損益を「評価」したり、円安・円高による含み損益を「換算」したりしたものだからです。要するに「簿価と時価の差額」です。

　「その他の包括利益累計額」と「評価・換算差額等」のどちらかに用語を統一すればいいのに、と誰もが考えます。会計基準を舞台にした、神学論争の現われなのです。

5-3-3　非支配株主持分

　図表17の貸借対照表では、自己資本の求めかたに2通りあることを紹介しました。親会社説によるものと、経済的単一体説によるものと。両者の違いは、非支配株主持分を含めないか、含めるか、の違いでした。〔3-2-6〕で説明したように、自己資本比率の計算の仕方で違いが現われました。

　その対立の原因が、**図表63**（3）非支配株主持分です。この科目に罪はありません。メンツにこだわる人たちによって、翻弄されているだけの話です。

　なお、非支配株主持分は、連結貸借対照表固有の科目です。個別貸借対照表にはありません。

5-3-4　結局、債務超過って何なのさ？

　貸借対照表の番外編として、債務超過があります。これは2010年に経営破綻した日本航空（JAL）や、2011年の東日本大震災の影響により、実質的な国有化企業になった東京電力などの裏で囁かれた用語です。

　メディアなどでもときどき見かける用語なので、「いまさら何を言う」の概念です。ただし、債務超過という用語が、どれだけ正確に理解されているかは、別途考慮すべき問題です。

　債務超過という概念に掴みどころがないのは、いくつか理由があります。1つめは、日本基準では、債務超過を明確に定義していないからです。

　2つめは、債務超過は企業に引導を渡すものであり、第三者が勝手解釈す

ると混乱を生じさせる恐れがあるからです。現実は、勝手解釈が横行する事態になっているので、これは皮肉な事態といえるでしょう。

債務超過という用語を使っている人を見かけたら、「債務超過って、何ですか？」と質問してみてください。「他人資本（負債の部）が、総資本（資産の部）を上回っている状態だ」という答えが返ってきたら、「どこの法令で定められているのですか？」と重ねて質問してみてください。

結論は、「嫌われる」。子供でもない限り、そうした質問をするものではありません。自分で調べる筋合いのものです。

5-3-5　債務超過はバックネットを直撃するほどの大暴投

ということで、債務超過が、現在の法令や制度の中で、どのように定められているのかを、再度調べてみました。

金融商品取引所『上場廃止基準概要』を参照すると、連結貸借対照表ベースでの債務超過は上場廃止になる、と定めている程度。「債務超過とは何か」という定義そのものを明確に定めた法令や会計基準は、やはり見つかりませんでした。

法令が明確な定義をしていないのですから、勝手解釈が罷り通るのはすでに指摘した通り。そこで多くの人が、債務超過を「他人資本が総資本を上回っている状態だ」と解釈しています。もしくは「自己資本がマイナスの状態だ」と言い換えることもできます。

そうなると、自己資本とは何か、という定義が必要になります。

親会社説の自己資本は、**図表17**では[23]自己資本∞親会社説でした。**図表63**では、（1）と（2）を合計したものになります。これがマイナスのとき、親会社説では債務超過になります。

経済的単一体説の自己資本は、**図表63**（1）から（3）までを合計したものでした。これがマイナスのとき、経済的単一体説では債務超過になります。

その他に、**図表63**（1）株主資本がマイナスになったときが債務超過だ、という第三の説もあります。

学説によって債務超過の定義が異なるのは、重箱の隅をつついた議論です。債務超過というのは実務上、「思いっ切り豪快に債務超過」となるケー

スがほとんどです。

　ストライク・ゾーンぎりぎり（自己資本や株主資本がマイナスになるかどうか）の話ではなく、バックネットを直撃するほどの大暴投（自己資本が大幅なマイナス状態）なのです。

　実務上の扱いは、経済的単一体説に基づいて、「自己資本が思いっきりマイナス状態」を債務超過と理解しておけば、不自由しないでしょう。

5-3-6　株式数と株価のデータを入手する

　経営分析で是非とも入手しておきたいのが、株式数です。有価証券報告書で探すのは大変なので、この場合は決算短信を利用します。その2ページ目には、**図表64**に示す項目が掲載されています。

図表64　発行済株式数（普通株式）

| ① 期末発行済株式数（自己株式を含む） |
| ② 期末自己株式数 |
| ③ 期中平均株式数 |

　期末の株式数を用いるのであれば、**図表64**①から同②を減算します。そうでなければ、**図表64**③を用います。

　株式数と並んで入手しておきたいのが、株価です。注意すべきは、3か月移動平均の株価を用いることです。なぜなら、上場企業の業績は、3か月（四半期）ごとに開示されるものだからです。

　株価は、ネット証券を利用します。株価ボードで13週移動平均線の画面を開くと、3か月ごとの株価データを参照することができます。

5-3-7　株主資本等変動計算書や包括利益計算書は相手にしない

　財務諸表には、貸借対照表や損益計算書以外に、株主資本等変動計算書や包括利益計算書があります。作成する人の努力を慮れば、これらも参照すべきなのでしょう。しかし、経営分析では不要な資料です。

第5章 貸借対照表の右側の話、右です、右

　確かに、株主資本等変動計算書には、配当金という重要な情報が掲載されています。しかし、これはキャッシュフロー計算書を参照すればいい話。

　利益については、営業利益と当期純利益の2つで十分であって、包括利益計算書にある包括利益までは構っていられません。

　う～ん、そこまで言い切っていいものかどうか。包括利益については、〔15-2-4〕で敗者復活戦を行ないます。

111

第6章

ここが
収益性分析の本丸だ

第1節

財務諸表から
ROAとROEをおびき出す方法

――― 本人の努力を俟たずして人を伸ばしてや
ろうとする企業があったら、それはとん
でもない温情主義か、さもなければ間抜
けな考え方である。

（ドラッカー『現代の経営』）

6-1-1　誰がために収益性の鐘は鳴る

　経営分析を行なう場合、誰（分析主体）が、何のために（分析目的）分析
を行なうかによって、分析手法に違いが生じます。それが、収益性、流動性、
安全性（健全性）へと繋がっていきます。

　いままでに説明した静態比率や回転期間は、実は流動性や安全性に属する
ものでした。収益性を論ずるには力不足。ここからは、収益性分析の本丸に
立ち入ることにします。

　企業の収益性を判断するには、次の2つのアプローチ方法があります。

図表65　収益性分析の種類

```
（1）比率で判断する方法
    a. 資本利益率

（2）金額で判断する方法
    a. 利益増減要因分析
    b. CVP分析（損益分岐点分析）
    c. 限界利益、EBITDA
```

　図表65（1）「比率で判断する方法」は、企業で運用されている総資本（流
動資産や固定資産）と、そこから生み出される成果（営業利益や当期純利益）
とを対比させて、百分率で表わすものです。こうして求められる指標を、資

114

本利益率といいます。

そのうちの1つである総資本営業利益率は、**図表7**で説明したように、売上高営業利益率と総資本回転率から構成されました。企業の収益性を論ずるには、それぞれの比率も検証する必要があります。

図表65（2）「金額で判断する方法」には、利益増減要因分析、CVP分析、限界利益、EBITDAなどがあります。これらは第7章以降で説明します。

6-1-2　資本利益率を計算するのが、いの一番

図表65（1）a．の資本利益率の説明を行ないます。

企業の儲け具合＝収益性を吟味するには、資本利益率を計算するのが第一です。企業の資金を、流動資産や固定資産などの形で運用して、それによってどれだけ稼いだか、を端的に表わす指標だからです。

資本利益率が高ければ高いほど、「収益性は高い」と評価することができます。一般公式は、**図表66**で表わされます。

図表66　資本利益率の一般公式

$$資本利益率＝\frac{利\ \ 益}{資\ \ 本}$$

図表66分子には、営業利益や当期純利益などを当てはめます。どちらを用いるにしても、「直近1年間の利益」を用います。

図表66分母には、総資本や自己資本を当てはめます。

6-1-3　四半期報告書で開示される利益には工夫が必要

図表66分子に当てはめる営業利益や当期純利益の「直近1年間の利益」を求めるにあたっては、ほんの少し工夫を必要とします。

期末の有価証券報告書で開示される当期純利益は、第1四半期から第4四半期までを累積させたものですから、この当期純利益はそのまま「直近1年間の利益」になります。

115

ところが、第1四半期から第3四半期までの四半期報告書で開示されている当期純利益は、そうはいきません。第1四半期の損益計算書にある当期純利益は3か月分、第2四半期の損益計算書にある当期純利益は6か月分、第3四半期の損益計算書にある当期純利益は9か月分です。

　3か月分、6か月分、9か月分の当期純利益を**図表66**の分子に当てはめたのでは、資本利益率が小さくなってしまいます。そこで次の工夫を行ないます。

　上場企業の損益計算書は、四半期ごとの当期純利益を累積させていったものが開示されますから、**図表67**のように分解します。

図表67　四半期ごとの当期純利益

```
第1四半期　　　　　……4月から6月までの3か月分
 →　このまま。
第2四半期（中間）　……4月から9月までの6か月分
 →　第2四半期の当期純利益から、第1四半期の当期純利益を減算して、
　　7月から9月までの3か月分の当期純利益を求めます。
第3四半期　　　　　……4月から12月までの9か月分
 →　第3四半期の当期純利益から、第2四半期の当期純利益を減算して、
　　10月から12月までの3か月分の当期純利益を求めます。
第4四半期（期末）………4月から翌年の3月までの12か月分
 →　第4四半期の当期純利益から、第3四半期の当期純利益を減算して、
　　1月から3月までの3か月分の当期純利益を求めます。
```

　図表67により、3か月分の当期純利益を計算するのが、第1段階です。

　次に第2段階に進みます。例えば、第3四半期における年間利益は、次のようにして求めます。

図表68　第3四半期の年間利益の求めかた

```
（前期の第4四半期：3か月分）＋（当期の第1四半期：3か月分）
＋（当期の第2四半期：3か月分）＋（当期の第3四半期：3か月分）
＝当期の第3四半期における年間利益
```

　前期のものを1個、当期のものを3個、足し合わせるのです。

116

第6章　ここが収益性分析の本丸だ

以上のように計算すれば、第3四半期における「直近1年間の当期純利益」を常に求めることができます。これを**図表66**の分子に代入します。

6-1-4　総資本や自己資本にも工夫が必要

図表66の分母にある資本にも、工夫が必要です。総資本も自己資本も同じです。

図表66の分子は「直近1年間の当期純利益」としたのですから、分母の資本も、「年間の平均」とする必要があります。そこで、前期末の資本と、当期末の資本を足し合わせて、2で割ったものを、**図表66**の分母とします。

図表69　資本利益率の一般公式

$$資本利益率 = \frac{利\;益}{\{(前期末の資本) + (当期末の資本)\} \div 2}$$

図表69の分母を、平均資本と呼びます。

上場企業の場合、四半期ごとの貸借対照表が開示されるので、平均資本を求めるには、分母を次の通りとします。

図表70　資本利益率の一般公式（四半期ごと）

$$資本利益率 = \frac{利\;益}{\left\{\begin{array}{c}(前期末の資本) + (第1四半期の資本) + (第2四半期の資本) \\ + (第3四半期の資本) + (第4四半期の資本)\end{array}\right\} \div 5}$$

図表70の分母は5つもあるので、5で割るのがポイントです。

実務上、前期末の資本が不明のときや、計算の手間を省く必要があるときは、当期末の資本に限定しても差し支えありません。

以降で、総資本や自己資本という語を用いる場合、それは平均総資本または平均自己資本を表わします。

117

6-1-5　数十種類の資本利益率を用いる金融機関

　ひと口に資本利益率といっても、さまざまな種類があります。**図表12**の損益計算書を見ると「〜利益」と名のつくものが、*3売上総利益、*5営業利益、*8経常利益、*11税金等調整前当期純利益、*13当期純利益、そして**図表13**に*26包括利益の6種類がありました。

　図表17の貸借対照表を見ると「〜資本」と名のつくものが、*13総資本、*22他人資本、*23自己資本∞親会社説、*24株主資本、*28自己資本、*30使用総資本の6種類がありました。したがって、形式的には、6×6＝30種類もの資本利益率が想定されます（ただし、他人資本○○利益率はないかも）。

　ある金融機関の分析資料を見たとき、数十種類もの資本利益率が掲載されていて、驚いたことがありました。一通り揃えておかないと、貸し倒れの不安で夜も眠れないのでしょう。それとも、あらゆる指標を網羅しておくことにより、いざ貸し倒れが起きたときに責任を不明確にする、という打算があるのかも。

　ありとあらゆる資本利益率を検討したところで、収益性に差が出るわけではありません。本書では、**図表71**に示す資本利益率に的を絞って説明します。

図表71　資本利益率の種類

```
（1）総資本営業利益率
（2）総資本当期純利益率
（3）自己資本利益率
```

6-1-6　ROAとROEが現われたぞ、と

　図表22を要約したものを、**図表72**に示します。

　図表72において、*3総資本営業利益率と*4総資本当期純利益率は、貸借対照表の*1総資本（Assets）を分母としたものであり、どちらもROA（Return On Assets）と呼ばれます。**図表72**の*1総資本（Assets）に対峙させる利益

118

第6章　ここが収益性分析の本丸だ

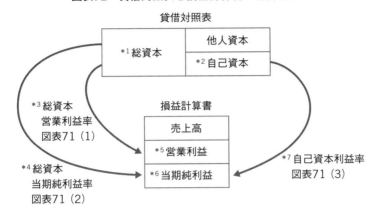

図表72　貸借対照表と損益計算書の経営指標

（Return）が、*5営業利益か、*6当期純利益かの違いです。

図表6は、**図表72**の*3総資本営業利益率で描いたものです。

図表72の右端にある*7自己資本利益率は、貸借対照表の*2自己資本（Equity）に、*6当期純利益（Return）を対峙させるものであり、ROE（Return On Equity）と呼ばれます。

第2節

ROAは企業の
意思決定を迷わせる

——— 男は気持ちで年をとり、女は容貌で年を
とる。

（コリンズ『あなたはいくつか』）

6-2-1　資本利益率には効用があるが、限界もある

　図表71の資本利益率を用いるにあたっての注意点を述べておきます。

　1つめは、資本利益率は、これを過去のものから並べることにより、時系列比較ができることです。規模の異なる企業との比較も可能です。さらには、業種業態を超えた企業との比較も可能です。

　図表6で描いたトレードオフ曲線上では、総資本営業利益率が一律3％の値であったことを思い出してください〔1-3-5〕。製造業も流通業も不動産業も、違いはありませんでした。

　図表6のトレードオフ曲線よりも右上にある企業は、この曲線よりも左下にある企業に比べて「収益性が高い」と評価することができます。これが資本利益率の効用です。

　2つめは、**図表71**の資本利益率で収益性を判断するに際し、分子の利益と、分母の総資本（または自己資本や株主資本）に、「妙な経理操作」が行なわれていないか、に注意する必要があります。

　例えば中小企業では、租税特別措置を活用することによって、減価償却を前倒しする経理操作が多く、時系列で資本利益率を比較しようとすると歪みが認められます。

　3つめは、業種業態によって、資本利益率の「意義」が異なることです。

　図表6のトレードオフ曲線上では、資本利益率は3％でした。これは一律

の値です。流通業界は**図表6**の横軸（総資本回転率）を高くすることによって3%を達成しているのに対し、製造業は**図表6**の縦軸（売上高営業利益率）を高くすることによって総資本営業利益率3%を達成している、という違いを押さえておく必要があります。

　製販一体型を標榜する企業であっても、販売親会社・製造子会社の組み合わせと、製造親会社・販売子会社の組み合わせでは、資本利益率が異なります。そうした事情に配慮しながら、資本利益率を観察していく必要があります。

6-2-2　総資本営業利益率と総資本当期純利益率の比較問題

　図表72の*3総資本営業利益率と*4総資本当期純利益率を式で表わしたものが、**図表73**と**図表74**です。

図表73　総資本営業利益率	図表74　総資本当期純利益率
総資本営業利益率＝$\dfrac{営業利益}{総資本}$	総資本当期純利益率＝$\dfrac{当期純利益}{総資本}$

　図表73と**図表74**は、分子の利益が異なりますが、どちらもROAと呼ばれるものです。

　図表73は、総資本によってどれだけの営業利益を稼いだか、を百分率で表わしたものであり、「本業の儲け」に係る収益性を表わします。

　図表74は、分子を当期純利益としています。これは「企業全体の収益性」を表わします。

　ふと疑問に思うのは、両者に優劣はないのか、という点です。

　図表73と**図表74**の分母をともに総資本としていますが、使用総資本に置き換えることができる点に注目します。

　使用総資本の一部は、自己資本によって構成されています。自己資本の一部は、当期純利益の累積額（**図表63**（1）c．利益剰余金）によって構成されています。

　以上の論法により、使用総資本＝総資本の一部は、「当期純利益の累積額」

によって構成されていることがわかります。したがって、分母（総資本）に対応させる分子（利益）は、**図表73**の営業利益よりも、**図表74**の当期純利益のほうが、理論的な整合性があります。

　企業全体の収益性を分析する場合や、他社との比較を行なう場合は、**図表73**の総資本営業利益率よりも、**図表74**の総資本当期純利益率のほうが優れていることになります。

6-2-3　個々のプロジェクトに隠された罠

　ところが、です。

　同一企業内で個々のプロジェクトの収益性の優劣を判定したい場合に、**図表74**の総資本当期純利益率を用いると、とんでもない失敗を犯します。〔2-5-6〕で紹介した資本コストの問題です。

　図表75の例を想定します。後々のことを考えて、社債も含めています。

図表75　資本コストの種類

他人資本	他人資本コスト率	他人資本コスト
*[1] 銀行借入金	借入金利子率	*[2] 支払利息
社債発行	社債利子率	社債利息
自己資本	自己資本コスト率	自己資本コスト
*[3] 増　　資	配　当　率	*[4] 配　当　金

　図表75において、*[1]銀行借入金に係る*[2]支払利息は、当期純利益を算出する前に支払われます。それに対し、*[3]増資（資本金）に係る*[4]配当金は、当期純利益を算出した後に支払われます。

　その結果、あるプロジェクトを検討する際に、調達すべき資金を、銀行借入金とするか、増資とするかによって、総資本当期純利益率で表わされる収益性に違いが生じるのです。

122

6-2-4　一見、優劣がつかないプロジェクトだが

　その違いを**図表76**を用いて説明します。図表の右端に計算式を示してありますので、合わせて参照してください。

図表76　プロジェクトの比較（単位：千円）

	A案 増資で調達	B案 借入金で調達	計算式
(1)　使用総資本	*1　100,000	*13　100,000	＝(2)＋(3)
(2)　他人資本（銀行借入金）	0	*14　80,000	
(3)　自己資本（増資）	*2　100,000	*15　20,000	
(4)　売上高	*3　200,000	*16　200,000	
(5)　営業利益	*4　30,000	*17　30,000	
(6)　支払利息（金利3%）	0	*18　2,400	＝(2)×3%
(7)　税前純利益	*5　30,000	*19　27,600	＝(5)－(6)
(8)　法人税等（実効税率30%）	*6　9,000	*20　8,280	＝(7)×30%
(9)　当期純利益	*7　21,000	*21　19,320	＝(7)－(8)
(10)　配当金（配当率10%）	*8　10,000	*22　2,000	＝(3)×10%
(11)　差引留保利益	*9　11,000	*23　17,320	＝(9)－(10)
(12)　総資本営業利益率	*10　30.00%	*24　30.00%	＝(5)÷(1)
(13)　総資本当期純利益率	*11　21.00%	*25　19.32%	＝(9)÷(1)
(14)　自己資本利益率	*12　21.00%	*26　96.60%	＝(9)÷(3)

　現在、資本金*S20,000千円の、無借金経営の企業があったと仮定します。この企業が、あるプロジェクトを計画し、*T80,000千円の資金を調達することにします。

　図表76（1）使用総資本はどちらも、*1*13 100,000千円（＝*S20,000千円＋*T80,000千円）になります。ただし、A案は*T80,000千円全額を、増資（自己資本）によって調達します。これにより、**図表76**（3）自己資本は*2100,000千円になります。

　B案は、*T80,000千円全額を、銀行借入金（他人資本）によって調達しま

123

す。これにより、**図表76**（2）他人資本は[*14]80,000千円になります。

A案とB案どちらのプロジェクトによっても、**図表76**（4）売上高は[*3][*16]200,000千円、**同**（5）営業利益は[*4][*17]30,000千円を見込んでいます。**図表76**（12）総資本営業利益率は、A案もB案もともに[*10][*24]30.00％であり、優劣が認められません。

6-2-5　総資本当期純利益率が優れている理由

（二度目の）ところが、です。

図表76（13）総資本当期純利益率を比較するとと、A案は[*11]21.00％、B案は[*25]19.32％、と明らかな差が生じます。個々のプロジェクトの収益性を判定しようとする場合に、**図表74**の総資本当期純利益率を用いると、自己資本が充実しているA案のほうが「収益性が高い」と評価されることになるのです。

図表76（13）総資本当期純利益率に差が生じた原因は、**図表76**（8）法人税等（法定実効税率30％）にあります。A案は、営業利益[*4]30,000千円がそのまま税前純利益[*5]30,000千円となって課税されます。それに対してB案は、支払利息[*18]2,400千円を減算した後の[*19]27,600千円に課税されます。

その結果、A案は、**図表76**（8）法人税等の負担（A案[*6]9,000千円、B案[*20]8,280千円）が大きくなり、**図表76**（10）配当金の負担（A案[*8]10,000千円、B案[*22]2,000千円）も大きくなります。

税負担も配当負担もA案のほうが大きいのですが、それにもかかわらず**図表76**（13）総資本当期純利益率は、B案よりA案のほうが高い。ここでもやはり、**図表73**の総資本営業利益率よりも、**図表74**の総資本当期純利益率のほうが優れている、という結論になります。

6-2-6　総資本営業利益率のほうが優れている理由

（三度目の）ところが、です。**図表76**（11）差引留保利益に注目してください。

図表76（13）総資本当期純利益率の比較ではA案に惜敗してしまったB

124

案ですが、企業内部に蓄積される差引留保利益を比較すると、B案の*23 17,320千円が、A案の*9 11,000千円を圧倒しています。この差の原因は何かといえば、A案の場合、税金や配当金で社外流出した分が多かった、ということです。

業績が急拡大するときは、自己資本の充実が追いつかないため、銀行借入金などの他人資本に依存する傾向が強まります。これは、**図表76**（13）の総資本当期純利益率を低めます。しかし、その一事をもって経営判断を誤らないようにしたいものです。

複数のプロジェクトの収益性を検討する場合、税務署（法人税等）や株主（配当金）に配慮する必要はありません。つまり、**図表76**（13）総資本当期純利益率を指標として用いるのには、危うさがあるということ。

企業内部で検討した結果、**図表76**（12）総資本営業利益率が同率であるならば、**図表76**（11）差引留保利益の多寡によって、プロジェクトの優劣を判断するように心掛けましょう。

以上が、**図表73**の総資本営業利益率と**図表74**の総資本当期純利益率の使い分けです。

125

第3節

猫も杓子も
ROE経営

――― 人はしばしば贋作を賞賛し、本物をあざ
ける。

（イソップ『イソップ寓話集』）

6-3-1 なぜ、自己資本「当期純」利益率ではないのか

図表76の最終行に、自己資本利益率があります。**図表77**で計算します。

図表77 自己資本利益率

$$自己資本利益率 = \frac{当期純利益}{自己資本}$$

これが世の中で最もポピュラーな経営指標、ROE（Return On Equity）
です。2014年に、経済産業省が『持続的成長への競争力とインセンティブ
～企業と投資家の望ましい関係構築～』という報告書を公表して以降、
「ROE経営」が脚光を浴びることになりました。

ROEの役立ちは後述するとして、ここでは技術的なことを紹介します。

図表73と**図表74**にあったROAの分子は、営業利益と当期純利益の2種
類でした。それに対して、**図表77**にあるROEの分子は、当期純利益の1種
類だけです。

その理由を詳述するのは非常に難しく、入門書のレベルを超えてしまいま
す。詳細は脚注の拙著[1]をご覧いただくとして、本書では売上高利益率を用

---

① 『決定版 ほんとうにわかる財務諸表』（PHP研究所）

いて、直感的な説明を行ないます。

6-3-2　ROEの分子は、なぜ、1種類だけでいいのか

　売上高利益率の「利益」の部分は通常、売上総利益や営業利益を対応させます。ところが、当期純利益を対応させることはありません。

　図表12の損益計算書を見ると、売上総利益や営業利益は、売上高と「近しい関係」にあり、「商品1個あたりの売上総利益」や「商品1個あたりの営業利益」を求める意義があります。したがって、売上高総利益率や売上高営業利益率には、合理性があります。

　ところが、「商品1個あたりの当期純利益」を求めている企業はいないはず。つまり、売上高と当期純利益は「遠い関係」にあります。したがって、売上高当期純利益率を求める意義が薄れるのです。

　ところで、当期純利益は自己資本に組み込まれるので、自己資本と当期純利益とは「近しい関係」にあります。それに対して、自己資本と、売上総利益・営業利益とは「遠い関係」にあります。そうした遠近関係を考慮して、自己資本には当期純利益の1種類だけを対応させるのです。

　ROEの正確な訳は「自己資本当期純利益率」の十文字なのですが、利益は当期純利益に限定されるため、「自己資本利益率」の七文字で、世間では通用します。

　図表76（14）を見ると、B案の自己資本利益率[26]96.60％が、A案の自己資本利益率[12]21.00％よりも圧倒的に高くなっています。これは、他人資本への依存度の違いです。

　すなわち、**図表76**（2）で他人資本[14]80,000千円を増やしたB案は、自己資本利益率ROEが高くなる、というカラクリです。

　「自己資本の充実」や「無借金経営」は、1つの見識です。しかし、「ROE経営」を標榜するときには、大きなジレンマとなります。

6-3-3　ここでも親会社説の横車　ああっ、面倒くさっ！

　ROAに資本コストという厄介な問題があったように、ROEにも厄介な問

題があります。親会社説を採用する日本基準と、経済的単一体説を採用する
IFRS基準の対立です。

図表78　日本基準の自己資本利益率

$$自己資本利益率 = \frac{^{*1}親会社株主に帰属する当期純利益}{(純資産) - (非支配株主持分)}$$

図表79　IFRS基準の自己資本利益率

$$自己資本利益率 = \frac{当期純利益}{純資産}$$

　親会社説に立脚する日本基準では、**図表78**によって、自己資本利益率を
計算します。**図表78**の分子にある[*1]親会社株主に帰属する当期純利益は、
図表12の最終行にあるものです。**図表78**の分母にある「（純資産）－（非
支配株主持分）」は、**図表73**の[*23]自己資本∞親会社説のことです。

　『会社四季報』や『日経会社情報』に掲載されている自己資本利益率は、
図表78によって計算されています。

　外国企業は（経済的単一体説に立脚する）IFRS基準を採用しているので、
図表79によって自己資本利益率を計算します。日本国内でIFRS基準を採用
している企業は、**図表79**ではなく、**図表78**によって計算し直す必要があり
ます。

　ああっ、面倒くさっ！

　ふと疑問に思うのは、**図表78**と**図表79**では、計算結果が異なるのではな
いか？　という点です。例えば純資産が100、当期純利益が10で、非支配
株主持分の割合が20％と仮定します。**図表79**によれば、10を100で割る
だけなので、自己資本利益率は10％になります。

　図表78で計算する場合、純資産は100×（1－20％）＝80です。親会社
株主に帰属する当期純利益は、10×（1－20％）＝8です。8を80で割ると、
自己資本利益率は10％になります。

　図表78と**図表79**では、計算結果に差がないことになります。それなら、
図表79に統一すればいいのにね。

128

第4節

資本利益率を
分解したら何が出る

――――― にげしなに覚えて居ろはまけたやつ
（呉陵軒『柳多留』）

6-4-1　総資本営業利益率をバラせ

　分析対象としている企業の資本利益率が、同業他社や、業界平均値よりも低い場合や高い場合には、その原因を調べる必要があります。その方法は、資本利益率を、売上高利益率と資本回転率に分解することです。

　図表80で、総資本営業利益率を用いて説明します。

図表80　総資本営業利益率

$$総資本営業利益率 = \frac{営業利益}{総資本} = \frac{営業利益}{総資本} \times \frac{売上高}{売上高} \cdots\cdots(1)$$

$$= \frac{営業利益}{売上高} \times \frac{売上高}{総資本} \cdots\cdots(2)$$

$$= (売上高営業利益率) \times (総資本回転率) \cdots\cdots(3)$$

　図表80（1）式で分母と分子に売上高を乗ずると（2）式になり、（3）式は**図表7**と同じです。

6-4-2　流通業界の総資本営業利益率は四字熟語を表わす

　仮説例で説明します。例えば、営業利益*A200万円、売上高*B5,000万円、総資本*C4,000万円とした場合、総資本営業利益率*D5.0％は**図表81**のよう

129

に求めます。

図表81　総資本営業利益率の求めかた

$$*^1総資本営業利益率 = \frac{*^2営業利益*^A200万円}{*^3総資本*^C4,000万円} \quad \cdots\cdots(1)$$

$$= \frac{*^4営業利益*^A200万円}{*^5売上高*^B5,000万円} \times \frac{*^6売上高*^B5,000万円}{*^7総資本*^C4,000万円} \quad \cdots\cdots(2)$$

$$= (*^8売上高営業利益率*^94.0\%) \times (*^{10}総資本回転率*^{11}1.25回)\cdots(3)$$

$$= *^D5.0\%$$

図表81の*^1総資本営業利益率*^D5.0％を上昇させようとする場合、（1）式にある*^3総資本を圧縮して、*^2営業利益を増加させればいい、という単純な話ではありません。注目すべきは、**図表81**（2）式と（3）式の関係です。企業が収益性を高めるには、2通りの方法があることがわかります。

1つめは、*^5売上高の増加以上に*^4営業利益を増加させて、*^8売上高営業利益率を上昇させる方法です。2つめは、*^6売上高を増やしたり*^7総資本を圧縮したりして、*^{10}総資本回転率を高める方法です。

以上のように二兎を追うのが理想ですが、現実はそううまく行きません。*^7総資本を一定に保ったまま*^6売上高を伸ばし、*^{10}総資本回転率を上昇させても、売上値引きによって*^8売上高営業利益率が低下しては、結局、総資本営業利益率は上昇しないからです。

それを逆手にとるビジネスモデルもあります。*^8売上高営業利益率の低さに目をつぶり、*^{10}総資本回転率の高さで勝負するものです。スーパーマーケットを中心とした流通業界で採用されます。

このビジネスモデルでは、**図表81**（3）式の右辺第1項は「薄利」、同第2項は「多売」を表わし、（3）式全体で「薄利多売」の四字熟語を表わします。

6-4-3　トレードオフ曲線がなだらかに描かれる理由

図表81（3）式にある*^8売上高営業利益率を、**図表82**に取り出しました。

第6章　ここが収益性分析の本丸だ

図表82　売上高営業利益率

$$売上高営業利益率 = \frac{営業利益}{売上高}$$

図表82の売上高営業利益率は、商品や製品の「利鞘」を測定する指標です。

復習を兼ねて**図表6**を見てください。流通業界の「薄利多売ビジネスモデル」は、**図表6**の右下に広がる形で展開されます。

製造業では、研究開発や製造技術などで制約があるため、売上高をそう簡単に増やすことができません。その反射的な効果として、売上高営業利益率が高くなります。

つまり、売上高の伸びに制約のある業種業態ほど、売上高営業利益率は高くなります。そうした要因が、なだらかなトレードオフ曲線を描く根拠となります。

ところで、出張などが多いビジネスパーソンにとって、ホテルの宿泊代の高さは、悩みの種です。

図表6の左下に宿泊業があります。「都心のホテルって高額イメージがあるのに、利鞘はこんなに薄いの？」と解釈するのは誤りです。**図表6**は中小企業のデータであり、都心に立地する超一流・超高級ホテルは**図表6**に反映されていません。

都心のホテルは、巨大な施設を構えたビジネスモデルです。ところが、いったん施設ができあがってしまうと、製造業と同じく売上高の増大には限界があります。その反射的な効果として、利鞘（売上高営業利益率）の追求に走ります。それが都心のホテル代を高くします。

図表6の左下にある宿泊業は、料金を高く設定できない地方旅館の苦境を表わしています。

6-4-4　回転率や回転期間は新陳代謝の度合を表わす

図表81(3)式の右辺第2項にある総資本回転率を、**図表83**に取り出しま

131

した。

図表83　総資本回転率

$$総資本回転率 = \frac{売上高}{総資本}$$

「回転」という意味を考えてみます。

図表38や**図表52**では、売掛債権回転期間や有形固定資産回転率を紹介しました。回転というのは、新旧が入れ替わること、つまり新陳代謝です。

例えば企業の総資本は、絶え間ない企業活動によって、常に新しいものへと入れ替わります。企業活動を続けている限り、こうした入れ替わりは、ほとんどすべての資産、負債、純資産について行なわれます。

経営分析では、これらの回転を、回転期間や回転率といった数値で表わします。**図表83**はそのうちの、回転率を表わしたものです。

では、この「回転」は、何を意味しているのでしょうか。答えは、資産、負債、純資産の「新陳代謝の度合」を表わします。

例えば、ある業界の総資本回転率の平均が年1回であるのに対して、その業界に属する企業の総資本回転率が2回であるならば、その企業は業界平均よりも2倍、自社の経営資源を有効活用していることになります。他の条件が一定ならば、企業の収益力は2倍になります。

総資本回転率は、**図表35**で示したように、現金預金や売掛債権ごとに分解することができます。

したがって、分析対象企業の総資本回転期間が、業界平均と比べて長いことがわかった場合や、過去の実績と比べて長期化していることがわかった場合は、総資本回転率を勘定科目ごとに分解し、それぞれの値を計算することによって、「新陳代謝の度合」を調べます。

第7章

利益増減要因分析から
為替感応度分析へ

第1節

経営分析の
古典的名作をどうぞ

――――― 世の人はかしこきものにて、又だましや
すく候。

(井原西鶴『万の文反古』)

7-1-1　商品や製品1個あたりの儲けを調べる方法

いままで紹介してきたのは、**図表65**（1）「比率で判断する方法」でした。

本章は**図表65**（2）「金額で判断する方法」です。「売上高・営業コスト・営業利益」を三位一体とした収益性分析であり、利益増減要因分析といいます。〔5-3-7〕では、営業利益と当期純利益を重視する、と述べました。そのうちの営業利益をメインとした分析方法です。

図表12の損益計算書を見てください。その図表において[1]売上高と[5]営業利益の間には、[2]売上原価と[4]販売費及び一般管理費（[21]販管費）がありました。[5]営業利益が前期と比べて増えたり減ったりした場合、その原因は[1]売上高にあるのか、[2]売上原価にあるのか、[21]販管費にあるのか、それを調べるのが利益増減要因分析です。なお、以下では、**図表12**にある[2]売上原価と[21]販管費を合計したものを、「営業コスト」と呼ぶことにします。

利益増減要因分析で、**図表12**にある[8]経常利益や[13]当期純利益にまで拡大しないのは、[22]営業外損益・[23]特別損益・[12]法人税等にまで対象を広げると、商品や製品「1個あたり」の儲けの意味合いが薄まるからです。

まさか、「商品1個あたりの経常利益」や「製品1個あたりの当期純利益」の情報までもほしがる人はいないでしょう。〔6-3-2〕で説明したように、売上高当期純利益率を求めないのと同じ理屈です。

134

第7章 利益増減要因分析から為替感応度分析へ

7-1-2 営業利益はなぜ、増えたり減ったりするのか

利益増減要因分析は、売上高や営業利益といった情報の他に、単価や数量などのデータを必要とします。これにより、商品や製品1個あたりの「本業の儲け」を調べることが可能になります。このことから、利益増減要因分析の利用は、企業内部に限定されます。

とはいえ、利益増減要因分析は、内向きの分析道具ではありません。〔7-3-1〕では、企業外部の人にも役立つ為替感応度分析へ応用する方法を紹介します。そのための基礎を、ここで説明します。

早速、利益増減要因分析を始めます。

営業利益が増加する要因には、次の**図表84**が考えられます。また、営業利益が減少する要因には、**図表85**の要因が考えられます。

図表84　営業利益が増加する要因	図表85　営業利益が減少する要因
(1) 販売価格が上昇したのか（価格分析） (2) 販売数量が増加したのか（数量分析） (3) 営業コストの削減（コストダウン）が 　　行なわれたのか	(1) 販売価格が下降したのか（価格分析） (2) 販売数量が減少したのか（数量分析） (3) 営業コストの上昇（コストアップ）が 　　あったのか

営業利益の増加（**図表84**）と、営業利益の減少（**図表85**）とを別々に説明していくと複雑になるので、営業利益の「減少」は「マイナスの増加」として扱います。このようにすれば、**図表84**に焦点を当てればよいことになります。

図表84(3)「営業コストの削減」、すなわち「コストダウン」については、同(1)や(2)と同様に、価格分析や数量分析にまで展開していくことが可能です。ただし、その詳細にまでは踏み込まず、**図表84**(3)の1種類に絞った説明を行ないます。

7-1-3 販売価格、販売数量、コストダウンの三角関係に悩む

販売価格、販売数量、コストダウン、これら三者の関係を、**図表86**で図解しました。

135

図表86　販売価格、販売数量、コストダウンの関係

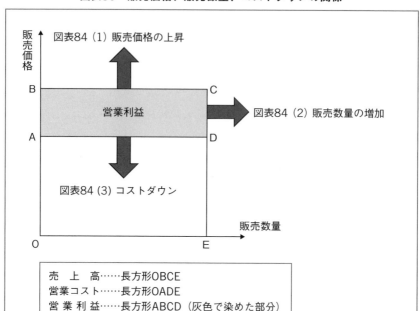

図表86には、3本の矢印が描かれており、これは**図表87**のように分類されます。

図表87　営業利益の増加要因

> 上向きの矢印は、図表84（1）販売価格の上昇を表わします。
> 右向きの矢印は、図表84（2）販売数量の増加を表わします。
> 下向きの矢印は、図表84（3）営業コストの削減（コストダウン）を表わします。

図表86において、いずれもその矢印の指し示す方向が、**図表86**の長方形ABCDの面積（営業利益）を増大させます。

第7章　利益増減要因分析から為替感応度分析へ

7-1-4　営業利益の増減には理由がある。結果がある

　営業利益は、売上高から、営業コスト（売上原価と販管費の合計）を差し引いたものです。したがって、営業利益が増減する要因としては、次の2つが考えられます。

図表88　営業利益が増減する要因

（1）売上高の増減　　　　　　（2）営業コストの増減

　図表88（1）「売上高の増減」は、販売価格に販売数量を乗じたものですから、次のように分解できます。

図表89　売上高が増減する要因

（1）- A　販売価格の変化（上昇または下降）による売上高の増減 （1）- B　販売数量の増減による売上高の増減

　営業コストは、商品または製品1個あたりの営業コストに、販売数量を乗じたものです。したがって、**図表88**（2）「営業コストの増減」は、さらに次のように分解できます。

図表90　営業コストが増減する要因

（2）- C　営業コストの変化（上昇または下降）による営業コストの増減 （2）- D　販売数量の増減による営業コストの増減

7-1-5　販売価格と販売数量の関係は複雑だ

　図表89と**図表90**をまとめると、次ページの**図表91**になります。
　営業利益の増減要因は、**図表91**にある4つの因子に分解して調べる必要があります。そこで**図表86**をもう一ひねりしたものを、**図表92**で描きます。

137

図表91　営業利益の増減要因の分類

	価格の変化	数量の増減
売上高の増減	(1)-A　販売価格の変化（上昇または下降）による売上高の増減	(1)-B　販売数量の増減による売上高の増減
営業コストの増減	(2)-C　営業コストの変化（上昇または下降）による営業コストの増減	(2)-D　販売数量の増減による営業コストの増減

図表92　販売価格、販売数量、コストダウンの関係

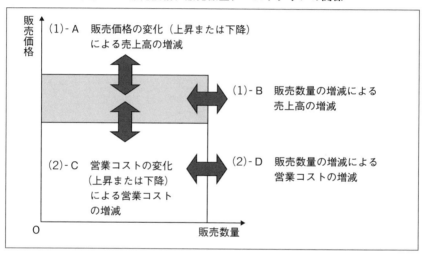

7-1-6　売上高の増減要因分析から見えてくるもの

図表93の仮設例で、利益増減要因分析を行ないます。

図表93　利益増減要因分析のための設例

	前　期	当　期	増　減
売上高 営業コスト	*¹3,454百万円 *²1,744	*⁴4,014百万円 *⁵2,180	*⁷560百万円 *⁸436
営業利益	*³1,710	*⁶1,834	*⁹124

　利益増減要因分析を行なう場合、その企業の取り扱う製品の販売数量が、前期に比べてどれだけ増減したか、というデータが必要です。ここでは、当期の販売数量が前期に比べて30％増加したものと仮定します。

　図表93によると、売上高は、前期*¹3,454百万円から当期*⁴4,014百万円へと、*⁷560百万円増加しました。売上高の伸び率は、16.2％$\left(=\dfrac{*⁷560百万円}{*¹3454百万円}\right)$です。

　ところで、販売数量は前期に比べて30％も増加したのでした。もし、製品1個あたりの販売価格が前期と同じであったと仮定するならば、当期の売上高は**図表93**の*⁴4,014百万円ではなく、次の金額になるべきでした。

図表94　当期の目標売上高

当期の目標売上高＝*¹3,454 百万円×（100％＋30％）＝*¹⁰4,490 百万円

　図表94で求めた*¹⁰4,490百万円は、当期において目標としなければならなかった売上高（当期の目標売上高）です。ところが、現実には*⁴4,014百万円に、とどまってしまいました。

　「当期の実際売上高*⁴4,014百万円」と「当期の目標売上高*¹⁰4,490百万円」との差額*¹¹476百万円は、販売価格が低下したために売上高が減少したのだな、と解釈します。これは**図表91**（1)-Aに該当します。

　「当期の目標売上高*¹⁰4,490百万円」と「前期の実際売上高*¹3,454百万円」との差額*¹²1,036百万円は、販売数量の増加による売上高の増加分になります。これは**図表91**（1)-Bに該当します。

以上の関係を棒グラフで図解すると、**図表95**になります。

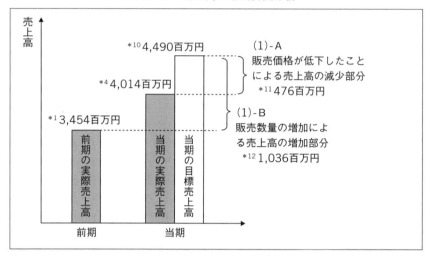

図表95　売上高の増減要因分析

7-1-7　営業コストの増減要因分析で初めてわかること

　営業コストの増減要因分析についても、同様の計算を行ないます。
　図表93によると、営業コストは前期の*²1,744百万円から、当期の*⁵2,180百万円まで、*⁸436百万円増加しています。営業コストの伸び率は、25.0% $\left(=\frac{*^8 436百万円}{*^2 1,744百万円}\right)$ です。
　ところで、販売数量は30％増加しているので、当期に予定されていた営業コストは、次の金額になるべきでした。

図表96　当期に予定されていた営業コスト

当期の予定コスト＝*²1,744 百万円×(100％＋30％)＝*¹³2,267 百万円

　営業コストの場合、「目標」ではなく「予定」という冠を付けます。
　「当期に実際に発生した営業コスト*⁵2,180百万円」と「当期に予定されていた営業コスト*¹³2,267百万円」との差額*¹⁴87百万円は、コスト削減の努

力によるもの、と解釈します。これは**図表91**（2）-Cに該当します。

どこにコスト削減の効果があるか、ですって？

あるじゃないですか。

「当期に予定されていた営業コスト[*13]2,267百万円」は、コスト削減の努力を行なわなかった場合の営業コストだからです。実際の営業コストは[*5]2,180百万円にまで抑えた。そこに、コスト削減効果を見出すことができます。

また、「当期に予定されていた営業コスト[*13]2,267百万円」と「前期に実際に発生した営業コスト[*2]1,744百万円」との差額[*15]523百万円は、販売数量の増加による営業コストの増加部分になります。これは**図表91**（2）-Dに該当します。

以上の関係を**図表95**と同じ様式で図解すると、**図表97**になります。

図表97　営業コストの増減要因分析

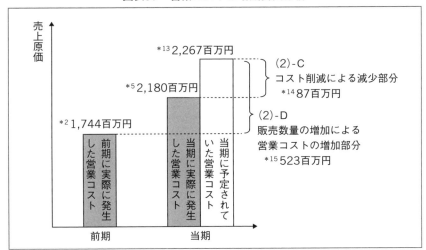

利益増減要因分析は、企業内部で活用する分析道具だと述べました。**図表97**まででその役割を十分に果たしています。

ところが、以上の資料を役員会に提出したのでは、不評を買います。時間のない役員の方々のために、もっと要約しないと。それを次で説明します。

第 2 節

利益増減要因分析表で、
こんなことがわかりました

——— 愚か者は、天使も二の足を踏むところに
突進する。

(ポープ『批評論』)

7-2-1　四角四面の利益増減要因分析表ですが

　図表91、**図表92**、**図表95**、**図表97**の関係をまとめたものが、**図表98**に
掲げる「利益増減要因分析表」です。金額の単位を百万円とします。
　利益増減要因分析表などという名称を用いると、いかにも難しそうな印象
を受けます。要は、前期と当期の実績に、当期の目標(または予定)を加え
ただけの構成です。仕組みがわかれば、難しいものではありません。

7-2-2　営業利益の増減を売上高面とコスト面に分解する

　図表98を見ると、営業利益が前期比[*7]124百万円増加しています。その
要因を分析すると、**図表99**の通り。
　図表98の最終行にある営業利益の増減[*7]124百万円は、売上高の増減と、
営業コストの増減とが、絡み合ったものであることがわかります。

7-2-3　「販売価格の変化率」と「営業コストの変化率」を求める

　「販売数量の増加」を基準として、「販売価格の変化率」と「営業コストの
変化率」を知ることもできます。販売数量が30%増加しているのですから、
販売価格は**図表100**にある通り、10.6%下落したのだ、と推測できます。

142

第7章　利益増減要因分析から為替感応度分析へ

図表98　利益増減要因分析表

(単位：百万円)

売上高の増減		
（1）- A　販売価格の変化による売上高の増減		
当期の実際売上高	4,014	
当期の目標売上高	4,490	*1 ▲476
（1）- B　販売数量の増減による売上高の増減		
当期の目標売上高	4,490	
前期の実際売上高	3,454	*2 ＋1,036
売上高の増減		*3 ＋560
営業コストの増減		
（2）- C　営業コストの変化による営業コストの増減		
当期に実際に発生した営業コスト	2,180	
当期に予定されていた営業コスト	2,267	*4 ▲87
（2）- D　販売数量の増減による営業コストの増減		
当期に予定されていた営業コスト	2,267	
前期に実際に発生した営業コスト	1,744	*5 ＋523
営業コストの増減		*6 ＋436
営業利益の増減		*7 ＋124

図表99　利益増減要因分析表からわかること

（1）図表98では、販売価格の値下げにより、売上高は*1 476百万円減少しました。
（2）販売数量が前期比30％も増加したため、売上高は*2 1,036百万円増加しました。
（3）売上高は、トータルで*3 560百万円の増加になりました。
（4）コスト削減の効果が、*4 87百万円ありました。
（5）販売数量が増加したために、営業コストは*5 523百万円増加しました。
（6）営業コストは、トータルで*6 436百万円の増加になりました。

図表100　販売価格の変化率

$$販売価格の変化率 = \frac{(当期の実際売上高) - (当期の目標売上高)}{(当期の目標売上高)}$$

$$= \frac{4,014百万円 - 4,490百万円}{4,490百万円} \times 100$$

$$= ▲10.6\%$$

　営業コストの変化率は、次の**図表101**にある通り、3.8％低下していると推測できます。

図表101　営業コストの変化率

$$営業コストの変化率 = \frac{\binom{当期に実際に発生}{した営業コスト} - \binom{当期に予定されて}{いた営業コスト}}{\binom{当期に予定されて}{いた営業コスト}}$$

$$= \frac{2,180百万円 - 2,267百万円}{2,267百万円} \times 100$$

$$= ▲3.8\%$$

　図表101の結果から、全社ベースで3.8％のコスト削減努力が行なわれた事実を推定することができます。

　もし、同業他社について同様のデータが得られるのであれば、他社と比較することにより、分析の幅を広げることができます。

　例えば、業界の市況や同業他社における販売価格の変化率が▲20％であったとしましょう。**図表100**における販売価格の変化率は▲10.6％にとどまっているのですから、当社の市場競争力は高い、と評価することができます。

　ただし、市況の販売価格の変化率▲20％のほうに信憑性があるのに、分析対象企業の販売価格の変化率が▲10.6％にとどまる場合は、「社内で何か変な経理操作をしているのかな？」と疑いをかける必要があります。それが利益増減要因分析表の活用方法です。

第7章 利益増減要因分析から為替感応度分析へ

7-2-4 利益増減要因分析表を要約してみよう

図表98は、これはこれで完成された表です。ところが、いまひとつ見栄えがよくありません。

売上高や営業コストの増減要因はわかっても、では、営業利益そのものへはどれだけの影響を及ぼしているのか、といったことが、パッと見てわからないからです。

図表98の最終行で、営業利益が前期よりも[7]124百万円増えた、というだけです。

そこで**図表98**を、営業利益を中心にした増減要因別に組み替えてみます。次の**図表102**は、要約版といえるものです。

図表102 利益増減要因分析表（要約版）

1. 販売価格の変化による営業利益の増減	(1)-A			[1] ▲476
2. 販売数量の増減による営業利益の増減				
(1)販売数量の増減による売上高の増減	(1)-B	+1,036		
(2)販売数量の増減による営業コストの増減	(2)-D	▲523		[2] +513
3. コスト増減による営業コストの増減	(2)-C			[3] +87
営業利益の増減				[4] +124

図表98から**図表102**への組み替えは、ほんの少し「頭の体操」が必要です。(1)-Aから (2)-Dまでの順序に気をつけることにより、**図表102**からは次の内容を読み取ることができます。

図表103 利益増減要因分析表（要約版）から読み取れる内容、その1

> (1) 当期においては、[3]87百万円のコスト削減努力が行なわれました。
> (2) 販売数量の増加により、[2]513百万円の営業利益を確保しました。
> (3) しかし、販売価格の下落に見舞われ、営業利益が[1]476百万円も減少し、最終的には[4]124百万円の増益にとどまりました。

145

7-2-5　利益増減要因分析は利用する者の力量を推し量る

数値には客観性がありますが、それを解釈するにあたっては主観が入り込みます。**図表104**のような解釈も成り立ちます。

図表104　利益増減要因分析表（要約版）から読み取れる内容、その2

（1）当期は販売価格の下落に見舞われ、営業利益が[*1]476百万円も減少しました。
（2）それを補うために、販売数量の増加により[*2]513百万円の増益と、コスト削減努力により[*3]87百万円の増益を図り、最終的には[*4]124百万円の増益を達成しました。

例えばジョッキのビールを見て、「あと半分しかないのか」と解釈するか、「まだ半分もあるのか」と解釈するかの違いです。

利益増減要因分析は、これを利用する者の力量をも推し量る分析道具だといえるでしょう。

第3節

為替感応度分析で
円安円高の耐性を知る

――― 社会に出て役に立たぬ事を学校で講義す
るところに教育の意味がある。
(内田百閒『学生の家』)

7-3-1 メディアでもブラックボックスの為替感応度

メディアでは、1ドルや1ユーロに対して1円の円安になると、輸出型企業の利益を○億円、増加させることになる、という記事を掲載することがあります。輸入型企業であれば、円安は○億円の利益を減少させます。

自社が直接、輸出入の取引を行なっていなくても、取引先が輸出業者や輸入業者である場合は、為替相場の影響を間接的に受けることになります。

1円の円安または円高によって利益が増減するとき、その増減幅のことを「為替感応度」といいます。あらゆる企業にとって、自社の為替感応度を知ることは最重要事項です。

ところが残念なことに、書店に並ぶ書籍をあれこれ探しても、為替感応度を計算する方法を説明したものが見あたりません。為替感応度は、ブラックボックスと化しているようです。

企業内部の人たちは詳細なデータを保有しているので、為替感応度について何かしらの情報を持っているはずです。

企業外部の人たちは、どうするか。根拠不明なメディアの記事を鵜呑みにする、というのでは情けないものがあります。ひょっとしたら、企業内部の人たちも、為替感応度の計算方法を知らないかも。

そこで本書の腕まくりです。

メディアや上場企業などが、どのような方法で為替感応度分析を行なって

いるのか、筆者は知りませんし、興味もありません。そんなことに思いを巡らすよりも、本書オリジナルの方法で、為替感応度の計算方法を説明することにしましょう。ポイントは、利益増減要因分析を応用するところにあります。

7-3-2　発想の転換と、発想の飛躍と、適当な着地

利益増減要因分析では、商品や製品の「数量の変化」が、「営業利益に及ぼす影響」を調べました。発想を転換して、「価格の変化」が「営業利益に及ぼす影響」を調べると、どうなるか。

「価格の変化」に、商品や製品の「販売価格の変化」を当てはめるのは凡庸です。発想をさらに飛躍させ、ドルやユーロに対して1円の円高または円安へ進行した場合の「為替レートの変動」を当てはめて、企業の利益がどれだけ変動するのかを調べるのです。

商品や製品に係る「販売価格1円の変化」ではなく、ドルやユーロに係る「為替レート1円の変化」とするのがポイント。利益増減要因分析を為替感応度分析へ転換し飛躍させる話は、古今東西、誰も思いつきませんでした[1]。本書オリジナルの分析方法です。

ただし、価格に対する分析方法は、数量に対する分析方法に比べると、外的要因が数多く入り込みます。

例えば、ある商品を大量に買い取ってくれた顧客に対し、「価格を5％だけ値引きさせてもらいます」ということはあっても、「数量を5％増で出荷させていただきます」ということはありません。顧客の側も、数量を上積みしてもらうよりも、価格を値引きしてもらったほうがありがたい。

数量よりも価格のほうが、さまざまな外的要因に左右されやすい、ということです。

為替レートが1円だけ円安または円高へ振れた場合、それが「玉突き事故」の起点となり、商品の値引きまたは値上げという形で確実に波及します。これから紹介する為替感応度分析は、そうした波及効果は「小さい」と仮定し

---

[1]為替感応度分析の初出は、『高田直芳の実践会計講座「経営分析」入門』（日本実業出版社）になります。

148

第7章　利益増減要因分析から為替感応度分析へ

た上で取り組む方法であることを、あらかじめご了承ください。

7-3-3　超円高がニッポン企業を海外へ押しやった

2012年暮れに、民主党政権から自民党政権へ代わり、2013年になってか
らは日本銀行による「異次元緩和」が行なわれて、為替レートは円安傾向へ
と大きな振り戻しが起きました。その政策に対する評価はいまだ定まらず、
といったところがあるので、2011年3月期と2012年3月期の「超円高時代」
のデータを採用することにします。

当時の、1ドルに対する為替レートを示すと、次の**図表105**の通りでした。

図表105　為替レートの実績

	2011年3月期	2012年3月期
[*1] 為替レート（期中平均）	[*2]85円62銭	[*3]78円99銭
為替レートの変動額	－	[*4]▲6円63銭
為替レートの変動率	－	[*5]▲7.74%

図表105の[*1]為替レート（期中平均）の行は、筆者が推算しました。

2011年3月期と2012年3月期の[*1]為替レート（期中平均）を比較すると、
[*2]85円62銭から[*3]78円99銭へと、[*4]▲6円63銭の円高が進んだことがわか
ります。この変動額を、2011年3月期の[*1]為替レート（期中平均）[*2]85円
62銭で割ると、為替レートの変動率は[*5]▲7.74%になります。

7-3-4　為替レート変動率を求めましょう

利益増減要因分析では、「販売数量の変化率」を採用しました。為替感応
度分析では、「為替レートの変動率（価格の変化率）」を採用します。

同期間の決算データを、次の**図表106**の通りとします。

149

図表106　決算データ　　（単位：百万円）

	2011年3月期	2012年3月期
売上高	19,000	18,600
営業コスト	18,500	18,200
営業利益	500	400
営業利益の増減額		[*1]▲100

　「本業」に対して、為替レートがどれだけの影響を及ぼしたのかを調べるために、**図表106**は営業利益までとし、最終行で営業利益の増減額[*1]▲100百万円を求めています。

7-3-5　これがタカダ式為替感応度分析表です

　図表106より、2期間における営業利益の増減額は、[*1]▲100百万円であることがわかりました。このうち、「為替レートの変化による増減額」はどれくらいになるのでしょうか。それを調べたのが**図表107**です。

　図表98の利益増減要因分析表と比べて、項目の構成を変更している箇所あるので注意してください。**図表107**の上段にある「売上高の増減」で説明しましょう。

　図表98の利益増減要因分析表（1）-Aにあった「当期の実際売上高＆当期の目標売上高」は、**図表107**では（1）-Bに変更しています。また、**図表98**の利益増減要因分析表（1）-Bにあった「当期の目標売上高＆前期の実際売上高」は、**図表107**では（1）-Aに変更しています。

　項目が逆転する理由は、**図表107**のタカダ式為替感応度分析が、「数量の変化」ではなく、「価格の変化」に注目するからです。

7-3-6　ブラックボックスに風穴を開けました

　図表107の要約版を作成すると、**図表108**になります。

150

第7章　利益増減要因分析から為替感応度分析へ

図表107　タカダ式為替感応度分析表

（単位：百万円）

売上高の増減			
(1)- A　為替レートの変化による売上高の増減			
当期の目標売上高	17,529		
前年同期の実際売上高	19,000	*A ▲ 1,471	（▲は収益悪化）
(1)- B　販売数量の増減による売上高の増減			
当期の実際売上高	18,600		
当期の目標売上高	17,529	*B ＋ 1,071	（＋は収益改善）
売上高の増減		▲400	
(2) 営業コストの増減			
(2)- C　為替レートの変化による営業コストの増減			
当期に予定されていた営業コスト	17,068		
前年同期に実際に発生した営業コスト	18,500	*C ▲ 1,432	（▲は収益改善）
(2)- D　販売数量の増減による営業コストの増減			
当期に実際に発生した営業コスト	18,200		
当期に予定されていた営業コスト	17,068	*D ＋ 1,132	（＋は収益悪化）
営業コストの増減		▲300	
営業利益の増減		▲100	

（注）図表107の＊は、図表108に対応。

図表108　タカダ式為替感応度分析表（要約版）

		下の＊は図表107に対応
為替レートの変化による営業利益の増減	*1 ▲39	＝*A ▲ 1,471 － (*C ▲ 1,432)
実需に基づく営業利益の増減	▲61	＝*B ＋ 1,071 － (*D ＋ 1,132)
営業利益の増減	▲100	

図表108の[*1]▲39百万円が、2012年3月期の「超円高」によって被った損失です。これを**図表105**の為替レート変動額[*4]▲6円63銭で割ると、**図表109**になります。

図表109　為替感応度

$$為替感応度 = \frac{39百万円}{6円63銭} = 5,882千円$$

　図表109で求めた5,882千円は、1ドルにつき為替レートが1円変化した場合の為替感応度になります。

　タカダ式為替感応度分析は、製品の値下げや値上げへの波及効果がないことを仮定しています。輸出企業の場合、円高は、販売価格を引き下げなければ海外の企業と互角に渡り合うことができません。そうした影響がどれくらいあるのか、そうした点まではさすがに、為替感応度分析では解明できません。

　ブラックボックスと化していた為替感応度の世界に、小さな風穴を開ける程度の扱いということにしましょう。

第8章

そこのけそこのけ、
CVP分析が通る

第1節

CVP分析を
知らなければ
経営分析にあらず

――――― 人間は好き嫌いで働くものだ。論法で働
くものじゃない。

（夏目漱石『坊っちゃん』）

8-1-1　CVP分析は正方形で描くのがマナーです

　図表を用いた収益性分析の代表に、CVP分析があります。和名で、損益
分岐点分析といいます。経営分析の書籍では必ず紹介される、最もポピュ
ラーな分析手法です。その基本となる図表を、**図表110**でご覧いただくと
しましょう。

　図表110では、横軸を「売上高」とし、縦軸を「売上高、総コスト、利益」
としています。横軸と縦軸の上限を同額（2,500万円）とすることで、正方
形を描くのがポイントです。ときどき、長方形で描く人がいるので注意して
ください。

　図表110を正方形で描くことにより、左下の原点Oから45度の傾きを
もった売上高線（線分OA）を描くことができます。

8-1-2　売上高に従う変動費、我関せずの固定費

　CVP分析は、"Cost Volume and Profit" の頭文字をとったものです。
"Volume" は数量のことですから、**図表110**の横軸を売上高（Sales）とす
るのは、厳密には正しくありません。

　しかし、現代は製造業も流通業も多品種少量のモノを扱っており、販売数
量や生産数量を採用するほうが非現実的です。そこで、現在のCVP分析は

154

第8章　そこのけそこのけ、CVP分析が通る

図表110　CVP図表（損益分岐点図表）

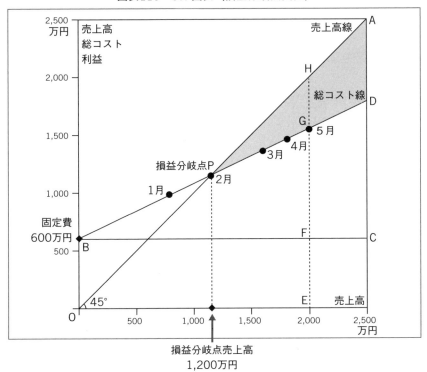

"V"をそのままにして、売上高を採用することにしています。

図表110にある総コスト線（線分BD）を描くには、その前提として、総コストを固定費と変動費とに分解する必要があります。これを固変分解といいます。

　固定費とは、売上高の増減に関係なく、常に一定額発生するコストをいいます。例えば、役員報酬、社員の基本給、固定資産の減価償却費、リース料、借入金に係る支払利息などです。売上高がたとえゼロであっても、必ず発生するコストです。固定費を売上高で割った比率を、固定費率といいます。

　変動費とは、売上高が増加すればそれに比例して増加し、売上高が減少すればそれに比例して減少するコストです。製造業の材料費や外注費、流通業の商品仕入高、販売手数料、荷造り運送費、歩合給などがその例です。売上

155

高がゼロであれば、発生額がゼロとなるコストです。変動費を売上高で割った比率を、変動費率といいます。

8-1-3　空中に浮かぶ損益分岐点は風の向くまま

　総コストを固定費と変動費に分解できたら、次に**図表110**の総コスト線（線分BD）を描きます。元となるデータは、**図表111**の通り。金額の単位を「万円」とします。

図表111　売上高、総コスト、当期純利益の関係

		1月	2月	3月	4月	5月
売上高		800	1,200	1,600	1,800	2,000
総コスト	変動費	400	600	800	900	1,00
	固定費	600	600	600	600	600
	合　計	1,000	1,200	1,400	1,500	1,600
当期純利益		▲200	0	200	300	400

　図表111では、固定費を一律に600万円、そして変動費率を50％に設定しています。

　図表111の固定費600万円を、**図表110**の縦軸で点Bとし、ここから横軸と平行になる線分BCを描くと、これが固定費を表わします。

　変動費については**図表111**の金額を参照しながら、売上高800万円のとき400万円、1,200万円のとき600万円というように、**図表110**の線分BCの上に点をとっていくと、右上がりの総コスト線（線分BD）を描くことができます。

　以上の方法で売上高線と総コスト線を描くと、2本の線が**図表110**の中空で交差します。この交点Pを「損益分岐点」といい、点Pから横軸へ垂線を下ろした1,200万円のところを「損益分岐点売上高」といいます。

8-1-4 損益分岐点は直感で理解できるのが強み

損益分岐点売上高1,200万円のとき、総コストも1,200万円となり、損益がゼロになることを、**図表110**では視覚的に確認することができます。また、実際の売上高が損益分岐点売上高1,200万円を下回れば赤字となり、1,200万円を上回れば黒字になることも、**図表110**で確認することができます。

図表110では、灰色に染めた三角形を、黒字となる領域として表わしています。

図表110の点Gに注目してください。ここは**図表111**にある5月のデータであり、損益分岐点Pよりも右上方に位置します。5月の売上高は2,000万円ですから、**図表110**では横軸上の点Eになります。5月の固定費600万円は線分FE、変動費1,000万円は線分GF、当期純利益400万円は線分HGで表わされます。

こうしてできあがる**図表110**を、CVP図表または損益分岐点図表といいます。

CVP図表を用いれば、一定の黒字を確保するためには、売上高をいくらにしなければならないかなど、経営計画を立案する場合に利用することができます。また、企業の現時点の収益性がどのような位置にあるかを評価することができます。

8-1-5 損益分岐点売上高を加減乗除で求めましょう

損益分岐点は、式で表わすことができます。

図表110の損益分岐点Pでは、損益がゼロですから、次ページの**図表112**（1）式が成り立ちます。

図表112　損益分岐点売上高を求める公式

$$（売上高）-（総コスト）=0 \cdots\cdots\cdots\cdots\cdots\cdots\cdots（1）$$

$$（売上高）-（変動費+固定費）=0$$

$$（売上高）-（変動費）=固定費$$

$$（売上高）-（売上高）\times\frac{変動費}{売上高}=固定費$$

$$（売上高）\times\left(1-\frac{変動費}{売上高}\right)=固定費\cdots\cdots（2）$$

$$損益分岐点売上高=\frac{固定費}{1-\dfrac{変動費}{売上高}}$$

$$=\frac{固定費}{1-（変動費率）}\cdots\cdots\cdots（3）$$

　図表111にある4月のデータで、損益分岐点売上高を計算すると**図表113**になります。

図表113　損益分岐点売上高の求めかた

$$損益分岐点売上高=\frac{固定費}{1-\dfrac{変動費}{売上高}}$$

$$=\frac{600万円}{1-\dfrac{900万円}{1,800万円}}=1,200万円$$

　図表113によって求めた1,200万円が、**図表110**の損益分岐点売上高になります。

8-1-6　損益分岐点比率と経営安全度

　損益分岐点売上高を求めたら、次に損益分岐点比率を求めます。損益分岐点操業度とも呼ばれます。

　例えば、損益分岐点売上高を1,200万円、実際売上高を2,000万円とした

第8章　そこのけそこのけ、CVP分析が通る

場合、損益分岐点比率は**図表114**で計算します。

図表114　損益分岐点比率（損益分岐点操業度）

$$損益分岐点比率（損益分岐点操業度）＝\frac{損益分岐点売上高}{実際売上高}$$

$$＝\frac{1,200万円}{2,000万円}×100＝60\%$$

　損益分岐点比率は、その値が低ければ低いほど、赤字転落への耐性が強い、と判定します。**図表114**の値が60％ということは、売上高が40％減少しても赤字に転落しないことを意味します。

　この40％を「経営安全度」といい、**図表115**で計算します。

図表115　経営安全度

$$経営安全度＝1－（損益分岐点比率）$$
$$＝1－60\%$$
$$＝40\%$$

159

第2節

上場企業の「決算短信」で活躍するCVP分析

――――― 冗談に本気を混ぜて変化をつけるのは、
よいことである。

（ベーコン『随筆集』）

8-2-1　売上高がわかれば当期純利益の予想がつく

図表112（2）式を応用すると、ある一定の売上高について、どれだけの当期純利益が予想できるか、という公式を導くことができます。

図表116　予想当期純利益を求める公式

$$当期純利益＝（売上高）\times\left(1-\frac{変動費}{売上高}\right)-固定費$$

売上高が2,200万円のときの当期純利益は、**図表117**で計算できます。変動費率を0.5（50％）とします。

図表117　予想当期純利益の求めかた

$$当期純利益＝（売上高）\times\left(1-\frac{変動費}{売上高}\right)-固定費$$
$$＝2,200万円\times（1-0.5）-600万円＝500万円$$

上場企業が3か月ごとに公表する決算短信の、表紙の最後に「業績予想」が開示されます。項目は、売上高、営業利益、経常利益、当期純利益の4種類です。

第8章　そこのけそこのけ、CVP分析が通る

これらのうち、売上高を見誤る企業は、そうはいないでしょう。難しいのは、営業利益以下の予想です。これらの利益は、**図表116**を用いて計算されています。

8-2-2　当期純利益がわかれば目標売上高だってわかる

ある一定額の当期純利益をあげるために必要な売上高も計算することができます。

経営会議で目標とすべき当期純利益（目標当期純利益）が決定された場合に、これを達成するための、目標とすべき売上高（目標売上高）はどれくらいになるか、ということを計算します。

目標売上高を求めるには、**図表112**（3）式を応用して、**図表118**の式を組み立てます。

図表118　目標売上高を求める公式

$$目標売上高 = \frac{（固定費）＋（目標当期純利益）}{1－（変動費率）}$$

図表118で、右辺の分子に「目標当期純利益」を追加するのがポイントです。

例えば、目標当期純利益450万円を達成するための目標売上高は、**図表119**で計算します。

図表119　目標売上高の求めかた

$$目標売上高 = \frac{（固定費）＋（目標当期純利益）}{1－（変動費率）}$$

$$= \frac{600万円＋450万円}{1－0.5} ＝2,100万円$$

161

8-2-3　上場企業でも予算貸借対照表を作るのは難しい

　本節で説明した方法を用いると、翌期の「予算損益計算書」を作成することができます。

　その勢いをかって、翌期の「予算貸借対照表」も作成しようと考えるのは自然な流れ。

　ところが、です。上場企業でも、予算貸借対照表は作成できていないのです。

　理由は、経営分析に関する知識が収益性分析にとどまっており、キャッシュフロー分析を十分に理解していないからです。

　翌期の「予算貸借対照表」の作りかたについては、〔14-4-1〕で説明します。

第3節

えいやっと、固定費と変動費を分解する方法

――――― 人はよほど注意をせぬと地位が上がるに
つれて才能をなくす。
（石黒忠悳『懐旧九十年』）

8-3-1 現代の会計システムで100%採用されている方法

ここまでの説明で、重要な話を省略していました。**図表111**にある固定費と変動費を、どのように分解するのか、という話です。

総コストを、固定費と変動費に分ける作業を固変分解と呼ぶことは、すでに紹介しました。この分解作業が難しく、**図表110**のCVP図表を描くに際し、最も苦労するところです。

本書では、勘定科目ごとに固変分解する方法を紹介します。これを「勘定科目法」といいます。会計システムではほぼ100%採用されている、固変分解の方法です。

勘定科目法は、損益計算書や製造原価明細書に掲載されている、具体的な勘定科目について、「えいやっ！」と割り切って、固定費と変動費とに分解する方法です。

固定費と変動費の両方の性質を兼ね備えている科目については、過去のデータを参考にして、その金額の何%を固定費、残り何%を変動費といった形で分解します。これを勘定科目比率法または勘定科目案分法といいます。

8-3-2 固定費と変動費をそんなに簡単に分けてもいいの？

中小企業庁のウェブサイト『中小企業ＢＣＰ策定運用指針』を参照すると、

163

「費用分解基準」という名称で、製造業、卸小売業、建設業の3業種について、固定費と変動費とに分解する方法（中小企業庁方式）を示しています。そのうちの製造業と販売業の例を、**図表120**に掲げます。

図表120　中小企業庁方式による固変分解

【製造業】		
	固定費	直接労務費、間接労務費、福利厚生費、減価償却費、賃借料、保険料、修繕料、水道光熱費、旅費、交通費、その他製造経費、販売員給料手当、通信費、支払運賃、荷造費、消耗品費、広告費、宣伝費、交際・接待費、その他販売費、役員給料手当、事務員（管理部門）・販売員給料手当、支払利息、割引料、従業員教育費、租税公課、研究開発費、その他管理費
	変動費	直接材料費、買入部品費、外注費、間接材料費、その他直接経費、重油等燃料費、当期製品仕入原価、当期製品棚卸高—期末製品棚卸高、酒税
【卸・小売業】		
	固定費	販売員給料手当、車両燃料費（卸売業の場合50％）、車両修理費（卸売業の場合50％）、販売員旅費、交通費、通信費、広告宣伝費、その他販売費、役員（店主）給料手当、事務員（管理部門）給料手当、福利厚生費、減価償却費、交際・接待費、土地建物賃借料、保険料（卸売業の場合50％）、修繕費、光熱水道料、支払利息、割引料、租税公課、従業員教育費、その他管理費
	変動費	売上原価、支払運賃、支払荷造費、支払保管料、車両燃料費（卸売業の場合のみ50％）、保険料（卸売業の場合のみ50％）、注：小売業の車両燃料費、車両修理費、保険料は全て固定費。

　図表120に例示した勘定科目は、これを一律に変動費と固定費とに分けていいのか、疑問を抱き始めたらキリがありません。

　例えば損益計算書の販管費に含まれている給与手当、広告宣伝費、交際費などは、純度100％の変動費ではないし、純度100％の固定費でもありません。製造原価明細書の労務費や電力費などもそうです。

　むしろ、変動費なのか固定費なのか、区別が付かない勘定科目のほうが、総コストの中でかなりの部分を占めます。損益分岐点を求めるためには、これらの勘定科目を一定の方法で変動費と固定費とに分けなければなりません。そこに、損益分岐点を求める難しさがあります。

164

第8章　そこのけそこのけ、CVP分析が通る

8-3-3　固変分解は新入社員に行なわせよう

　上場企業の有価証券報告書では、具体的な勘定科目が開示されないので、勘定科目法を用いた固変分解を行なうことができません。

　参考として、日本銀行『主要企業経営分析[①]』で、**図表121**の方法（日銀方式）によって固変分解が行なわれていたことを紹介しておきます。

図表121　日銀方式による固変分解

```
(売上高)＝(総売上高)－(売上値引・戻り高)

(固定費)＝(労務費)＋(経費)－(外注加工費)＋(販売費及び一般管理費)
        ＋(営業外費用)－(営業外収益)

(変動費)＝(総支出※)－(固定費)

    (※総支出)＝(売上原価)＋(販売費及び一般管理費)
            ＋(営業外費用)－(営業外収益)
```

　中小企業庁方式も日銀方式も、多数のデータを集めて、画一的に統計処理するための方法です。個別企業のデータで固変分解を行なう場合は、よりきめの細かい方法を要します。

　画一的だと精度が落ちる、きめ細かく分解すると手数を要する。固変分解は悩ましい手続です。

　CVP分析は理論的にスマートで、たくさんの人が知っているにもかかわらず、現実の適用には限界があります。その原因は、固変分解の難しさにあります。

　ベテランであればあるほど迷うところがあるので、いっそのこと、新入社員に固変分解を行なわせたほうがすっきりいく場合もあります。ホント、まじめな話。

---

①日本銀行『主要企業経営分析』は、1996年で廃刊になっています。

第9章

経営者の常套句
「固定費を削減せよ」

第1節

「付加価値も同時に高めよ」
「社長、それは無理です」

> ── 馬鹿を一遍通って来た利口と、始めからの利口とはやはり別物かもしれないのである。
>
> （寺田寅彦『異質触媒作用』）

9-1-1　CVP分析の基本型をもう一度

　CVP分析の応用編を紹介します。**図表122**は、**図表110**に、変動費や固定費などの概念を書き加えたものです。

図表122　CVP図表PartⅠ（損益分岐点図表PartⅠ）

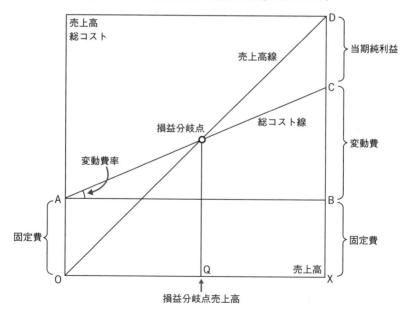

図表122の線分DCを、当期純利益としていますが、営業利益とすることもできます。

9-1-2　固定費と変動費を入れ替えても同じ点が浮かぶ

図表122にある固定費と変動費の上下関係を入れ替えたものが、**図表123**です。

図表123　CVP 図表PartⅡ（損益分岐点図表PartⅡ）

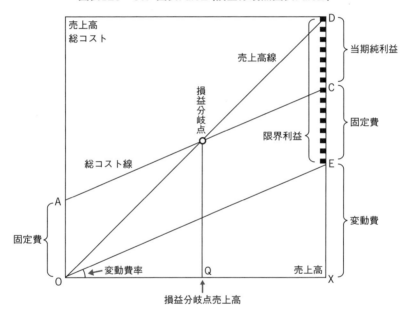

図表123では、**図表122**にあった線分ABを消去し、損益分岐点を通る線分ACと平行な直線OEを描いています。

図表123にある四角形OACEは平行四辺形ですから、固定費は線分AOで表わされると同時に、線分CEでも表わされます。また、**図表122**の変動費率∠CABは、**図表123**では∠EOXで表わされます。変動費率の角度に変わりはありません。

図表123で注目すべきは、右端において太い破線で描いた線分DEです。

当期純利益（線分DC）と固定費（線分CE）を足し合わせたものであり、これを限界利益といいます。貢献利益や変動利益とも呼ばれます。

図表122を「CVP図表Part I」、**図表123**を「CVP図表Part II」と呼ぶことにします。

9-1-3　限界利益の正体は付加価値にあると見た

CVP図表Part II（**図表123**）では、限界利益（線分DE）を図示しました。この正体は一体、何でしょうか。付加価値とEBITDAという意外な方角から、限界利益の正体に迫ってみることにします。

ビジネスの世界では、「付加価値」という語が広く流布しています。「付加価値を高めよう！」というのは、企業経営者がよく口にするスローガンです。

付加価値とは、抽象的には、「企業がその事業活動から創造したもの」と定義されます。あまりに抽象的です。

損益計算書の数値を用いて付加価値を求めるには、**図表124**に示す2種類の方法があります。

図表124　付加価値の求めかた

（1）控除方式 　　……売上高から、材料費・外注費・商品仕入高などの外部購入費用を控除したもの （2）加算方式 　　……当期純利益（または営業利益）に、減価償却費・人件費・賃借料・他人資 　　　　本コスト・税金コストを加算したもの

図表124（1）控除方式にある外部購入費用を、マクロ経済学では「中間財」と呼びます。控除方式では、売上高から外部購入費用（中間財）を控除して、内部に蓄積されるものを付加価値と定義します。

図表124（2）加算方式は「誰に成果を分配するか」に視点を置いて、付加価値を定義します。人件費は従業員へ、賃借料は地主へ、他人資本コストは金融機関へ、税金コストは国や地方自治体へそれぞれ帰属します。

当期純利益と減価償却費は、企業自身に帰属することから、これを「内部留保」と呼びます。後掲**図表152**で説明します。

170

理論的には、**図表124**（1）控除方式であっても、**図表124**（2）加算方式であっても、付加価値は一致します。説明のしやすさから、**図表124**（1）控除方式に注目します。

図表124（1）の控除方式では、売上高から、材料費や外注費などを控除することを再確認します。

材料費や外注費？　これらって、勘定科目法によれば、変動費のことではないですか！

その通り。限界利益は売上高から変動費を控除したものですから、限界利益は、企業が創造した「付加価値」と同義であることがわかります。以上のことから、限界利益の正体は、付加価値であることが判明しました。

9-1-4　EBITDA（えびっとだ）って何？

M&Aの世界でしばしば利用される経営指標に、EBITDAがあります。"Earnings Before Interest, Taxes, Depreciation, and Amortization" の略称であり、「利払い前、税引き前、償却前、引当前の当期純利益」と訳します。式で表わすと**図表125**になります。

図表125　EBITDA

EBITDA＝（当期純利益）＋（支払利息）＋（法人税等）
＋（減価償却費）＋（引当金繰入額）

図表125と、**図表124**（2）加算方式を見比べると、よく似ています。つまり、EBITDAの正体は、限界利益や付加価値を、別の形で表わしたものであることがわかります。

図表120の中小企業庁方式や、**図表121**の日銀方式などによる固変分解は難しいな、と感じるようであれば、**図表125**のEBITDAを、限界利益の代替案として用いるのも1つの方法です。

通信業界に属する上場企業では、有利子負債をEBITDAで割った指標を利用して、自社の業績を説明している例が数多くあります。M&Aによって負債が増加しても「返済に不安なし」ということをアピールしたいのでしょう。

171

なお、**図表124**（2）や**図表125**にある当期純利益は、**図表12**の[13]当期純利益であって、[15]親会社株主に帰属する当期純利益ではありません。なぜなら、支払利息や減価償却費などには、**図表15**の[4]非支配株主の分も含まれているからです。経営分析は本当に面倒です。

9-1-5　固定費を削減すると、付加価値は増加する？

図表123をぐっと睨んでいると、コスト削減にあたって、次の2通りの方法があることがわかります。

図表126　コスト削減の方法

> （1）変動費を削減する（正確には、変動費率を低下させる）
> （2）固定費を削減する

変動費の削減は、取り組む者としてはなるべく避けたいところ。なぜなら、変動費は、材料費や外注費から構成され、外部業者との価格交渉を余儀なくされるからです。

それに対して固定費は、社内で発生するコストであり、社長の号令一下、無理がきく、という特徴があります。固定費削減の中で、不動産売却よりも、人員整理が優先されるのは、さらに無理がきくからです。

リストラの是非はともかく、**図表126**（2）固定費削減に取り組むことにします。これは**図表123**にある線分ACを、下方へ平行移動させることです。したがって、線分CE（固定費）は縮小します。

と、ここで面白い現象が生じます。例えば固定費を10億円削減すると、線分CEは10億円分、縮小します。すると、線分DC（当期純利益）が10億円分、伸びるのです。

固定費削減は、なんと素晴らしいことか。

しかし、これは「作図の錯覚」です。

原因は、**図表123**にある線分DE（限界利益）は「一定に保たれる」と、勝手に思い込んでいる点にあります。その勝手な思い込みが、線分CE（固定費）を10億円削減すれば、線分DC（当期純利益）は10億円増加するのだ、

172

という錯覚を生じさせます。

そのように錯覚しているというか、CVP分析を歪曲している人たちが、実務では非常に数多く存在します。「翌期は固定費削減に努めます」という企業経営者のコメントが、メディアで氾濫しているのが、その証拠。

現実はどうでしょう。**図表123**にある固定費（線分CE）を削減すると、当期純利益（線分DC）は加速度的に減少していきます。つまり、**図表123**の外枠を構成する正方形は、加速度的に収縮するのです。

9-1-6　CVP分析を歪曲する人たちに告ぐ

固定費削減の効果を、式で検証します。

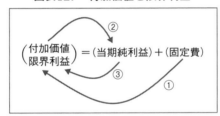

図表127　付加価値と限界利益

図表127右辺第2項の固定費を削減すると、どうなるか。固定費削減額と同額の当期純利益が増えるのであれば、誰も苦労しません。現実は、そんなに甘くない。

第一に、**図表127**右辺第2項の固定費を削減すると、**図表127**左辺の付加価値（限界利益）は確実に減少します。→**図表127**①

第二に、付加価値の減少は自社の競争力を消失させ、他者との価格競争に巻き込まれることとなり、**図表127**右辺第1項の当期純利益を減らします。→**図表127**②

かくして、固定費削減はスパイラル現象を生み（→**図表127**③）、付加価値は大きく毀損することになります。

以上のことから判明するのは、「固定費削減」と「付加価値の向上」は、相反する経営課題だということです。部下に無茶を言ってはいけません。

第2節

上場企業で業績の
下方修正が起きるワケ

——— 表から見える慎重を裏から見ての不決断
と言う。

(山田美妙『平清盛』)

9-2-1 決算短信の「業績予想」に隠された謎

図表116では、決算短信における「業績予想」での活用方法を紹介しました。

東京証券取引所の規則[1]によると、直近で公表した予想値と、新たに計算した予想値との間に、次の変動幅がある場合は、「業績予想の修正」を公表しなければならない、とされています。

図表128 業績予想の修正

```
(1) 売上高について        ……±10%
(2) 営業利益について      ……±30%
(3) 経常利益について      ……±30%
(4) 親会社株主に帰属する当期純利益について
                        ……±30%
```

図表128 (4) は、**図表12**の[*13]当期純利益ではない！　点に十分に注意してください。ここを取り違えると、業績予想はぐだぐだになります。

ところで、**図表128**を見て、ふと疑問に思うのは、売上高の変動幅（±10%）と、営業利益などの変動幅（±30%）は、なぜ異なるのだろう、とい

———
①東京証券取引所有価証券上場規程施行規則407条

うことです。「利益の金額は小さいから、それだけ変動幅は大きくなるのだ」というのでは、せっかく学んだCVP分析の知識が活かされません。

営業利益を例に、「弾力係数」という概念を用いて、謎を解明しましょう。弾力係数は**図表129**で表わされます。

図表129　営業利益の弾力係数

$$営業利益の弾力係数（倍）＝\frac{限界利益}{営業利益}$$

求められる数値を、営業利益の弾力係数といいます。単位は、倍です。

9-2-2　売上高と営業利益を介在する「謎の正体」

結論を先に述べると、売上高と営業利益の間には、弾力係数が介在するので、両者の変動幅は異なることになります。

例えば、営業利益を100万円、固定費を200万円とすると、限界利益は300万円になります。これらの金額を用いて営業利益の弾力係数を計算すると、**図表130**になります。

図表130　営業利益の弾力係数

$$営業利益の弾力係数（倍）＝\frac{限界利益}{営業利益}＝\frac{300万円}{100万円}＝3倍$$

営業利益の弾力係数が3倍というのは、例えば、売上高が10％増加した場合、営業利益はその3倍の30％増加することを意味します。反対に、売上高が10％減少した場合には、営業利益はその3倍の30％減少することになります。

9-2-3　弾力係数を知っておくと食が進む

キツネに騙されたような話なので、弾力係数の仕組みを説明します。

175

限界利益、営業利益および固定費の三者間には、〔式9-1〕が成り立ちます。

式9-1	(限界利益)＝(営業利益)＋(固定費)

〔式9-1〕において、右辺第1項の営業利益が1円増加すると、限界利益も1円増加します。なぜなら、右辺第2項の固定費が一定だからです。

限界利益が増減する額と、営業利益が増減する額とは同じであることから、次の〔式9-2〕が成立します。

式9-2	(限界利益の増減額)＝(営業利益の増減額)

〔式9-2〕を、〔式9-3〕のように変形します。

式9-3	$(限界利益の増減額) \times \dfrac{(限界利益)}{(限界利益)} = (営業利益の増減額) \times \dfrac{(営業利益)}{(営業利益)}$

〔式9-3〕の両辺を(営業利益)で割って、両辺を整理すると、〔式9-4〕になります。

式9-4	$\dfrac{(限界利益の増減額)}{(限界利益)} \times \dfrac{限界利益}{営業利益} = \dfrac{(営業利益の増減額)}{(営業利益)}$

〔式9-4〕の各項を、次のように定義します。

式9-5	$\dfrac{(限界利益の増減額)}{(限界利益)} = (限界利益の変化率)$
式9-6	$\dfrac{限界利益}{営業利益} = (営業利益の弾力係数)$
式9-7	$\dfrac{(営業利益の増減額)}{(営業利益)} = (営業利益の増減率)$

第9章　経営者の常套句「固定費を削減せよ」

したがって、〔式9-4〕は、〔式9-8〕に書き換えることができます。

式9-8	（限界利益の増減率）×（営業利益の弾力係数）＝（営業利益の増減率）

〔式9-8〕の左辺第1項の（限界利益の増減率）に注目します。
売上高、変動費および限界利益の間には、〔式9-9〕の関係があります。

式9-9	（売上高）＝（変動費）＋（限界利益）

価格を一定と仮定した場合で、数量のほうが10％増加したとき、〔式9-9〕にある売上高、変動費および限界利益はすべて10％増加します。したがって、次の〔式9-10〕が成り立ちます。

式9-10	（売上高の増減率）＝（変動費の増減率）＝（限界利益の増減率）
式9-11	∴（売上高の増減率）＝（限界利益の増減率）

〔式9-8〕左辺にある（限界利益の増減率）に〔式9-11〕を代入すると、次の〔式9-12〕になります。

式9-12	（売上高の増減率）×（営業利益の弾力係数）＝（営業利益の増減率）

〔式9-12〕によると、営業利益の弾力係数が3倍のとき、売上高が10％増加すれば、営業利益はその3倍の30％増加することを表わしています。
弾力係数の決め手は、**図表129**右辺の分子にある限界利益であり、限界利益の大きさに最も影響を与えるのは固定費です。こうした仕組みが、決算短信の「業績予想」の背後にあります。

177

第3節

経営分析の限界と、
それを乗り越えた
先にあるもの

――――― われわれは、自分の欠点を何か一つ克服
するごとに、その分だけ高慢になってい
く。

(ラ・ロシュフコー『箴言集』)

9-3-1 大正9年（1920年）から時が止まった経営分析

　書店を訪れて、経営分析に関する書籍を手にすると、そのすべてにCVP
分析が掲載されています。ビジネススクールやセミナーでも、CVP分析は
人気講座です。

　企業が利用する会計システムでは、そのすべてにCVP図表が映し出され
ます。経営分析の世界では、絶対的通説として君臨する分析手法だといえる
でしょう。

　CVP分析は、アメリカ人のヘス（C. Hess）が1903年に考案し、同じア
メリカ人のノイッペル（C. Knoeppel）が1920年にCVP図表（損益分岐点
図表）を作成したのが始まりとされています。

　西暦で表現すると、わかりづらい。和暦で表現すると、1903年は明治36
年、1920年は大正9年です。

　1903年（明治36年）は、ライト兄弟が動力飛行に成功した年です。
1920年（大正9年）は、第一次世界大戦が終結し、国際連盟を中心とした
ヴェルサイユ体制が始まった年です。アメリカで禁酒法が成立し、アル・カ
ポネが暗躍する時代でもありました。

　CVP分析はこれだけの歳月を重ねてきた分析手法なのですから、人口に
膾炙するのも当然です。

9-3-2　CVP分析から浮かび上がる素朴な疑問

　しかし、しかしです。**図表122**や**図表123**を眺めていると、素朴な疑問が生まれます。

　1つめの問題点は、実際の売上高が、**図表122**の横軸上にある損益分岐点売上高を超えていくと、当期純利益（線分DC）が無限に伸びていくことです。売上高を増やせば増やすほど、当期純利益は無限に増加するものなのでしょうか。

　もし、利益が無限に増加するのであれば、企業は無理して自動車や電機製品などを作らずに、みんな、ツマ楊枝だけを作ればいいのです。CVP分析は、作れば作るほど、利益が無限に増えることを保証してくれるのですから。

　2つめの問題点は、**図表122**では、次の**図表131**（1）と（2）を説明できますが、（3）と（4）を説明できないことです。

図表131　増収増益等のパターン

```
（1）増収増益……売上高も利益も増えること
（2）減収減益……売上高も利益も減ること
（3）増収減益……売上高は増えるが、利益は減ること
（4）減収増益……売上高は減るが、利益は増えること
```

　図表131（3）と（4）を説明するためには、「CVP図表PartⅢ」を新たに考えないといけないのでしょうか。

9-3-3　多くの企業で固定費がマイナスになるのは、なぜか

　3つめの問題点は、企業外部の第三者が、上場企業の有価証券報告書を利用してCVP分析を適用することが、不可能になっていることです。なぜなら、有価証券報告書を利用してCVP分析を適用しようとすると[2]、**図表122**や**図表123**の縦軸にある固定費（線分OA）が「マイナスに転落する」という異常現象が、2001年のITバブル崩壊や2008年のリーマンショック以降、

---

[2]本書では紹介しませんが、最小自乗法（最小2乗法）という、難解な方程式を用いて固変分解する方法があります。

あちこちの上場企業で観察されるからです。

　嘘だと思うのであれば、本に書かれてあることを鵜呑みにするのではなく、自ら確かめることです。それが経営分析の第一歩。固定費がマイナスとなる異常現象を目の当たりにして、愕然とすることでしょう。

　ある分析手法が、企業内部の人たちでしか利用できないようでは、それは経営分析と呼べません。また、平穏無事に過ごしている企業の業績にしか適用できないのでは、それは経営分析と呼べません。上場企業と中小企業を差別することなく、あらゆる財務諸表に対して、経営分析は適用できるものであるべきです。

9-3-4　総コスト線を1次関数で描くのは正しいことなのか

　4つめの問題点。これが最も重要。

　図表122や**図表123**において、線分ACで描かれている総コスト線は、1次関数で描かれています。預金の利息計算でいえば、単利計算構造です。

　つまり、CVP分析に立脚した現代の経営分析は、総コスト線を1次関数（単利計算構造）で理解していることになります。

　ところで、経済学では**図表132**の書籍にもある通り、総コスト線を、2次関数または3次関数で描きます。

図表132　著名な経済学書

（1）総コスト線を、2次関数で描写した経済学書
　　グレゴリー・マンキュー『マンキュー経済学Ⅰミクロ編第3版』（東洋経済新報社）
　　476ページ、502ページ
（2）総コスト線を、3次関数で描写した経済学書
　　ジョセフ・スティグリッツ、カール・ウォルシュ『スティグリッツ　ミクロ経済学　第4版』（東洋経済新報社）189ページ、220ページ

　筆者が古今東西のあらゆる経済学書を調べたところ、総コスト線は2次関数または3次関数のどちらかで描かれていました。総コスト線を1次関数で描写している経済学書は、1冊も見当たりませんでした。

　そうなると、「経営分析が想定する総コスト線」と「経済学が想定する総

コスト線」とは、まったく別物ということになります。しかし、それはどう考えても、おかしい。

では、企業の総コスト線は、1次関数・2次関数・3次関数のいずれで描写するのが正しいのでしょうか。

残念ながら、ベストセラー書籍を連発するマンキュー教授も、ノーベル経済学賞受賞者のスティグリッツ教授も、そうした疑問に明確な「解」を示してくれません。

9-3-5　経営分析の革新を目指して

理論に迷ったら現場に踏み込んで、企業実務を観察することです。それが経営分析の第一歩であったはず。

企業活動をよくよく観察すると、次の事実を観察することができます。

製造業に勤務する人であれば、工場内の各工程を観察してみてください。工場内に無数に存在する工程に、材料費・労務費・経費を次々と投入していくと、無限回数の振り替え計算が行なわれていることがわかります。材料・仕掛品・製品などが入庫と出庫を繰り返し、コストが徐々に膨張していく姿は、無限回数の複利計算を行なっていることと同じです。

流通業に勤務する人であれば、店舗に置かれた商品を観察してみてください。日々仕入れた商品は、棚に補充したそばから、消費者へ次々と販売されていきます。膨大な商品が入庫と出庫を繰り返し、コストが徐々に膨張していく姿は、無限回数の複利計算を行なっていることと同じです。

会計や経理の業務に少しでも携わった人であれば、企業が作成する帳簿を、じっくりと観察してみてください。そこには、入金と出金を繰り返す会計処理（振り替え処理も含みます）が、1日で数十件・数百件も記入されます。年間では、膨大な件数にのぼります。これは無限回数の複利計算を行なっていることと同じです。

以上のように、業種業態や企業規模を問わず、企業のコスト構造は、複利計算構造を内蔵していることがわかります。したがって、企業の総コスト線は、1次関数・2次関数・3次関数のいずれでもなく、複利関数で描写すべきなのではないか、という発想に至ります。

それが新しい経営分析や経済学の世界を切り拓くことになると、筆者は確信しています③。

---

③企業のコスト構造を複利計算で解き明かした次の論文を、インターネット上で公開しています。
　新日本法規財団 奨励賞 受賞論文（2015年3月）
　対象論稿名『会計学と原価計算の革新を目指して』（公認会計士　高田直芳）

第10章

税と、
加重平均資本コスト率
（WACC）の二重奏

第1節

経営分析に
立ちはだかる壁、
それが税

――――― 道のシャンと歩けぬようなものは、人の
上に立てぬ。道を歩いている姿が一番人
の眼につくものである。

(宮本常一『家郷の訓』)

10-1-1　食わず嫌いの税効果会計

　図表3では、経営分析には収益性分析とキャッシュフロー分析の二本柱があることを紹介しました。どちらを学ぶにしても、大きな壁として立ちはだかるものに税効果会計があります。

　経営分析を理解するにあたって、税は非常に重要です。これを知っているか知らないかで、雲泥の差が生じます。損益計算書の営業利益や経常利益にこだわる人たちは、税が苦手で避けている、といえるかも。

　本書で経常利益や税金等調整前当期純利益(税前純利益)よりも、税引き後の当期純利益を重視するのは、税が重要な位置を占めるからです。

　あの分厚い税法典を紹介するわけではないので、ご安心を。これから説明する話を読んでいくと、「なぁんだ、その程度のことなのか」と驚かれるはず。食わず嫌いの人が多いのが、税の話なのです。

　財務諸表で登場する「税」は、法人税等と法人税等調整額の2種類です。これらを合わせて、本書では「法人税等」と称します。「等」の部分に、法人税等調整額・住民税・事業税を含めます。

　学ぶべきポイントは2つ。1つめは、法定されている実効税率(法定実効税率)の求めかたです。2つめは、法定実効税率を利用して、加重平均資本コスト率(WACC[①])の求めかたを学ぶことです。

第10章　税と、加重平均資本コスト率（WACC）の二重奏

10-1-2　法定実効税率の求めかた

法定実効税率を求めるには、次の条文で定められている税率を用います。

図表133　税率を定めた条文

（1）法人税率……法人税法66条1項
（2）住民税率……地方税法51条1項、同314条の4第1項
（3）事業税率……地方税法72条の24の7第1項3号

図表133で定められている税率は、「ときの政権」によって頻繁に改正されるので注意してください。

法人税率25％、住民税率14％、事業税率8％と仮定して、**図表134**に代入します。

図表134　法定実効税率

$$法定実効税率 = \frac{法人税率 \times (1+住民税率) + 事業税率}{1+事業税率}$$

$$= \frac{0.25 \times (1+0.14) + 0.08}{1+0.08} = 0.338 (33.8\%)$$

図表134で求めた33.8％を、「法定実効税率」といいます[2]。

一部のメディアでは、「法人」実効税率という名称を用いています。「法定」実効税率を用いるようにしましょう。

2008年に、地方法人特別税が創設されました。その場合の法定実効税率は、**図表135**で計算します。

図表135　法定実効税率（地方法人特別税を含む）

$$法定実効税率 = \frac{法人税率 \times (1+住民税率) + 事業税率 + 事業税標準税率 \times 地方法人特別税率}{1+事業税率 + 事業税標準税率 \times 地方法人特別税率}$$

---

①Weighted Average Cost of Capital
②連結財務諸表規則15条の5第1項2号

すごい式です。やはり、税は嫌われ者です。

10-1-3　税効果会計のお陰で当期純利益が復活する

　図表134で求めた法定実効税率は、上場企業の損益計算書で、その近似値として現われます。

　試しに、どの上場企業でもいいですから、**図表12**の*12法人税等（←法人税等調整額を含みます）を、その1つ上にある*11税金等調整前当期純利益（*24税前純利益）で割ってみてください。この値を「税効果会計適用後の法人税等の負担率③」といいます。略して、法人税等負担率と呼ぶことにします。

　上場企業の多くの法人税等負担率は、30％前後になるはずです。これが税効果会計の成果です。

　ただし、すべての企業の法人税等負担率が、**図表134**の法定実効税率に近似するわけではありません。法定実効税率と法人税等負担率の差を、税率差異といいます。

　差異が生ずる理由は、都道府県によって住民税率や事業税率が異なるからです。海外に子会社を有している企業では、外国の税率の影響を受けます。交際費をじゃぶじゃぶ費消している企業では、法人税等負担率が上がります。中小企業には軽減税率があります。こうした要因により、税率差異が発生します。

　とはいえ、税効果会計のおかげで、税引き後の当期純利益に対する信頼性が高まったことだけは確かです。税効果会計が導入される前の当期純利益は、使い物にならなかったのだから。

---

③連結財務諸表規則15条の5第1項2号

第2節

WACCとNOPATと
ROEのローマ字戦争

――― 意地には緊張が伴う。

（斎藤茂吉『童馬漫語』）

10-2-1　モルモット企業は、二番手商法に負ける

「法定実効税率」を用いて、「加重平均資本コスト率」を求めることにします。カギ括弧で括った専門用語が2つも並ぶと、思わず腰が引けそう。これもまた、中味を知ってしまえば、「なぁんだ、その程度のことか」と拍子抜けする話です。

設備投資を行なうケースを想定します。それを自己資金で賄うのが最も安心で安全だ、というのは1つの識見です。

しかし、自己資金に限定した設備投資は、規模が小さくなりがち。スケールメリットが働かず、後発企業に追い抜かれる可能性があります。こういう場合、後発企業のビジネスモデルを「二番手商法」といい、先行企業は「モルモット企業」と呼ばれます。

他社からモルモットと蔑まれないようにするために、自己資本以外に、銀行借入金や社債といった他人資本も合わせて、大規模な設備投資を行なうことにします。なお、投資案件の成否そのものは、経営分析の世界ではなく、管理会計の世界で扱います。詳細は脚注の拙著（第2版）[4]を参照してください。

以下では投資案件に必要な資金の調達方法を探ります。これには**図表75**

---

[4]『［決定版］ほんとうにわかる管理会計＆戦略会計　第2版』（PHP研究所）

で説明した資本コストがまとわりつきます。**図表75**を**図表136**に再掲して、確認しておきます。

図表136　資本コストの種類

他人資本	他人資本コスト率	他人資本コスト
銀行借入金	借入金利子率	支払利息
社債発行	社債利子率	社債利息
自己資本	自己資本コスト率	自己資本コスト
増　　資	配　当　率	配　当　金

　図表136では、銀行借入金、社債発行、増資という3種類の資金調達手段を掲げています。これら3種類を足して、3で割ったらどうなるか。このような計算方法で求める資本コスト率を、加重平均資本コスト率（WACC[5]）といいます。「ワック」と発音します。

10-2-2　3つを足して、3で割ると

　図表137に示す例で、加重平均資本コスト率を計算してみます。

　図表137にある①から④までの数値に従って、右端にある[*5]他人資本コストと[*6]自己資本コストを求め、それを合計した[*7]850万円を、資金調達額の合計[*4]3億円で割れば、加重平均資本コスト率を求めることができる——、という単純な話ではありません。

　図表137の[*5]他人資本コストと[*6]自己資本コストの間には、「税」という巨大な壁が立ちはだかっているからです。

　図表137の[*1]銀行借入金に係る支払利息と[*2]社債発行に係る社債利息は、損益計算書の営業外費用に計上されます。その返済原資は営業利益であり、これは税引き前の利益です。それに対して、[*3]増資に係る配当金は、税引後の利益から支払われます。

　一方は税引き前の世界であり、もう一方は税引き後の世界。これらを1つ

---

[5]Weighted Average Cost of Capital

第10章　税と、加重平均資本コスト率（WACC）の二重奏

図表137　他人資本と自己資本の例

他人資本		他人資本コスト率②	*5他人資本コスト （＝①×②）
調達項目	資金調達額①		
*1銀行借入金	50,000,000円	借入金利子率 3.0%	支払利息 1,500,000円
*2社債発行	200,000,000円	社債利子率 1.0%	社債利息 2,000,000円
小　　計	250,000,000円		3,500,000円
自己資本	資金調達額③	自己資本コスト率④	*6自己資本コスト （＝③×④）
*3増　　資	50,000,000円	配　当　率 10.0%	配当金 5,000,000円
合　　計	*4300,000,000円		*78,500,000円

の世界で扱うわけにはいきません。すべてを「税引き後の世界観」に統一したうえで、税引き後の加重平均資本コスト率を求める必要があります。

10-2-3　すべてを税引き後にそろえて天下統一

税引き後の加重平均資本コスト率を求めるには、**図表137**にある*1銀行借入金に係る支払利息と*2社債発行に係る社債利息とを、それぞれ税引き後に変換する必要があります。

その方法は簡単です。他人資本コストに「1－法定実効税率」を乗ずればいいだけなのですから。これを「実質利子率」と呼びます。

図表138　実質利子率の求めかた

> （実質借入金利子率）＝（借入金利子率）×（1－法定実効税率）
> （実質社債利子率）＝（社債利子率）×（1－法定実効税率）

法定実効税率を30％として、**図表137**にある借入金利子率と社債利子率それぞれに、「1－法定実効税率0.3」を乗ずると、**図表139**になります。

189

図表139　加重平均資本コスト率の求めかた

他人資本		他人資本コスト率②	他人資本コスト (=①×②)
調達項目	資金調達額①		
銀行借入金	50,000,000円	実質借入金利子率 2.1%	実質支払利息 1,050,000円
社債発行	200,000,000円	実質社債利子率 *¹0.7%	実質社債利息 1,400,000円
小　計	250,000,000円		2,450,000円
自己資本	資金調達額③	自己資本コスト率④	自己資本コスト (=③×④)
*²増　資	50,000,000円	*³配当率 10.0%	配当金 5,000,000円
合　計	*⁴300,000,000円		*⁵7,450,000円

　図表139にある資本コストの合計*⁵745万円を、資金調達額の合計*⁴3億円で割ると、2.483％になります。これが、税引き後で統一された加重平均資本コスト率になります。

10-2-4　加重平均資本コスト率の注意点を少々

　加重平均資本コスト率に関する注意点をいくつか。
　1つめは、**図表76**の例で説明した総資本営業利益率です。そこでは、税の影響を受けない総資本営業利益率の優位性を説明しました。
　法定実効税率を学んだいまでは、「税引き後の営業利益」の求めかたも知っておく必要があります。

図表140　税引き後の営業利益

> （税引き後の営業利益）＝（営業利益）×（1－法定実効税率）

　図表140で求められる「税引き後の営業利益」を、"NOPAT⑥"と呼びます。経営分析の世界ではときどき、お目にかかる用語なので覚えておきま

しょう。

　複数のプロジェクトの優劣を比較する場合には、**図表76**の例で説明した総資本営業利益率で差し支えありません。しかし、単独のプロジェクトに係る採算性を考慮する場合には、法人税を考慮すべきです。利益の3割から4割程度を、国や自治体に搾取されるのですから、侮ってはいけません。

　税を考慮せずに企業買収プロジェクトを実行したところ、次の年度で巨額の納税資金が必要になって経営が行き詰まった、というのは、よくある話です。

10-2-5　調達する資金に制約があると困るんです

　2つめは、調達する資金に制約があるかどうかです。

　図表139では、*4 3億円の資金を調達するにあたって、銀行借入金、社債発行、増資の3本立てを用意しました。もし、調達資金に制約がなければ、全額を社債発行にすべきです。なぜなら、**図表139**の中では、実質社債利子率（*1 0.7%）が一番低いからです。

　調達する資金に制約がなければ、加重平均資本コスト率を求める意義はありません。

　3つめは、調達資金に制約がある場合の対応です。**図表139**を見比べて、資本コスト率が最も低いものから順に調達します。

　もし、2億8千万円の資金が必要で、社債発行により2億円までしか調達できない、という制約があるのなら、次に銀行借入金で5千万円を調達し、最後に増資を行なうことで3千万円を調達します。このときは、加重平均資本コスト率を求めます。

　4つめは、いま求めた加重平均資本コスト率は、個別のプロジェクトごとに資金調達する場合のケースです。これを全社的に拡張することもできます。すなわち、貸借対照表の他人資本と自己資本から、全社ベースの加重平均資本コスト率を求め、前期よりも上昇したのか、下降したのかを判定します。

---

⑥Net Operating Profit After Tax

10-2-6　目標ROEはハードルレートと呼ばれる

　5つめは——実はこれが最も重要——、銀行借入金・社債発行・増資のいずれにも頼ることなく、自己資金（実際キャッシュ残高）で賄う場合、その資本コスト率は何％なのか、という問題です。

　これは、ズバリ、貴社が目標としている自己資本利益率ROEを用います。例えば、ROEの目標値を10％に設定しているのなら、**図表139**にある[*2]増資を「自己資金」に置き換え、[*3]配当率10.0％を「目標ROE 10.0％」に置き換えて、加重平均資本コスト率を計算します。

　なぜか。

　目標ROEは、株主が企業に期待する値であり、企業が株主に対して宣言した値だからです。

　目標ROEを下回る投資案件は、企業のROEを低下させます。企業にとって、超えなければならないハードルみたいなもの。したがって、目標ROEは別名、ハードルレートと呼ばれます。

第11章

いでよ！
キャッシュフロー分析

第1節

自己資本利益率ROEに
こだわる人たちへ警告する

——— 金を貸した人は、金を借りた人よりも
ずっと記憶がいい。
（フランクリン『貧しいリチャードの暦』）

11-1-1　収益性分析だけではダメよ、ダメだめ

　図表3では、経営分析には二本柱があることを紹介しました。収益性分析
とキャッシュフロー分析と。

　企業活動の成果は、「最終的にはその収益性によって判断される」ことを、
そこで述べました。それなのに、なぜ、キャッシュフロー分析が必要なので
しょうか。なぜ、収益性分析だけではいけないのでしょうか。自己資本利益
率ROEにこだわる人たちへの警鐘として、キャッシュフロー分析の重要性
を説明しておきます。

　第3章では、流動比率などの静態比率を紹介しました。第4章と第5章で
は、回転期間を紹介しました。説明した箇所は、本書の前半（収益性分析）
でしたが、静態比率や回転期間は、実はキャッシュフロー分析に属する指標
なのです。

　図表17では、貸借対照表はキャッシュの流れ（フロー）を表わすもので
あり、その本質として、収益性分析に馴染まない財務諸表だ、と説明しまし
た。そうであるならば、貸借対照表の説明は、キャッシュフロー分析まで保
留するのが筋です。ただし、それでは財務諸表の説明に難渋します。

　そこで、単純な式で表わされる静態比率や回転期間などを第5章までに持
ち出して、財務諸表全体の仕組みも合わせて説明したのでした。そうなると、
前章までで収益性分析とキャッシュフロー分析の両方を説明したことにな

194

り、経営分析の説明もそこで終わることになります。

ところが、です。

実際の資金は常に、ぐるぐると回ります。それに対して、静態比率や回転期間は、ある一定時点における資金のバランスを測定するにとどまります。これでは企業の姿を瞬間的にしか捉えることができません。

経営分析は欲張りなもの。資金が企業の体内を循環するときの、強弱・速度・流量・方向性なども、情報として入手しておきたいのです。

そうした点に注目した分析方法を、動態分析と呼びます。昆虫を標本にするのが静態分析であるならば、飛ぶ姿、鳴き声、求愛活動などを観察するのが動態分析です。静態分析と動態分析の合わせ技が、本来のキャッシュフロー分析です。

キャッシュフロー分析をメインとした体系を示すと、**図表141**になります。

図表141　経営分析の体系

```
1. 収益性分析
2. キャッシュフロー分析
  (1) 静態分析……静態比率、回転期間
  (2) 動態分析……資金繰り表、キャッシュフロー計算書、資金運用表
```

11-1-2　日銭商売は最強のビジネスモデルだ

〔2-1-4〕では、貸借対照表はストックの財務諸表であり、損益計算書はフローの財務諸表である旨を紹介しました。そうなると、「損益計算書のフロー」と、これから紹介する「キャッシュフロー計算書のフロー」とは、どこが異なるのか、という疑問が浮かび上がります。

企業が設立されてから、解散するまでを考えてみましょう。解散までに決算を1回しか行なわない場合、損益計算書に計上される売上高と総コストは、現金収入と現金支出に等しくなりますから、損益計算書の「利益」と、キャッシュフロー計算書の「現金増加額」とは完全に一致します。

ところで、神さまは、1年かけて地球が太陽のまわりを回るように命じら

れました。人も春夏秋冬を一区切りとして、さまざまな制度を作り上げてきました。

　現在の会計制度は、こうした地球の公転運動を基準に、1年ごとに損益を確定することを企業に義務づけています。その結果、損益計算書とキャッシュフロー計算書とは袂を分かち、利益と現金増加額は一致しなくなってしまいました。

　すなわち、商品を販売すれば、現金回収が行なわれたかどうかにかかわらず、損益計算書に売上高を計上します。経費が発生すれば、現金支出が行なわれたかどうかにかかわらず、損益計算書にコストを計上します。

　その結果、損益計算書では毎年、黒字決算であるにもかかわらず、資金の支払いが追いつかないケースが起きます。最悪の場合、損益計算書では黒字であるにもかかわらず、倒産することもあります。これを黒字倒産といいます。

　反対に、売上高の計上と同時に、現金回収を行なっている企業では、赤字が続いても資金繰りに行き詰まることがありません。日銭商売は最強のビジネスモデルだ、といわれる所以です。

11-1-3　損益計算書のフローと、キャッシュフロー計算書のフロー

　会計制度の発展に伴って明らかになった、利益と現金増加額のミスマッチは、経済の仕組みが高度化すればするほど、さらに乖離していきます。例えば、現代の企業取引では、信用取引が一般的です。すぐに現金として回収できない売掛金や、すぐに支出する必要のない買掛金が増えています。

　また、生産技術が発展すればするほど、企業は多額の固定資産を保有することになります。固定資産への支出は、購入のときに一括してドンと行なわれますが、コストとして損益計算書に計上されるのは減価償却が行なわれるときからです。

　しかも、減価償却というのは、貸借対照表から損益計算書へ少しずつ振り替えていくものです。こうした会計処理を採用すると、現金として支出した時期と、損益計算書へ振り替えていく時期とに、大きなズレが生じます。

　経済がますます高度に発展すると、金融取引が増えていきます。新規の借

り入れ、社債発行、増資などの資金の流入は、損益計算書と関係がありません。借入金返済、社債発行などの資金の流出も、損益計算書と関係がありません。

　以上の経緯を考慮すると、損益計算書のフロー（利益）とキャッシュフロー計算書のフロー（現金増加額）とは、まったく異なることがわかります。そこへ、ストックとしての貸借対照表が加わると、何が何だか。

　それでも、キャッシュフロー分析は、怯みません。2種類のフローと、1種類のストック。これら三者を同時に解明しようというのが、**図表141** 2.(2)の動態分析です。

11-1-4　利益とキャッシュフロー、あなたはどちらを重視する？

　経営分析では、収益性分析のほかに、キャッシュフロー分析（特に動態分析）が必要なことがわかりました。そうなると、収益性分析とキャッシュフロー分析には、どのような関係があるのかを理解しておく必要があります。

　例えば、上場企業のほとんどは株価を気にして、対外的には何事もないように「澄まし顔」を通しています。ところが、内情は意外と苦労している企業が多いものです。毎月、確実に利益を上げているにもかかわらず、月末の資金繰りにヒヤリとした経験は、超優良企業でもよくある話です。

　売上高を大きく伸ばそうとすれば、回収不能の売掛金が徐々に増えていきます。原材料や商品を仕入れる場合に、優良なものを他社に先駆けて手に入れようとするならば、買掛金の支払いは速やかに行なわなければなりません。これらの企業活動は、資金繰りを圧迫させます。

　打開策として、目先の利鞘を減らしてでも売掛金の回収を早め、当面の資金繰りをつけたほうがいいのでしょうか。それでは収益性を犠牲にせざるを得ない、というジレンマに陥ります。

11-1-5　収益性とキャッシュフローは水と油の関係なり

　図表6を思い出してください。縦軸の売上高営業利益率は収益性、横軸の総資本回転率はキャッシュフローを表わしており、両者にはトレードオフ関

係がありました。

つまり、キャッシュフローを重視しようとすると、収益性は低下します。収益性を高めようとすると、キャッシュフローが窮屈になります。

こうした事実から、いくつかの命題が想定されます。

1つめは、高い収益力の実現と、潤沢な資金繰りとは、企業活動において必ずしも同時に達成できるものではない。収益を管理することとは別に、資金繰りを管理する必要があります。

貸借対照表や損益計算書を利用して、損益分岐点売上高や自己資本利益率ROEを計算しても、それらは資金繰りに役立ちません。資金繰りは資金繰りとして、別に検討する必要があります。

2つめは、長期的には、収益性が高ければ、資金繰りもうまくいく。しかし、短期的には必ずしもそうはいえない。そういう視点で、収益性と資金繰りとを管理すればいいことになります。

図解すると**図表142**になります。

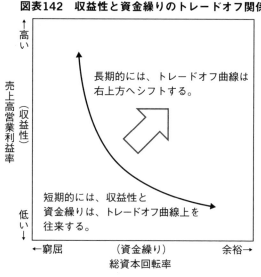

11-1-6　月末の１億円より、明日の100万円がほしい

　過去の倒産事例を調べると、資金繰りの甘さが決定的な要因となっていることがあります。極端な例になると、豊富な受注残を抱え、相当量の在庫と最新鋭の機械設備を有し、かつ、毎期利益をあげているにもかかわらず、目先の運転資金が不足して倒産した企業もあります。

　2期や3期連続して赤字であっても倒産するとは限りませんが、資金繰りのほうは「待ったなし」が要求されます。今月末に1億円の入金が予定されていても、その前日にたった100万円の支払資金が不足すれば、その企業はオシマイです。

　資金繰りにはタイミングが必要であり、このタイミングを見誤ると、黒字倒産の憂き目を見ることになります。すべては神のお導き、などと悠長なことはいってられません。だからこそ、キャッシュフロー分析は重要なのです。

第2節

資金は
八方美人なり

――― 創造力が不足しているから、才能に訴え
るようになる。

（ブラック『昼と夜』）

11-2-1　左から右か、右から左か

本腰を入れて、キャッシュフロー分析の話を進めていきます。まずは、貸
借対照表の復習です。

図表17で紹介した貸借対照表は、キャッシュフロー分析において、資金
の調達先と運用先を読み取る資料として活用することができます。流れを示
すと、**図表143**になります。

図表143　貸借対照表における資金の流れ

```
┌─────────────┬─────────────┐
│【総資本】    │【他人資本】  │
│流動資産      │流動負債      │
│              │固定負債      │
│          ⇦運用      調達⇦    │
│固定資産      │【自己資本】  │
│              │純資産        │
└─────────────┴─────────────┘
```

資金はまず、貸借対照表の右側にある他人資本と自己資本で調達されま
す。調達された資金は、貸借対照表の左側にある総資本で運用されます。運
用形態としては流動資産と固定資産とに区分され、短期的な運用や、長期的
な運用が行なわれます。

200

第11章　いでよ！　キャッシュフロー分析

　図表43の勘定連絡図は、コストが左から右へ流れました。ところが、資金は右から左への流れを基本とします。中学の理科で習った、電流と電子の関係みたいなものだと思ってください。コストが左から右へ流れるのに伴い、資金は右から左へ流れるのです。

11-2-2　資金繰りを理解できないのが、つまずきのもと

　これが貸借対照表の限界というべきか、残念ながら、**図表143**を眺めているだけでは、企業の「資金繰り」を理解することはできません。

　資金繰りとは、将来において必要とされる資金需要を予測し、その支出に備えるために何らかの方法で資金を調達してくることをいいます。

　資金需要というと、**図表143**の左側（総資本）にある売掛債権や棚卸資産の増加分を想像してしまいます。それ以外に、買掛債務の決済や借入金返済も、資金需要の1つです。この場合、資金は左から右へ流れます。ここがコストと大きく異なるところ。

　資金が不足すると予測される場合には、どのような方法で資金を調達するかを考えます。逆に、資金が余ると予測される場合には、その運用を考えなければなりません。資金の流入と流出とを、時間的にうまく適合させて一覧表にまとめたのが、資金繰り表です。

　数か月先の資金繰りを予想した「資金繰り表」は、多くの企業で作成されていることでしょう。翌期の「予算損益計算書」も作成されているはずです。ところが、翌期の「予算貸借対照表」を作成している企業は、上場企業でも皆無です。なぜだか、わかりますか。

　理由は、資金繰りやキャッシュフローの基礎概念である「資金」そのものを、きちんと理解していないからです。それを理解するために、**図表143**の背後にある「資金」について説明しましょう。

11-2-3　柱は借金で建てて、屋根は社債で棟上げ

　外部から調達してきた資金に、識別番号を付している企業はありません。「この建物の柱は銀行借入金で調達し、あそこのエレベーターは自己資金で

201

賄った」など、わかろうはずもなし。

　調達された資金が、どこへ運用されたかを知るのは不可能です。しかし、それでは不便なので、資金について、**図表144**にある通り、経常資金、固定資金、決算資金の3種類に区分します。

図表144　資金の分類

> （1）経常資金
> 　（A）営業運転資金（年末決済資金を含む）
> 　（B）営業外資金
> （2）固定資金
> （3）決算資金（社外流出）

11-2-4　経常資金は損益計算書にも隠されている

　図表144（1）経常資金は、貸借対照表の流動資産や流動負債で運用される資金です。経常資金はさらに、営業運転資金と営業外資金とに分類されます。

　図表144（1）（A）営業運転資金は、企業が日々の営業活動を行なうにあたって必要とする資金です。現金預金、売掛債権、棚卸資産、買掛債務の形で運用されている資金が該当します。

　図表144（1）（B）営業外資金は、企業の営業活動には直接関係しないが、1年以内に流動化するために流動資産や流動負債に計上されている資金をいいます。短期貸付金、仮払金、未払金などが該当します。

　営業運転資金と営業外資金の違いを、貸借対照表だけで追いかけてはいけません。**図表12**の損益計算書を見てください。営業利益までのキャッシュフローが営業運転資金であり、経常利益までのキャッシュフローが、営業外資金を含めた経常資金になります。

　資金繰りを検討するうえで重要なのは、**図表144**（1）（A）営業運転資金です。これは、経常資金の中で大きな比重を占めます。

11-2-5　会計制度は様式美に無頓着

　図表144（2）固定資金は、貸借対照表の固定資産で運用されている資金です。流動化までに1年以上を要する資金、または流動化を予定していない資金です。有形固定資産として運用されている資金のほか、無形固定資産や投資有価証券などから構成されます。

　注意したいのは、「経常資金は流動資産や流動負債に対応させて、固定資金は固定資産や固定負債に対応させればいいんだな」と単純に決めつけないことです。貸借対照表における科目の配列と、キャッシュフロー分析における資金の分類とは異なります。食材は同じでも、調理方法が異なれば、味わいかたも異なります。

　会計制度が定める財務諸表の様式は、窮屈です。経営分析は自由な発想のもとに、自由な解釈を行なう点に、その良さがあります。だからこそ、面白いし、それだけに、難しい。

　図表144（3）決算資金は、税金や配当金の支払いに係るものです。経常資金や固定資金に属さず、内部留保で賄われます。

　決算資金は、税務署や株主へ支払ったからといって、彼らから何らかの「見返り」があるわけではありません。社外へ一方的に流出（社外流出）する、という特徴があります。年度末の終了直後に一気に支出する、という特徴もあります。

　いきなり資金繰り表の説明から始めては、ギブアップしてしまいます。まずは**図表144**（1）（A）営業運転資金を、もっと掘り下げるところから始めましょう。

　営業運転資金だなんて、掴みどころがなくて、難しそうです。でも、難しい話は、もっとその先にあるんですよ。楽しくて、ワクワクしちゃいます。

第3節

キャッシュで
最大派閥の営業運転資金

――――― 自分の顔と折合いをつけながら、だんだ
んに年をとってゆくのは賢明な方法であ
る。

（三島由紀夫『私の顔』）

11-3-1　営業運転資金は、ぐるぐる回る、目が回る

図表144（1）（A）営業運転資金は、企業が営業活動を行なうにあたって
必要となる資金です。その大部分は、短期間でぐるぐると回転するものです。
代表されるものは、次の4種類です。

図表145　営業運転資金の例

```
（1）実際キャッシュ残高（現金預金・有価証券）
（2）売掛債権（受取手形・売掛金）
（3）棚卸資産
（4）買掛債務（支払手形・買掛金）
```

図表145は、**図表17**の貸借対照表で再確認してください。

業種によっては、営業運転資金に前渡金を含めることがあります。仕入先
へ事前に支払うものです。営業上の手付金みたいなもの。

その反対に、得意先から事前に収受するものを、前受金といいます。建設
業では未成工事受入金といい、かなりの金額になります。

流動資産や流動負債で、前渡金や前受金（未成工事受入金）が大きな比重
を占める場合は、**図表145**の営業運転資金に含めます。

204

第11章　いでよ！　キャッシュフロー分析

11-3-2　現金を持つのは資金の運用といえるのか

　図表145（1）の実際キャッシュ残高は、現金預金と有価証券から構成されます。

　有価証券はともかく、現金預金を、売掛債権や棚卸資産と同じく「資金の運用形態」とみなすのは、奇異な感じがします。現金預金は、資金の調達源泉と運用形態の橋渡しを行なう勘定であると同時に、資金の調達額が運用額を上回ったときの「余り」と考えられるからです。

　これについては、次のように考えます。

　企業がその活動を続け、日々の支払いを滞りなく行なっていくためには、一定の現金預金を保有し続ける必要があります。現金預金は、自らの活動を円滑に進めるために、何らかの方法によって調達してきた資産の1つです。企業活動の中で、現金預金という形で運用されているのだ、と考えるのです。

　手元にある現金預金を、資金の調達と運用の差額として単に捉えるのではなく、企業活動を支える資金の運用形態の1つとして、積極的に認めようとするものです。

　金融機関などが密かに作成している『自己査定ワークシート』では、営業運転資金から現金預金を除外しています。これは、要注意先や破綻懸念先などにおける、焦げ付き債権の発生を予測するためです。金融機関自身の都合で作成する「えんま帳」みたいなものであり、キャッシュフローを積極的に分析しようとするものではありません。目指すところが違います。

11-3-3　売掛債権を眠らせるな、太らせるな

　売掛債権（受取手形・売掛金）は、近い将来、流動化することが予定されているものです。それまでは売掛債権という形で資金を運用していることになります。運用先はもちろん、お得意さんです。

　通常、売掛債権が増加する理由には、次ページの**図表146**が想定されます。

図表146　売掛債権が増加する理由

```
(1) 企業規模が拡大したため
(2) 回収期間が長期化したため
(3) 不良債権が発生したため
(4) 季節的要因によるもの
```

　図表146（1）「企業規模が拡大したため」や、**同**（4）の「季節的要因によるもの」については、営業上必要な増加要因と考えられます。それに対して、**図表146**（2）「回収期間が長期化したため」や、**同**（3）「不良債権が発生したため」は、その発生を極力抑えなければなりません。資金を眠らせることになるからです。

　そうはいっても、企業は売上高を伸ばして利益を稼ぐために、その行為が犯罪にでもならない限り、手段を選ばぬ生き物です。

　収益を拡大する一番簡単な方法は、得意先からの回収条件を緩めること、つまり、売掛金の回収期間を長くすることです。「これ、ちょっと使ってみていただけませんか」と得意先に商品を預けておいて、会社に戻ったら、しっかり売上伝票をたてたりしていませんか。

　資金繰りの観点からすれば、売掛債権の回収期間は短いほうがいい。しかし、よほど競争力のある製品や、よほど価格が安い商品でもない限り、回収期間の延長はやむを得ない選択となることがあります。

　仕入先への支払い条件は従来どおりであるにもかかわらず、売掛債権が増加した場合、その分だけ、資金が不足することになります。貸借対照表に占める売掛債権は、どの企業でも一番大きいものですから、ほんのちょっとした営業戦略の巧拙が、企業の資金バランスを大きく崩します。

11-3-4　二律背反を同時に追い求める

　いま説明したリスクに備えるため、売掛債権回転期間の調査は必須です。式については**図表38**で説明しました。

　売掛債権の絶対額が増加していても、売掛債権回転期間が長くなっていなければ、資金繰りとしては心配ないでしょう。

第11章　いでよ！　キャッシュフロー分析

　読者の会社では、どうしていますか。月次で、得意先別または製品別の売上高や粗利益を求めるだけで満足していませんか。売掛債権から目を逸らしては駄目ですよ。

　短期的には、収益性と資金繰りとは二律背反（トレードオフ）であることを念頭において、両睨みするようにしてください。得意先別または製品別に粗利益を求めると同時に、売掛債権回転期間も求めるようにしなければ。

　月次の管理資料を作るのなら、製品別・得意先別の利益管理とともに、製品別・得意先別の回転期間の管理もしなければ不十分だ、ということです。

第4節

在庫の恐ろしさは
誰もが知っているはずなのに

――――― 仕事に対する考えを整理するとか、熟考
するとか口走るのは、おおかたは仕事を
逃れる口実である。

（ヒルティ『時間を得る方法』）

11-4-1　赤信号、みんなで在庫を増やせば怖くない

　次は、**図表145**（3）棚卸資産です。これは**同**（4）買掛債務とセットで
考えます。

　棚卸資産について、購買管理の担当者は、製造現場からの要求に即座に対
応できるようにと、原材料や部品の在庫を一定水準以上に保とうとします。

　生産現場の従業員は、工程間のやり取りで滞りが生じないようにと、自分
の工程における仕掛品の量を、一定水準以上に保とうとします。

　販売管理の担当者は、得意先の需要にいつでも応じられるようにと、製品
や商品の在庫を一定水準以上に保とうとします。

　三者三様の思惑が絡み合い、必要以上の在庫が積み上がります。これを
バッファー在庫といいます。バッファー在庫と官僚組織は、放っておくと限
りなく肥大化し、腐敗していきます。

　工場や営業所の棚に、製品や商品が積み上げられている場合、資金運用の
面から見ると、その棚に札束が積み上げられていることと同じです。「資金
が運用されている」なんて聞こえはいいですが、各セクションがバッファー
在庫を抱えることで、「カネが眠る」度合が高くなります。

　それに対して、買掛債務は起きたまま。

　どこの企業でも、在庫圧縮は至上命題です。ところが、在庫管理には特有
の問題があります。売掛債権の残高はゼロが理想ですが、棚卸資産の残高を

第11章　いでよ！　キャッシュフロー分析

ゼロにすることは、たちまち生産活動や販売活動を停止させ、得意先からの注文を逃すことになるからです。その落としどころが難しい。

11-4-2　在庫がどんどん、どんどん増える理由

棚卸資産の増加原因には、さまざまなものがあります。

図表147　棚卸資産の増加原因

> （1）企業規模の拡大に伴うもの
> （2）備蓄用のもの
> （3）季節的要因によるもの
> （4）製造期間に長期を要するもの
> （5）売れずに死蔵されるもの（デッドストック）
> （6）投機目的で仕入れたもの

図表147のうち、（1）企業規模の拡大に伴うもの、（2）備蓄用のもの、（3）季節的要因によるもの、を在庫として保有するのは、やむを得ないといえるでしょう。**図表147**（4）「製造期間に長期を要するもの」は、建設事業やインフラ事業など、身の丈にあった業種では容認されます。

図表147（5）「売れずに死蔵されるもの（デッドストック）」、（6）「投機目的で仕入れたもの」は、在庫の問題ではなく、経営方針に問題があります。

デッドストックは、劣化した原材料や、新型製品の投入または規格変更などによって陳腐化した製品・商品です。簿価（帳簿価額）で販売することは、もはや困難。

投機目的で仕入れたものは、目先の値上がり益を期待して、市況の安いときに購入した棚卸資産です。アテが外れれば、クズ同然の危険性があります。

デッドストックも投機目的も、度を超せば、資金繰りを一気に悪化させます。

11-4-3　適正在庫は回転期間からわかるもの

適正在庫という言葉を、しばしば耳にします。棚卸資産はその手持ち在庫

が極端に少なければ、生産活動や販売活動に支障をきたしますから、売掛債権のように少なければ少ないほどよい、というわけに行きません。しかし、適正在庫を超えた過剰在庫は、資金繰りを圧迫します。

特に棚卸資産が増大して、資金繰りが逼迫してくると、収益性の面で次の問題が生じます。

図表148　増加する棚卸資産のデメリット

> (1) 営業運転資金に不足が生じ、買掛債務を決済するために借り入れを行なうことで、金利負担が増大する。
> (2) 在庫の保管コストが増加する。
> (3) 陳腐化、値下がり、汚損などによって、含み損失が拡大する。

キャッシュフロー分析では、在庫がどれだけあるかを測定する指標として、棚卸資産回転期間を求めます。その計算式は**図表39**と**図表40**で紹介しました。

棚卸資産の絶対額が増加していても、それが企業規模の拡大に伴うものであれば、棚卸資産回転期間が伸びることはありません。当然といえば、当然の話です。

11-4-4　収益性と資金繰りは親友でありライバルである

売掛債権の場合、収益性と資金繰りは、短期的にはトレードオフの関係がある、と述べました。売掛債権の回収を早めようとすると、収益を犠牲にしなければならない場合があるからです。

ところが、棚卸資産の場合、収益性と資金繰りは、長期的にも短期的にも比例する関係にあります。売掛債権は売上高と結びつくものであるのに対し、棚卸資産は売上原価（コスト）と結びつくものだからです。

したがって、在庫を圧縮すること、つまり棚卸資産回転期間を短縮することは、資金に余裕が生まれ、長期的にも短期的にも収益力を高めます。しかし、棚卸資産回転期間を短縮しすぎて、適正在庫を下回るほどの圧縮を行った場合、モノ不足が生じて、収益性は途端に悪化することに注意してください。

第11章　いでよ！　キャッシュフロー分析

11-4-5　年末にどっと押し寄せるものがある

　企業は、商品を仕入れてそれを販売し、売掛債権の回収によって流動化を図ります。その資金で買掛債務を決済し、従業員への給料やその他の経費を支払います。

　特に、人件費や経費の支払いは、売掛債権の回収資金でカバーすべき性質のものであって、外部からの借り入れによって支払いをするものではありません。人件費や経費の支払いを、借金に頼るようになったら、一気に自転車操業に陥ります。ただし、次の場合は例外です。

図表149　年末決済資金

```
（1）夏季と冬季の賞与資金
（2）年末の諸経費支払資金
（3）年末年始の仕込み資金
```

　図表149はいずれも、営業運転資金に属するものです。ただし、年に一度、年末年始という一時期に集中する資金ですので、特に注意が必要です。

11-4-6　年末決済資金は冬のヒマワリ

　図表149（1）「夏季と冬季の賞与資金」は人件費であり、**同**（2）「年末の諸経費支払資金」は人件費以外の経費です。いずれも、営業運転資金から支払われるのがスジです。

　賞与資金は毎月支払うものではないって？　いえいえ、営業運転資金の中から毎月積み立てておくべきものです。

　外部からの借り入れによって、その支払いに充当する方法が堂々と許されるのは、**図表149**（3）の「年末年始の仕込み資金」だけです。これは年末に、資金需要が急増するからです。

　みなさん、人件費や諸経費の支払いに窮することがないよう、日ごろから資金を積み立てておかなければ、と知っているはずなのに。面倒なことは先送りするのが世の常なので、**図表149**（1）から（3）までが一時期に集中

211

する結果、巨額の資金需要が発生することになります。

　資金繰りにこのような「大津波」を呼び込むことは、好ましくありません。しかし、営業運転資金が内部に蓄積されていない場合は、金融機関からの借り入れに頼るしかありません。

　借り入れに頼ることができなければ、銀行強盗という手もあります。ですから、年末には物騒な事件が多発するのです。

　方法はどうあれ、年末に調達された資金は、年明けの売掛債権の回収によって消滅します。

　以上のように、年末にかけて一時的に膨らむ資金需要を年末決済資金といいます。一時的に膨れ上がる営業運転資金です。

　外部からの借り入れなどに頼るのは、限定されたものでなければなりません。年末決済資金の名目で、借り過ぎないように。

　小窓からもれる冬の陽射しを浴び、パッと咲いて、パッと散る。年末決済資金は、別名「冬のヒマワリ」といいます。

212

第12章

固定資金を経由して
正味営業運転資金まで

第1節

設備投資で
失敗した固定資金は
悲惨な結末

――― ケチは往々にして逆の結果をもたらす。
(ラ・ロシュフコー『箴言集』)

12-1-1　設備投資は経営者の力量が問われる

図表144（2）固定資金は、固定資産へ運用する資金です。これには**図表150**の特徴があります。

図表150　固定資金の特徴

> （1）一時に支出する金額が巨額であること
> （2）減価償却を通して資金を徐々に回収するので、資金の回収期間が長いこと

図表150（2）は、多少の説明が必要です。

売掛債権や棚卸資産は通常、1年以内に流動化します。これらは外部の第三者に請求したり、製品を売ったりすることで、資金を直接回収します。

それに対して固定資金は、外部の第三者を相手にして資金を回収するものではありません。固定資金を直接回収しようとするならば、固定資産を売却することですが、それは本来の目的ではありません。

減価償却費というコストを生産活動や販売活動に投入して、そのコストを上回る価格で製品や商品を売ることによって固定資金を回収するという、何とも回りくどい過程を経ます。しかも、固定資産は1年以上にわたって用いられる総資本。最初に支出した固定資金は、間接的かつ長期にわたって、徐々に回収されることになります。

214

将来の需要予測を見誤った設備投資を行なうと、長期間にわたって企業の業績を圧迫し、資金繰りにも悪い影響を与えます。ですから、どこの企業でも設備投資計画は、1年ぐらいの期間をかけてじっくりと練るのです。思いつきで工場を建てたり、最新鋭の機械を買ったりするものではありません。

12-1-2　安易な設備投資は末代までの恥となる

図表110のCVP図表を用いて、設備投資を考えてみます。

新しい固定資産を購入すると、それに係る減価償却費や、借入金に係る支払利息などが、その固定資産が稼動するしないにかかわらず、固定費として発生します。固定資産を使用したり管理したりする人件費も、固定費として発生します。変動費率に変わりがなければ、損益分岐点は、固定費が増えた分だけ上昇します。

その様子を**図表151**で説明します。

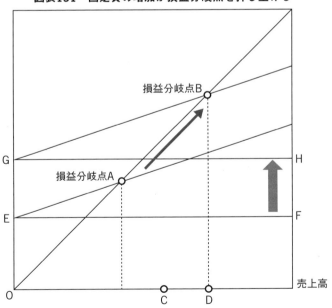

図表151では、新たな設備投資により、固定費が線分EFから線分GHへと、増加する様子を描いています。これにより、損益分岐点は、点Aから点Bへと、右上方へシフトします。

設備投資を行なう前は、横軸上の点Cあたりの売上高を達成していれば、黒字決算でした。設備投資後は、点Dを超える売上高を達成しないと、黒字になりません。

次に資金繰りの問題です。設備投資は、巨額の資金を長期にわたって固定化させますから、資金繰りに与える影響も甚大です。長期借入金や増資など安定的な資金を大量に調達できる見込みがなければ、日常の営業運転資金を圧迫し、図表151の損益分岐点Bに到達する前に、ゲームオーバーとなります。

安易な設備投資は、床下浸水に喩えられることがあります。一瞬でも気を抜けば、図表151の線分GHがさらに上昇して、床上浸水となります。せっかく購入した固定資産がフル稼働できなければ、そのまま水没していくことになります。

12-1-3　有形固定資産回転率を後から見ても遅い

企業の保有する有形固定資産が、どの程度有効に利用されているか。有形固定資産として運用されている資金に無駄はないか。

そうしたことを知るためには、有形固定資産回転率で検証します。これは図表52で紹介しました。

有形固定資産回転率は、有形固定資産が1年で何回、回転しているかを表す指標です。他社と比較して、回転率が高ければ、資金が効率よく循環していることを示します。

もっとも、重厚長大の製造業と薄利多売の流通業では、有形固定資産の回転率が大きく異なりますから、この比率を異業種で比較するのは無意味です。

売掛債権や棚卸資産について、回転率と回転期間とを併用するのは有用です。それに対して、有形固定資産の回転期間を求める意義はありません。それを求めたところで、有形固定資産の「手持ち期間」や「費消期間」といっ

第12章　固定資金を経由して正味営業運転資金まで

たものに、意義が見出せないからです。〔4-3-3〕や〔4-5-3〕で説明した通りです。

　有形固定資産については回転率だけを算出することにより、その有効活用の度合いを検証するようにします。

第2節

決算資金は
年度末後に襲いかかる
大津波

———— だれだ、あくびをしたのは。まだすることは一杯あるんだ。
(寺山修司『血は立ったまま眠っている』)

12-2-1 営業活動の外でも資金は独りでに動く

図表144(1)(A)営業運転資金と、**同**(2)固定資金を説明しました。**図表144**で残るのは、**図表144**(1)(B)営業外資金と、**同**(3)決算資金です。このうち、営業外資金に重要性はありません。営業運転資金にスポットライトを当てたいがために、営業外資金を抽出しているだけです。

図表144(3)決算資金は、かなり重要です。

図表144(1)経常資金や**同**(2)固定資金に共通するのは、貸借対照表から読み取れることです。売掛債権を回収して当座の資金を確保し、その資金で仕入代金を決済するのは、貸借対照表の残高の増減を見れば明らかです。有形固定資産や投資有価証券の残高が増えていれば、固定資金が増えているんだな、と読み取ることができます。

ところが、企業が必要とする資金は、経常資金と固定資金に限られません。貸借対照表からは読み取れない資金需要があります。1年に数回、「ビッグ・ウェーブ」が水平線の彼方から現われ、営業運転資金などでは賄いきれない資金が、津波となって押し寄せます。それが**図表144**(3)決算資金です。

決算資金は、配当金や法人税など、決算日を過ぎてから2か月以内に支払わなければならない性格を有しています。一時的に大規模な資金需要となって押し寄せますから、経常資金や固定資金とは別に把握する必要があります。

第12章　固定資金を経由して正味営業運転資金まで

　また、経常資金や固定資金は、支出すれば相応の見返りがあるのに対し、決算資金は支出する一方という、実に嫌らしい性格も有しています。そのため決算資金は、経常資金や固定資金と同列に扱わず、内部留保とセットで扱うことになります。

12-2-2　決算資金はキャッシュの垂れ流し

　3月31日を決算日とする会社の例を考えてみます。この会社では、決算日から2か月後の5月31日までに株主総会を開催し、その総会で財務諸表の承認を受けた後、株主へ配当金を支払い、税務署へ確定申告書を提出して、法人税や消費税などを納めます[①]。

　上場企業などでは、株主総会開催や確定申告書作成を1か月だけ延長することができます。その場合でも、税金は決算日後2か月以内に、見込み額で納付します。そうしないと、利子税が課せられるからです[②]。

　このように、決算日後2か月以内に集中して支払いを要する配当金や納税資金を、決算資金といいます。

　決算資金は、他の資金と比べて決定的に異なる性格があります。

　経常資金は流動資産や流動負債の中で、固定資金は固定資産や固定負債の中で、それぞれ運用と回収（調達）を繰り返します。

　ところが、決算資金は、いったん流出すると、企業へ還流することがありません。株主から褒美をもらえるわけでなし、税務署から便宜を図ってもらえるわけでなし。資金の一方的な垂れ流し。企業活動を絶対的に縮小させるだけです。

　決算資金だけは、資金の運用といいません。ひたすら社外へ流出していくだけです。決算資金を「社外流出」と呼ぶのは、このためです。その流出額の多寡には、十分に注意しなければなりません。

---

①法人税法74条1項、77条
②法人税法75条7項

12-2-3　決算資金は建前と本音の食い違い

　決算資金に関する「正しい見かた」を説明するために、再度、3月31日が決算日の会社を想定します。決算資金の支出のもととなるのは、去年の4月1日から今年の3月31日までの、1年間で稼いだ利益です。企業は、今年の3月31日までの活動で得られた利益を、現金預金の形で蓄積しておき、これに基づいて、配当金や納税資金に充当するのが筋というものです。

　ところが現実には、本年3月31日付けの損益計算書に計上されている利益は、売掛債権の形となっていることもありますし、棚卸資産の在庫となっていることもあります。現金預金の形で積み上がっているケースは、ほとんどないといっていいでしょう。むしろ、現金預金として持っているほうが、資金のムダとなることもあります。

　3月31日までに計上された利益が、その2か月後の5月31日までに現金預金として回収されていない場合、または、すでに現金預金として回収されていても4月から5月までの間、さらに他へ運用されている場合には、決算資金という名の資金需要が発生し、金融機関から超短期の借り入れを行なう必要があります。

　つまり、決算資金は、前期の営業運転資金が翌期において流動化されるまでの「つなぎ資金」なのです。前期の営業運転資金が回収または再回収されれば、金融機関から借り入れた決算資金は返済されることになります。

　ところが、よくよく考えてみてください。企業活動は、日々流転するもの。決算資金の返済財源は、翌期以降に回収される「前期の」営業運転資金の中からだとはいっても、企業活動が縮小しない限り、回収された営業運転資金は、さらに次の企業活動へと運用されていきます。どれが前期の資金で、どれが当期の資金かなど、わかろうはずもない。

　建前としては、3月31日までに稼いだ利益が、翌期以降に流動化したら、それで銀行へ返済しますよ、ということになっています。ところが実際には、翌期以降で新たに稼ぐ利益が、そのまま決算資金の返済財源になっている、というのが実態でしょう。

　つまり、前期の資金不足を、翌期の利益でカバーできているだろうか、というのが、決算資金に対する正しい見かたになります。

第3節

内部留保と
非資金コストの
綱引き合戦

――― 世間から高く評価されていても、妻や召
使から見れば、何一つ優れたところのな
い人がいる。家中のものから絶賛された
人など聞いたことがない。

（モンテーニュ『随想録』）

12-3-1　内部留保が白旗を揚げる

　経常資金、固定資金、決算資金を説明してきました。残念ながら、これら
の資金概念だけで、資金繰り表、キャッシュフロー計算書、資金運用表を読
み解くには、まだ足りないものがあります。内部留保、非資金コスト、正味
営業運転資金です。

　まず、内部留保です。明確な定義を紹介せずに用いてきました。ここで決
着です。

　内部留保は、貸借対照表（**図表17**）の[*28]自己資本の中にあります。具体
的には、**図表63**（1）c. の利益剰余金と、**図表63**（2）のその他の包括利
益累計額を合計したものです。これは会社設立以来、積み上げられてきた
「内部留保の累積額」です。

　「単年度の内部留保」は、キャッシュフロー計算書で求めます。その様式
は次ページ**図表152**の通り。

　内部留保は、企業が自らの努力で獲得した資金であり、それ故、自由に使
うことができ、資金の調達源泉として最も強力なものとなります。

221

図表152　単年度の内部留保の構成

（1）税金等調整前当期純利益
（2）非資金コスト
　　a.　減価償却費
　　b.　減損損失
　　c.　のれん償却額
　　d.　引当金増減額
　　e.　為替差損益
　　f.　持分法による投資損益
　　g.　有形固定資産売却損（売却益は不可）
（3）決算資金（社外流出）
　　a.　法人税等支払額
　　b.　配当金支払額
　　c.　非支配株主への配当金支払額

12-3-2　勝利の陰でほくそ笑む非資金コスト

　図表152を眺めていて、思わず腰が引けてしまうのが、**同**（2）にある非資金コストです。そのすぐ下に、減価償却費があります。これについては〔4-5-2〕で説明しました。

　復習を兼ねて、減価償却費がなぜ、内部留保を構成するのか、そして非資金コストになるのか、を説明します。それが内部留保というものの意義を明らかにします。

　さて、企業が所有する建物や機械装置などの固定資産は、時の経過に伴い、次第にその価値を減らしていくものです。価値の減った部分が、減価償却費として、商品や製品の原価に織り込まれます。その商品や製品が販売されると、棚卸資産や売掛債権は現金預金として回収されます。

　貸借対照表に計上された固定資産に対して減価償却という手続を行なうことにより、減価償却費というコストが損益計算書へ振り替えられます。固定資産に対する支出は初年度ですでに完了しているので、減価償却費は、支出を伴わないコストになります。この特徴を捉えて、非資金コストと呼ばれるのです。

　次に、減価償却費を含んだ製品や商品が販売されて、現金として回収され

るに伴い、当初、有形固定資産に投入された資金が少しずつ回収されていきます。実にまどろっこしい過程ですが、資金はこうして循環します。

しかも、製品や商品を販売して回収する現金の合計額（複数年にわたる累計額）は、当初支出した設備投資額を上回るものであるはずです。その上回る部分が「自己増殖した資本」、つまり内部留保になります。

減価償却費が、当期純利益とともに資金の源泉になる、というのは、不正確な表現かもしれません。当期純利益の裏側に隠れていた自己増殖分が、減価償却費というベールを取り払うことで、内部留保として表舞台に現われた、と表現するほうが正しいでしょう。

図表152（2）に列挙している、のれん償却額、固定資産売却損、引当金増減額も、厚いベールで覆い隠されているものです。そのベールを取り払えば、減価償却費とともに内部留保として炙り出されます。

こうして、減価償却費などの非資金コストは、企業の資金調達活動において大きな役割を果たします。内部留保によって調達される資金は、最も弾力的かつ安定的な資金源泉となるので、企業はすべからくこれを増加させる努力をします。もし、単年度の内部留保がマイナスになるようでは、外部から資金を調達してこない限り、企業活動は行き詰まることになります。

12-3-3 キャッシュフロー計算書は内部留保を無視する

図表152で気をつけたい事項をいくつか。

1つめは、固定資産の「売却益」は、非資金コストにならないことです。売却益に相当する資金が流入するからです。

2つめは、**図表152**（3）では「配当金支払額」と「非支配株主への配当金支払額」の2つを挙げていますが、これらの項目は、キャッシュフロー計算書の様式では、下のほう（財務活動キャッシュフロー）に計上されています。

内部留保を求めるにあたっては、キャッシュフロー計算書の下のほう（財務活動キャッシュフロー）から移動させてくる必要があります。すなわち、キャッシュフロー計算書の様式は、内部留保という概念を持っていないのです。

この、株主へ支払う配当金の存在は、企業にとって悩ましい。企業でも個人でも、取引というのは通常、"give and take" の原則が成り立つものなのですが、配当金は、株主へ "give" するだけであって、株主からの "take" がないのです。

　資金繰りの面からいえば、株主へ支払う配当金は、なるべく抑えたほうがいい。企業の所有者たる株主に向かって、「金だけよこせ。あとは黙ってろ！」とはいえないでしょうけれども。

　「銭あるときは銭なき日を思え」という諺を、肝に銘じておきましょう。

第4節

正味の
営業運転資金

―――― 口に銀のスプーンをくわえて生まれてく
る者がいる一方、木の杓子をくわえて生
まれてくる者もいる。
（ゴールドスミス『世界の市民』）

12-4-1　Show Me！　営業運転資金

まとめに入りましょう。

営業運転資金は、企業の営業活動の中で、短期間にぐるぐると循環する資
金のことをいいました。材料や商品を仕入れれば、棚卸資産や買掛債務が増
えます。商品や製品を販売すれば、売掛債権が増えます。その売掛債権が流
動化することで、買掛債務の支払いが行なわれます。企業活動は、日々この
繰り返し。

現金預金、売掛債権、棚卸資産を「プラスの営業運転資金」とするならば、
買掛債務は「マイナスの営業運転資金」です。プラスとマイナスを合わせた
ものが、**図表153**で計算される正味営業運転資金です。

図表153　正味営業運転資金

> （正味営業運転資金）＝（プラスの営業運転資金）＋（マイナスの営業運転資金）
> 　　　　　　　　　＝（現金預金）＋（売掛債権）＋（棚卸資産）－（買掛債務）

企業が必要とする営業運転資金は、直接的には、現金預金、売掛債権、棚
卸資産に対して発生します。特に売掛債権や棚卸資産が増加したときは、こ
れに相当する資金需要が発生するので、資金繰りを考えなければなりませ
ん。

225

しかし、資金繰りは、プラスの営業運転資金に限られません。買掛債務というマイナスの営業運転資金もあります。これらプラスとマイナスを差し引きした純額が「正味」であり、そこに過不足が生じたとき、借入金などによる資金繰りを検討することになります。

　ところで、日本の企業では、仕入れに伴う買掛債務について、金利を計算する商慣習が十分に確立されていません。したがって、信用力のある企業では、自己の信用を最大限に利用したほうが、金融機関からの借り入れに依存するよりも、余分なコスト（金利）をかけずにすむ場合があります。端的にいえば、借入金よりも買掛債務の残高を膨らますほうが得だということ。

　あなたが仕入先に対して強い立場にある財務担当者であるならば、買掛債務と借入金とのバランスに配慮しながら、正味営業運転資金の増減を考えたいところ。下請けいじめと批判されるかどうかは、さておいて。

12-4-2　いまさら回転期間だなんて、遅すぎる

　正味営業運転資金は、現金預金、売掛債権、棚卸資産、買掛債務を合計したものです。現金預金から買掛債務まで、それぞれの回転期間を説明してきました。そうなると、複合ワザとして、**図表154**が成り立ちます。

図表154　正味営業運転資金の回転期間

$$
正味営業運転資金の回転期間 = \frac{正味営業運転資金〔図表153〕}{月平均売上高}
$$

$$
= \binom{現金預金}{回転期間} + \binom{売掛債権}{回転期間} + \binom{棚卸資産}{回転期間} - \binom{買掛債権}{回転期間}
$$

　正味営業運転資金の回転期間からは、次の情報を読み取ることができます。

　第一に、この回転期間は、**図表57**の有利子負債回転期間と深い関係があります。**図表154**の正味営業運転資金の回転期間が増減すれば、**図表57**の有利子負債回転期間もそれに連動して増減するはずだからです。

　もし、正味営業運転資金の回転期間が一定または短縮しているにもかかわ

第12章　固定資金を経由して正味営業運転資金まで

らず、有利子負債回転期間が延びている場合は、短期借入金の一部が、固定資産へ運用されている可能性があります。

第二に、正味営業運転資金の回転期間から、その企業が調達すべき資金の額を知ることができます。例えば、正味営業運転資金の回転期間が0.8か月であるとすると、月平均売上高が100百万円ずつ増大するごとに、80百万円（＝100百万円×0.8か月）の資金を調達してくる必要があります。この場合の0.8か月を、正味営業運転資金に関する「立て替え月数」といいます。

立て替え月数に相当する資金を、借入金に頼る場合は、長期借入金でなければなりません。これが〔5-2-5〕でも登場した長期運転資金です。略して「長運」。

長運を短期借入金で調達した場合、それは確実に「コロガシ単名手形」となります。

12-4-3　正味の経常資金と混同するな

営業運転資金に営業外資金を加えたものが、経常資金でした。製造活動や販売活動のほか、投資活動や財務活動などの資金を含めて、企業の経常的な活動において循環するのが、経常資金です。損益計算書の経常利益までを稼ぐために、企業内部を循環する資金、と考えることもできます。

貸借対照表から見れば、経常資金は流動資産と流動負債を対象とします。その差額を正味経常資金といいます。

それぞれの資金の関係を、貸借対照表と損益計算書を使って図解したものを、次ページの**図表155**と**図表156**でまとめておきます。

さまざまな資金を説明してきました。次章からは、これらの資金をフルに活用した分析へ突入します。いままでが、本書の助走だとしたら、呆れられるでしょうか。

図表155　貸借対照表と資金の関係

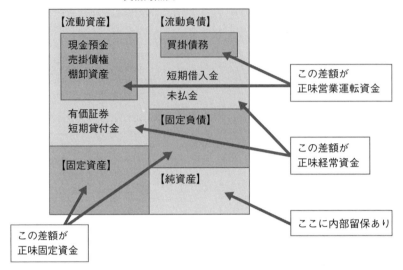

図表156　損益計算書と資金の関係

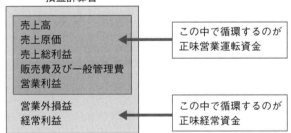

第13章

資金繰り表は
カラダで覚えるもの

第1節

資金繰り表を見ると
目が点になる人へ

――――― タブーを尻目にかけ、蹂躙するのはとに
かく壮快である。

(林達夫『笑』)

13-1-1　つじつま合わせに苦労する

前章までで資金にまつわる概念を説明してきました。ここからは次の3種類の資料を用いて、キャッシュフロー分析の実践に挑みます。

図表157　キャッシュフロー分析に資する資料

(1) 資金繰り表
(2) キャッシュフロー計算書
(3) 資金運用表

まずは**図表157**（1）資金繰り表から。これは企業の資金繰り状態をみる資料です。

資金繰り表でいう資金は、現金預金そのもの。現金預金が出たり入ったりするときの「つじつま」は、合うのが当然ですから、そのつじつまの「合いかた」が妥当かどうかを、資金繰り表は教えてくれます。

昔は、金融機関から資金繰り表の提出を求められて、「つじつま合わせに苦労した」という話を、企業の実務担当者からよく聞かされました。現在は、会計ソフトのほとんどが、資金繰り表を自動的に作成してくれるので、そうした苦労がなくなりました。

その代わり、資金繰り表の仕組みや、資金繰り表をどう読んだらいいのか

第13章　資金繰り表はカラダで覚えるもの

わからなくて苦労する、という声が多くなりました。技術の進歩は、ホモサピエンスの脳を退化させるようです。

　資金繰り表は、毎日、毎週、または毎月の「現金預金の収入と支出」とを対比させて、現金預金に過不足がないかを検証する資料です。実績を分析するよりも、将来を予測するところに、資金繰り表の特徴があります。

　資金繰り表は、現金預金を「扇の要」として作成されます。現金収入と現金支出それぞれの一部を組み合わせた「収支」は、資金繰り表では**図表158**の2種類に分類されます。

図表158　現金預金の収支の分類

（1）経常的な取引活動に基づくもの（経常収支）
（2）金融取引に基づくもの（財務収支）

　「カネに色はない」はずなのですが、ものごとを理解するには、なにごとも場合分けが必要になります。

　なお、収支と収益とを混同しないように。収益は、売上高と利益の略称です。

13-1-2　かなり細かいかもしれませんが

　次ページの**図表159**は、資金繰り表の仮設例です。9月から11月までの実績と、12月以降の予測から構成されています。

13-1-3　内部の眼、外部の眼

　資金繰り表は、企業内部の者が作成する場合と、企業外部の者が分析する場合とで、扱いの異なる科目があります。収入欄における「手形割引」です。これには、電子記録債権の譲渡を含めます。

　企業内部の立場からすれば、手形割引は、期日前に流動化を図るだけの効果しかありません。会計制度でも、手形割引は金融取引ではなく、金融機関への手形の売買取引とされています。したがって、営業収入として把握しま

231

図表159　資金繰り表

(単位:千円)

			9月実績 手形	9月実績 現金	10月実績 手形	10月実績 現金	11月実績 手形	11月実績 現金	12月予測 手形	12月予測 現金	1月予測 手形	1月予測 現金	2月予測 手形	2月予測 現金	合計 手形	合計 現金
①前月より繰越				483		162		111		150		882		582		483
収入	営業収入	現金売上														
		売掛金回収	1,440	2,160	1,380	2,070	1,440	2,160	1,530	2,280	1,590	2,370	1,860	2,820	9,240	13,860
		手持手形取立														
		手形割引		870		1,380		720		1,260		1,440		1,380		7,050
		(割引落込)		(870)		(1,080)		(1,020)		(1,260)		(1,440)		(1,380)		(7,050)
		前受金								60						60
		(小計)		3,030		3,450		2,880		3,600		3,810		4,200		20,970
	その他収入															
	受取利息			120						9				18		147
	②合計		1,440	3,150	1,380	3,450	1,440	2,880	1,530	3,609	1,590	3,810	1,860	4,218	9,240	21,117
支出	営業支出	材料費 現金仕入														
		材料費 買掛金支払	2,370	570	2,400	600	2,640	660	2,760	690	2,340	570	2,070	510	14,580	3,600
		材料費 支手決済		2,340		2,280		1,080		1,080		2,400		2,370		11,550
		材料費 前渡金														
		人件費		180		180		180		510		180		180		1,410
		経費		366		417		492		579		354		321		2,529
		(小計)	2,370	3,456	2,400	3,477	2,640	2,412	2,760	2,859	2,340	3,504	2,070	3,381	14,580	19,089
	設備費									90						90
	その他支出															
	税金・配当											585				585
	支払利子			15		24		39		18		21		48		165
	③合計		2,370	3,471	2,400	3,501	2,640	2,541	2,760	2,877	2,340	4,110	2,070	3,429	14,580	19,929
差引過不足①+②-③				162		111		450		882		582		1,371		1,671
財務収支	借入金(運転)							1,500						1,500		3,000
	借入金(設備)															
	借入金返済(運転)							1,800						2,100		3,900
	借入金返済(設備)															
翌月へ繰越				162		111		150		882		582		771		771
月末主要勘定残高	月売上高			3,600		3,810		3,960		4,680		3,300		3,120		22,470
	月仕入高			3,000		3,300		3,450		2,910		2,580		2,250		17,490
	手持受取手形			1,350		1,350		2,070		2,340		2,490		2,970		
	売掛金			7,050		7,410		7,770		8,640		7,980		6,420		
	商品・製品			5,010		5,250		5,520		4,680		4,620		4,380		
	前渡金															
	支払手形			9,210		9,330		10,890		12,570		12,510		12,210		
	買掛金			3,000		3,300		3,450		2,910		2,580		2,250		
	借入金			1,800		1,800		1,500		1,500		1,500		900		
	手形割引			3,450		3,750		3,450		3,450		3,450		3,450		

(注)8月在庫　4,890千円

す。

　ところが、外部の分析者にとって、手形割引は「営業運転資金の借り入れ」ですから、営業収入ではなく、金融収入として見ることになります。会計制度が手形割引を売買取引だと定義していても、経営分析がそれに従う必要は

第13章　資金繰り表はカラダで覚えるもの

ありません。

　図表159は、企業内部で作成したものであるため、手形割引を営業収入に含めた扱いとしています。

13-1-4　パッと見て直感的にわかるものがいい

　図表159の資金繰り表は、標準的な様式です。前月から繰り越された現金預金の残高をトップにおいて、営業収入が続くように構成されています。営業外収入は、「その他収入」の欄に記載します。

　支出欄も、営業支出から構成されています。営業外支出は、「その他支出」の欄に記載します。

　「当月の現金収入の合計」から「当月の現金支出の合計」を差し引いたものが、経常収支になります。

　図表159では経常収支を求めず、経常収支に「前月より繰越」を加えて、「差引過不足」を求める様式としています。

　差引過不足の後始末をするのが、「財務収支」です。差引過不足に財務収支を加味したものが、翌月へ繰り越される現金預金となります。

　営業収入の欄で、手形の落ち込みをカッコ書きで記載しています。当月の現金収入とは直接関係ありませんが、売上高との関連や、現金回収と手形回収の割合などを見るために設けています。

13-1-5　脳ミソに汗をかけ

　資金繰り表は、企業取引のうち、現金預金の出入りに関係のある取引を抽出して作成します。

　企業が日常行なう会計処理のほとんどは、科目間の振り替えであり、現金預金の動きを抽出するのは大変な作業です。ましてや、企業外部の者が資金繰り表を作成するのは不可能であって、企業側が作成したものを傍観する以外に方法はありません。

　最近の会計システムは、資金繰り表を自動的に作成する機能をもっており、資金繰り表を作成する苦労を知る人が少なくなりました。資金繰り表を

233

作成するノウハウが、ブラックボックス化しています。

　企業外部の者どころか内部の者でさえ、プリントアウトされた資金繰り表を前にして、目が点になっている光景を、経理部や財務部にお伺いすると、ときどき拝見することがあります。

　気骨のある人は是非、**図表159**を参考にして自社の資金繰り表を作成してほしいものです。その苦労は、決して無駄にならないと、筆者が保証します。

第2節

資金繰り表に
悪戦苦闘する

―――― 貧乏人ってものはな、一番つらくってさ
みしいときはよ、金持ちに札束でホッペ
タをはたかれる時だぞ。
（山田洋二監督『男はつらいよ』）

13-2-1　資金繰り表をなめまわす

図表159の資金繰り表を読み解くにあたっては、**図表160**に示すアプロー
チ方法があります。

図表160　資金繰り表へのアプローチ

> （1）資金繰り表自体を見て、企業の資金繰りの状況を把握する
> （2）資金繰り表と財務諸表とを照合して、財務諸表の正確性を検証する

図表160（1）「資金繰りの状況を把握する」場合には、次の2つの点に注
意します。

図表161　資金繰りの状況を把握する際の注意点

> （1）現金預金の出入り（特に営業収入と営業支出）が均衡しているか
> （2）月末の現金預金残高に余裕があるか

図表160（2）「資金繰り表と財務諸表とを照合する」場合は、特に企業外
部の者が資金繰り表を見る際に注意すべき事項です。企業から提出された
「財務諸表の正確性を検証する」のが目的です。

別に、ハナから粉飾を疑うつもりはありませんが、半年や1年の資金繰り

235

を合計して、これを財務諸表（貸借対照表や損益計算書）と照合するのは、経営分析を行なう者として基本的な作業です。

13-2-2　営業収入の4つのポイント、いえ死角です

　図表159の資金繰り表では、その下段に、財務諸表における主要な月末残高を記入する欄を設けています。その欄を検証するときのポイントを、図表162の順序に沿って説明します。

図表162　資金繰り表を検証するときのポイント

（1）営業収入 （2）営業支出 （3）営業収支尻 （4）固定資産の増減 （5）手形割引および借入金と、現金預金残高との関係

　図表162（1）営業収入は、量的にも質的にも、資金流入（キャッシュ・イン・フロー）の基本となります。資金繰り表においては、この推移に最も注意を払わなければなりません。

　営業収入について、チェックすべき項目は次の通りです。

（1）営業収入が、損益計算書の売上高の増減に比例しているかどうか

　資金繰り表の営業収入は、損益計算書の売上高と連動します。資金繰り表で売上高に相当するのは、現金売上、売掛金回収、手持手形取立、手形割引、前受金です。これら営業収入の合計額が、売上高の増減に比例しているかどうかをチェックします。

　チェックの方法としては、売上高と営業収入とをそれぞれ、折れ線グラフにして見ることです。オール現金商売でもしていない限り、営業収入の線は、売上高の線よりも少し遅れて描かれます。そのタイムラグは、図表38の売掛債権回転期間と一致します。

　もし、売上高のグラフが右肩上がりにもかかわらず、営業収入のグラフが連動していないときは、売掛債権の回収条件が悪化しています。売掛債権の

残高が累積しているはずであり、不良債権の存在を疑う必要があります。

　会社側の説明で、売掛債権の回収が一時的に遅れている、という場合、次の月またはその次の月までに解消されているかどうかを確かめます。

(2) 営業収入の各項目の構成割合がどのように変化しているか

　売掛金回収や前受金入金が減少していれば、資金繰りは苦しくなります。短期有利子負債への依存が高まっていないかを検証します。

(3) 営業収入と、売上高・売掛債権の各残高とのつじつまが合っているか

　図表163の式は、常に成り立ちます。

図表163　営業収入の検証

$$
\begin{aligned}
&（営業収入の小計）\\
&\quad =（売掛債権期首残高）+（売上高）-（売掛債権期末残高）\\
&\quad =\left(\begin{array}{c}受取手形\\1,350千円\end{array}\right)+\left(\begin{array}{c}売掛金\\7,410千円\end{array}\right)+\left(\begin{array}{c}売上高\\3,960千円\end{array}\right)-\left\{\left(\begin{array}{c}受取手形\\2,070千円\end{array}\right)+\left(\begin{array}{c}売掛金\\7,770千円\end{array}\right)\right\}\\
&\quad =2,880千円
\end{aligned}
$$

　数値は、**図表159**の資金繰り表の11月実績1か月間を対象としたものです。余裕があれば、期首からの累積で計算するようにします。

(4) 手形繰りは妥当かどうか

　手形を受け取ってから、取立や割引を行ない、現金預金となるまでの一連の過程を、手形繰りといいます。電子記録債権も含めます。将来、「電子繰り」と呼ばれるかも。

　手形繰りについては、次ページ**図表164**の式が成り立ちます。数値は、**図表159**の資金繰り表の11月実績です。

図表164　手形繰りの検証

（手持手形取立）＋（手形割引）
　＝（受取手形期首残高）＋（受手収受高）－（受取手形期末残高）
　＝$\left(\begin{array}{c}\text{受取手形}\\ \text{1,350千円}\end{array}\right)$＋$\left(\begin{array}{c}\text{受取収受高}\\ \text{1,440千円}\end{array}\right)$－$\left(\begin{array}{c}\text{受取手形}\\ \text{2,070千円}\end{array}\right)$
　＝720千円（手形割引の金額と一致）

13-2-3　営業支出は六変化する

　営業支出は、資金流出（キャッシュ・アウト・フロー）の基本です。現金仕入れ、買掛金支払い、支手決済、前渡金などの仕入れに関連する支出と、人件費や営業経費などの支出に分けられます。
　営業支出について、チェックすべき項目は次の通りです。

（1）買掛金支払いなど仕入れに関連する支出が、損益計算書の仕入高の増減と比例しているか

　支払いが滞りがちな場合は、資金繰りが苦しいのかもしれません。資金繰りが苦しいにもかかわらず、支払いが早まっている場合は、取引先が警戒しているのかもしれません。
　多少のひねくれた見方は、経営分析の基本です。

（2）営業支出の各項目の構成割合がどのように変化しているか

　買掛金支払いと支手決済の構成割合が変化した場合、支払い条件に変更があったのかどうかを検証します。

（3）営業支出と、仕入高・買掛債務の各残高とのつじつまが合っているか

　図表165の式は、常に成り立ちます。数値は、**図表159**の資金繰り表の11月実績です。

第13章　資金繰り表はカラダで覚えるもの

図表165　営業支出の検証

（営業支出の小計）
　＝（買掛債務期首残高）＋（仕入高）＋（人件費＋経費）−（買掛債務期末残高）
　＝$\left(\begin{array}{c}支払手形\\9,330千円\end{array}\right)$＋$\left(\begin{array}{c}買掛金\\3,300千円\end{array}\right)$＋$\left(\begin{array}{c}仕入高\\3,450千円\end{array}\right)$＋$\left(\begin{array}{c}人件費・経費\\1800千円＋492千円\end{array}\right)$
　　−$\left\{\left(\begin{array}{c}支払手形\\10,890千円\end{array}\right)＋\left(\begin{array}{c}買掛金\\3,450千円\end{array}\right)\right\}$
　＝2,412千円

（4）手形決済は順調か

　手形決済については、**図表166**の式が成り立ちます。数値は、**図表159**の資金繰り表の11月実績です。

図表166　手形決済の検証

（支手決済）
　＝（支手期首残高）＋（支手発行高）−（支手期末残高）
　＝$\left(\begin{array}{c}支払手形\\9,330千円\end{array}\right)$＋$\left(\begin{array}{c}支手発行高\\2,640千円\end{array}\right)$−$\left(\begin{array}{c}支払手形\\10,890千円\end{array}\right)$
　＝1,080千円　（支手決済の金額と一致）

（5）消費税の支出はどうなっているか

　図表159の資金繰り表では、法人税等や消費税も「税金・配当」で一括りにしています。

　消費税についてはもう1行、増やして管理したほうがいいかもしれません。

（6）決算関係の支出はどうなっているか

　納税資金や配当金の支払いなどの決算資金は、決算日後2か月目に集中します。3月決算会社であれば、5月末。消費税の支出と合わせて、時期が合っているかどうかを確かめます。

13-2-4　いや～ん、営業収支のオシリのにおい

　当月の現金収入から当月の現金支出を差し引いたものを、経常収支尻といいます。その前段階で、当月の営業収入から当月の営業支出を差し引いたものを、営業収支尻といいます。混同しそうな用語なので、**図表167**にまとめておきます。

図表167　経常収支尻と営業収支尻

（1）経常収支尻……当月の現金収入から当月の現金支出を差し引いたもの
（2）営業収支尻……当月の営業収入から当月の営業支出を差し引いたもの

　図表159の資金繰り表では、**図表167**（1）経常収支尻や、**同**（2）営業収支尻の欄を設けていません。表が、ごちゃごちゃしてしまうからです。

　各自で求めてほしいのは、**図表167**（2）営業収支尻です。これが増加傾向にあれば、企業の資金繰りは順調であるといえます。当然のことながら、収益性も向上しているはずです。

　損益計算書では増収増益であるにもかかわらず、営業収支尻が思わしくない場合は、売掛債権や棚卸資産に資金が滞留しているか、または買掛債務の支払いが早まっているか、のいずれかです。

　売掛債権、棚卸資産、買掛債務に大きな変化がないにもかかわらず、営業収支尻が減少傾向にあれば、収益力は確実に劣化します。それにもかかわらず、損益計算書で増益とされている場合、その増益には嘘が隠されています。

13-2-5　設備投資は予算でフォローしろ

　設備投資は、思いつきで行なわれるものではありません。前年度の終わり、または当年度の初めに、投資額や支払予定額が計画され、そのための予算が組まれるはずです。

　資金繰り表の「設備費」や「その他支出」の欄で、巨額の支出が認められた場合、次の事項を確認します。

第13章　資金繰り表はカラダで覚えるもの

図表168　設備投資に関する確認事項

```
（1）支出は設備投資なのか。
（2）予算どおりの支出となっているか。
（3）固定負債や自己資本など長期安定的な資金に依存しているか。
（4）内部留保を上回る設備投資となっていないか。
```

　図表168のほか、子会社へ多額の支出が行なわれていないか、政治団体などへの寄付となっていないか、なども重要なチェックポイントです。オーナー企業は、社長の「鶴の一声」で万事が決まりますので、どさくさに紛れて、巨額・不明朗な出費がやたらと多い。

　貸借対照表や損益計算書からは読み取れなくても、資金繰り表では「ん？」といった取引が、意外と浮かび上がります。現金預金の動きはごまかせない、ということです。

13-2-6　財務収支はガス抜き調整弁

　図表167（2）営業収支尻に営業外の収支を加減したものが、**図表167**（1）経常収支尻であり、経常収支の過不足が、財務収支で調整されます。特に、営業収入の中にある手形割引と、財務収支との関係は、注意深く検証する必要があります。

　手形割引は営業収支の不足を補うものであって、経常収支の不足を補うものではありません。手形割引などで設備費などの経常支出に充てられたら、たまったものじゃない。これが1つめのポイント。

　2つめは、営業収支や経常収支の不足に対して、財務収支が調整弁としてうまく使われているかどうかを検証します。

　そうしたタイミングやバランスを、読み取れるかどうか。分析対象の企業側は気づかなくてもいい。経営分析するあなたは、資金繰り表から読み取らなければなりません。

241

13-2-7 資金繰り表は資料ファイル棚の肥やし

資金繰り表は、出金と入金を抽出したものですから、企業内部の者にとっては資金管理に役立ちます。

ところが、資金繰り表を、企業外部の者が分析資料として眺めるのは、かなり難しい。毎月の入出金の動きを追いかけるのは、対象範囲がミクロすぎるからです。3か月ごと、半年ごとにまとめてみる、グラフ化してみる、といった工夫が必要です。

資金繰り表には、次の限界があることも知っておいてください。

図表169　資金繰り表の限界

---

(1) 資金繰り表では、総資本・他人資本・自己資本の増減が明らかになりません。
(2) 企業の収益力が向上しているのかどうかもわかりません。
(3) 企業全体の視点に立って、長期的な資金の流れを把握したい場合は、資金繰り表だけでは不十分です。

「資金繰り表を拝見できますか」と質問して、「はい、どうぞ」とすぐに提出されるようなら、「おおっ、しっかり管理しているな」ぐらいに思えばいいのかもしれません。あとは資料ファイルに綴じこんで、書庫の肥やしにでもしておけばいい……。

その程度の価値しかないのなら、資金繰り表をここまで細かく説明するわけがありません。後ほど紹介する資金運用表などと絡めることで、資金繰り表は、経営分析において絶大な効果を発揮します。

第14章

キャッシュフロー計算書と資金運用表の合わせ技一本勝負

第1節

キャッシュフロー
計算書に隠された、
重大な欠陥

───── いざという場合になると人間は卑怯か卑
怯でないかの二色に分けられる。

（大佛次郎『赤穂浪士』）

14-1-1　分析する者にとって漁夫の利となるキャッシュフロー計算書

　キャッシュフロー分析の「本丸」ともいうべき、キャッシュフロー計算書
と資金運用表に取り組みます。

　まずは、キャッシュフロー計算書。これは貸借対照表や損益計算書に続く
ものであり、「第三の財務諸表」と呼ばれます。

　キャッシュフロー計算書が導入されたのは2000年から。当初は貸借対照
表や損益計算書と同じく、上場企業では年に4回、開示されていました。現
在では、年に2回の開示でいいことになっています。「第三の〜」と持て囃
されていながら、思いの外、邪険に扱われているのがキャッシュフロー計算
書です。

　邪険に扱われる理由が、いくつかあります。

　1つめは、作成するのが非常に面倒だからです。実際に作成した者でない
と、わかりません。

　2つめは、多大な労力と時間をかけて作成したのに、企業外部の人たちが
有効活用してくれないからです。企業内部の人たちの、ヤル気が失せようと
いうものです。

　本書では、キャッシュフロー計算書の作成方法に立ち入りません。キャッ
シュフロー計算書は、上場企業のほうで懸命に取り組んでくれているからで
す。

第14章　キャッシュフロー計算書と資金運用表の合わせ技一本勝負

　私たちはそれに感謝しつつ、漁夫の利に徹します。すなわち、キャッシュフロー計算書のウラには何が隠されているのか、キャッシュフロー計算書のオモテから何を読み取るのかを解明します。

14-1-2　営業活動キャッシュフローが一番重要

　キャッシュフロー計算書は、次の5階層から構成されます。

図表170　キャッシュフロー計算書の様式

（1）営業活動によるキャッシュフロー　（営業活動キャッシュフロー） （2）投資活動によるキャッシュフロー　（投資活動キャッシュフロー） （3）財務活動によるキャッシュフロー　（財務活動キャッシュフロー） （4）現金及び現金同等物の増減額　　　（実際キャッシュ増減額） （5）現金及び現金同等物の期末残高　　（実際キャッシュ期首または期末残高） 　　　　　　　　　　　　　　　　※（　）内は、本文中で使用する略称です。

　図表170の構成要素は、**図表171**の通り。

図表171　キャッシュフローの構成要素

（1）営業活動キャッシュフロー 　　……内部留保の一部や、経常資金の一部を集めたもの （2）投資活動キャッシュフロー 　　……固定資金の一部を集めたもの （3）財務活動キャッシュフロー 　　……調達資本を集めたもの （4）実際キャッシュ増減額 　　……上記（1）から（3）までの差引合計 （5）実際キャッシュ期首または期末残高 　　……期首や期末における現金預金と有価証券の残高

　内部留保、経常資金、固定資金、調達資本などは、本書で説明している用語です。

245

14-1-3　キャッシュフロー計算書は大雑把な性格

　経営分析の世界で、多くの人から嫌われているキャッシュフロー計算書の例を、**図表172**に掲げます。

図表172　キャッシュフロー計算書　　（単位：百万円）

営業活動キャッシュフロー		投資活動キャッシュフロー	
税金等調整前当期純利益	5,680	有形固定資産の取得支出	▲4,173
減価償却費	5,224	有形固定資産の売却収入	7
減損損失	124	無形固定資産の取得支出	▲949
のれん償却額	176	投資有価証券の取得支出	▲37
固定資産除却売却損	123	投資有価証券の売却収入	43
災害損失引当金増減額	▲179	関係会社株式の取得支出	▲709
貸倒引当金増減額	19	長期前払費用の取得支出	▲335
受取利息及び受取配当金	▲34	投資活動その他	1
支払利息	161	投資活動キャッシュフロー *2	▲6,153
持分法投資損益	229	財務活動キャッシュフロー	
投資有価証券評価損益	6	短期借入金増減額	▲13
ポイント引当金増減額	78	長期借入金の返済支出	▲1,672
前払費用増減額	22	社債の発行収入	2,513
売掛債権増減額	▲2,717	自己株式の取得支出	▲2,762
棚卸資産増減額	▲87	配当金支払額	▲796
買掛債務増減額	293	非支配株主配当金支払額	▲15
未払金増減額	838	財務活動その他	▲79
営業活動その他	▲44	財務活動キャッシュフロー *3	▲2,824
小計	9,912	実際キャッシュ増減額 *4	193
利息及び配当金受取額	110	実際キャッシュ期首残高	1,998
利息支払額	▲161	実際キャッシュ期末残高 *5	2,191
法人税等支払額	▲691		
営業活動キャッシュフロー *1	9,170		

　図表172にある営業活動キャッシュフローなどの金額を、**図表173**に抽出しました。

246

第14章　キャッシュフロー計算書と資金運用表の合わせ技一本勝負

図表173　主要項目の金額

（1）営業活動キャッシュフロー	*¹9,170百万円	（収入超過）
（2）投資活動キャッシュフロー	*²▲6,153百万円	（支出超過）
（3）財務活動キャッシュフロー	*³▲2,824百万円	（支出超過）
（4）実際キャッシュ増減額	*⁴193百万円	
（5）実際キャッシュ期末残高	*⁵2,191百万円	

図表173では、（1）営業活動キャッシュフローが*¹9,170百万円の収入超過となったため、（2）投資活動キャッシュフローの支出超過*²▲6,153百万円をカバーし、さらに（3）財務活動キャッシュフローを*³▲2,824百万円縮減させることもできました。

図表173（1）から（3）までの差引合計である（4）実際キャッシュ増減額は*⁴193百万円となり、これが**図表173**（5）実際キャッシュ期末残高を前期よりも増加させ、*⁵2,191百万円の着地となりました。

図表173（1）営業活動キャッシュフローは、よほど業績の悪い企業でない限り、収入超過になります。決算資金の一部である配当金支払額を、営業活動キャッシュフローで負担しないのだから、収入超過にならないほうが、おかしい。その超過分が、**同**（2）投資活動キャッシュフローや、**同**（3）財務活動キャッシュフローの支出超過をカバーします。

14-1-4　フリーキャッシュフローは「ごった煮」状態

キャッシュフロー計算書では、フリーキャッシュフローという指標が頻繁に用いられます。**図表173**の金額を用いて、**図表174**で計算してみました。

図表174　フリーキャッシュフロー

$$
\text{フリーキャッシュフロー} = \left(\begin{array}{c} \text{営業活動キャッシュフロー} \\ 9,170百万円 \end{array} \right) - \left(\begin{array}{c} \text{投資活動キャッシュフロー} \\ 6,153百万円 \end{array} \right)
$$

$$
= 3,017百万円
$$

247

フリーキャッシュフローとはその名の通り、企業が自由に使えるキャッシュのこと。**図表174**の結果（3,017百万円）を見ると、明るい未来が見えます。

本当？　そういう読みかたでいいの？

営業活動キャッシュフローと投資活動キャッシュフローを合算するのは、**図表144**（1）（A）営業運転資金と**同**（2）固定資金を「ごった煮」するようなもの。本当に、そういう解釈でいいの？

14-1-5　キャッシュで満たされた宝島を探せ

図表172にある営業活動キャッシュフローの各項目を見ると、内部留保に属するものと、売掛債権など営業運転資金に属するものとが、玉石混淆になっています。しかも、決算資金（社外流出）たる配当金支払額が、財務活動キャッシュフローに置いてけぼり。

また、社債を発行して設備投資を行なう場合、キャッシュフロー計算書の様式では、下（財務活動キャッシュフロー）から上（投資活動キャッシュフロー）へと逆流していきます。水は、高きところから低きところへ流れるから、美しいのです。逆流現象を起こすものを、「フロー」とは呼べません。

つまり、**図表172**のキャッシュフロー計算書の様式を、バカ正直に信じてしまうと、資金の流れを読み誤ってしまうのです。

会計制度が定め、企業が手間ひまかけて作る資料に、いちゃもんをつける気は毛頭ないですが、現在のキャッシュフロー計算書は「資金の量」を表すだけであって、「資金の方向性」まで正しく示してはいません。

上場企業でキャッシュフロー計算書を作ってくれるくらいなら、これから説明する資金運用表を作ってくれるほうが、よほど「資金の方向性」を把握することができるというものです。

それとも、その企業を本当に愛する者だけが勝手に分析しろ、ということでしょうか。だとしたら、自分の力で宝島を探すしかありません。

248

第2節

資金運用表で
免許皆伝

――― 人は、あまりに多くの現実には耐えられ
ない。

（エリオット『四つの四重奏』）

14-2-1　キーワードは資金の量と方向性

　企業の体内を流れるのは、資金です。その流れを、フローとストックの両面から捉えることができれば申し分ありません。その突破口として紹介したのが、キャッシュフロー計算書でした。

　ところが、キャッシュフロー計算書は、**図表144**で示した営業運転資金などを、すっきりと明示してくれません。**図表152**の内部留保を、一発回答で示してくれないのです。

　そうした欠点を補うものとして、これから紹介するのが資金運用表です。

　資金運用表――。

　名前はそこそこ知られているんです。しかし、何のために作るのか、どうやって作るのか、どの項目をどう読み取ったらいいのか、といったことが、ほとんど知られていません。物理学における相対性理論みたいなものでしょうか。

　筆者には相対性理論など到底理解できませんが、資金運用表なら何とか説明できそうです。一気にマスターして、免許皆伝といきましょう。

　資金運用表を理解するキーワードは、ベクトルです。「資金の量」と「資金の方向性」を同時に表すものです。

　ある一定時点の貸借対照表をもとに、資金のバランスを読み取る方法については、流動比率などの比率分析がありました。ところが、この比率分析で

249

は、資金のバランス状態はわかっても、貸借対照表の中を流れるベクトル（量と方向性）まではわかりません。

資金繰り表を使えば「資金の量」はわかりますが、収益性が向上しているのかどうかという「資金の方向性」までは教えてくれません。そうしたものを解明するのが、資金運用表です。

14-2-2　上場企業のみなさん、ありがとう

資金運用表の作成は、以前は大変な労力を必要としました。

現在は、とても簡単です。キャッシュフロー計算書の項目を、ちゃちゃっと組み替えればいいだけなのですから。上場企業のみなさん、ありがとうございます。

次の**図表175**は、**図表172**のキャッシュフロー計算書をもとに、**図表176**の基準に従って色分けしたものです。

第14章　キャッシュフロー計算書と資金運用表の合わせ技一本勝負

図表175　キャッシュフロー計算書

（単位：百万円）

営業活動キャッシュフロー	
税金等調整前当期純利益	5,680
減価償却費	5,224
減損損失	124
のれん償却額	176
固定資産除却売却損	123
災害損失引当金増減額	▲179
貸倒引当金増減額	19
受取利息及び受取配当金	*▲34*
支払利息	*161*
持分法投資損益	229
投資有価証券評価損益	6
ポイント引当金増減額	78
前払費用増減額	22
売掛債権増減額	*▲2,717*
棚卸資産増減額	*▲87*
買掛債務増減額	*293*
未払金増減額	*838*
営業活動その他	*▲44*
小計	9,912
利息及び配当金受取額	*110*
利息支払額	*▲161*
法人税等支払額	▲691
営業活動キャッシュフロー	9,170

投資活動キャッシュフロー	
有形固定資産の取得支出	▲4,173
有形固定資産の売却収入	7
無形固定資産の取得支出	▲949
投資有価証券の取得支出	▲37
投資有価証券の売却収入	43
関係会社株式の取得支出	▲709
長期前払費用の取得支出	▲335
投資活動その他	1
投資活動キャッシュフロー	▲6,153

財務活動キャッシュフロー	
短期借入金増減額	*▲13*
長期借入金の返済支出	▲1,672
社債の発行収入	2,513
自己株式の取得支出	▲2,762
配当金支払額	▲796
非支配株主配当金支払額	▲15
財務活動その他	*▲79*
財務活動キャッシュフロー	▲2,824
実際キャッシュ増減額	*193*
実際キャッシュ期首残高	1,998
実際キャッシュ期末残高	2,191

図表176　キャッシュフロー計算書の色分け

（1）内部留保……背景を灰色で染めたもの
（2）固定資金……背景を黒色で染めて、文字を白抜きとしたもの
（3）経常資金……斜体文字のもの

14-2-3　資金運用表の一丁上がり

図表176に従って資金運用表を作成すると、**図表177**になります。

図表177　資金運用表

(単位：百万円)

内部留保（キャッシュ・アウト・フロー）		内部留保（キャッシュ・イン・フロー）	
災害損失引当金増減額	179	税金等調整前当期純利益	5,680
法人税等支払額	691	減価償却費	5,224
自己株式の取得支出	2,762	減損損失	124
配当金支払額	796	のれん償却額	176
非支配株主配当金支払額	15	固定資産除却売却損	123
		貸倒引当金増減額	19
		持分法投資損益	229
		投資有価証券評価損益	6
		ポイント引当金増減額	78
		前払費用増減額	22
内部留保の余剰	7,238		
固定資金（キャッシュ・アウト・フロー）		固定資金（キャッシュ・イン・フロー）	
有形固定資産の取得支出	4,173	有形固定資産の売却収入	7
無形固定資産の取得支出	949	投資有価証券の売却収入	43
投資有価証券の取得支出	37	投資活動その他	1
関係会社株式の取得支出	709	社債の発行収入	2,513
長期前払費用の取得支出	335		
長期借入金の返済支出	1,672		
		固定資金の不足	5,312
経常資金（キャッシュ・アウト・フロー）		経常資金（キャッシュ・イン・フロー）	
売掛債権増減額	2,717	金融損益	76
棚卸資産増減額	87	買掛債務増減額	293
短期借入金増減額	13	未払金増減額	838
営業活動その他	44		
財務活動その他	79		
実際キャッシュ増減額	193		
		経常資金の不足	1,926

第14章　キャッシュフロー計算書と資金運用表の合わせ技一本勝負

14-2-4　キャッシュフロー計算書から資金運用表への組み替え

　図表175のキャッシュフロー計算書から、**図表177**の資金運用表を作成する方法を説明します。

（1）内部留保を構成するもの

　図表175のキャッシュフロー計算書で、背景を灰色に染めたものが、内部留保を構成します。

　図表175のトップにある税金等調整前当期純利益5,680百万円を、資金運用表（**図表177**）の右上に配置します。

　図表175の減価償却費5,224百万円から貸倒引当金増減額19百万円まで、そして持分法投資損益229百万円から前払費用増減額22百万円までは、〔12-3-2〕で説明した非資金コストです。プラスとマイナスに注意しながら、**図表177**の上段（内部留保）に配置します。

　税金等調整前当期純利益5,680百万円などキャッシュを増やす項目を、**図表177**右側の「内部留保（キャッシュ・イン・フロー）」に配置します。キャッシュを減らす項目を、**図表177**左側の「内部留保（キャッシュ・アウト・フロー）」に配置します。

（2）決算資金（社外流出）となるもの

　図表175の営業活動キャッシュフローの最後にある法人税等支払額▲691百万円は、決算資金（社外流出）です。内部留保を減少させるものですから、**図表177**左側（キャッシュ・アウト・フロー）に配置します。

　図表175の財務活動キャッシュフローにある自己株式の取得支出▲2,762百万円から、非支配株主への配当金支払額▲15百万円も、決算資金（社外流出）ですから、**図表177**左側の「内部留保（キャッシュ・アウト・フロー）」に配置します。

　キャッシュフロー計算書では不明であった内部留保が、以上により炙り出されます。

　図表177の上段（内部留保）に各項目を配置させたら、キャッシュ・イン・フローとキャッシュ・アウト・フローの差し引き合計である「内部留保の余

253

剰7,238百万円」を求めます。これがマイナスになるようでは、いずれ〔5-3-4〕で説明した債務超過に陥ります。

（3）固定資金を構成するもの

　図表175において背景を黒色とし、白抜きの文字とした項目が、**図表177**の固定資金を構成します。

　図表175の財務活動キャッシュフローにある長期借入金の返済支出▲1,672百万円と、社債の発行収入2,513百万円も、**図表177**の資金運用表では固定資金を構成します。ここがキャッシュフロー計算書と異なるところ。

　資金運用表では、下から上への逆流現象が起きません。

（4）経常資金を構成するもの

　図表175にある斜体文字が、**図表177**の経常資金を構成します。これにより、売掛債権などの営業運転資金が、下（経常資金）から上（固定資金）へ逆流することを防ぎます。

14-2-5　動態分析の極意をご覧あれ

　図表177の資金運用表を構成する内部留保、固定資金および経常資金は、次の2種類の流れになっていることを確認します。

（1）キャッシュは、右から左へ流れているか

　資金運用表はもともと、貸借対照表から作成されました。**図表143**の名残が、**図表177**にあります。すなわち、内部留保、固定資金、経常資金それぞれの中では、右（キャッシュ・イン・フロー）から左（キャッシュ・アウト・フロー）へキャッシュが流れます。

（2）キャッシュは、上から下へ流れているか

　図表177の資金運用表は、上段（内部留保）から中段（固定資金）を経由して、下段（経常資金）へ流れることを「是」とします。

　営業運転資金（下段：経常資金）によって設備投資（中段：固定資金）を

行なったり、長期借入金（中段：固定資金）によって債務超過（上段：内部
留保）を補ったりすることを、禁じ手とします。

　以上が「キャッシュフロー分析／動態分析の極意」です。

第3節

資金運用表チェックリストで「問題あり」

> ――― 人生というものは、本当は金ではないと
> 思うんですよ。しかし、金という目標を
> 設けておくと、恐らく生き易いですね。
> （井上靖『わだつみ』）

14-3-1 株主にとって言わずもがなの配当性向

　図表177の資金運用表を見ると、当期において、自己株式取得と配当金支払いとして社外流出した金額（社外流出額）が、**図表178**で示すように3,573百万円ありました。

図表178　社外流出額

自己株式の取得支出	2,762百万円
配当金支払額	796
非支配株主への配当金支払額	15
合　計	3,573百万円

配当金の多寡を検討する指標に、**図表179**の配当性向があります。

図表179　配当性向

$$配当性向 = \frac{配当金支払額}{当期純利益}$$

　図表177の資金運用表からでは、**図表179**の配当性向を計算することができません。

第14章　キャッシュフロー計算書と資金運用表の合わせ技一本勝負

　1つめの問題点は、**図表179**の分母にある当期純利益が「税引き後」のものであるのに対し、**図表177**の資金運用表にあるのは「税引き前」であることです。**図表179**の分母にある当期純利益については、損益計算書に計上されている金額を当てはめます。

　2つめの問題点は、**図表179**の分子にある配当金の支払額は、「当期のもの」である必要があります。それに対し、**図表177**の資金運用表に計上されている配当金支払額は、「前期の期末配当」と「当期の中間配当」を合計した「実際の支払額」です。

　図表179の配当性向を正確に計算するには、「当期の中間配当」と「当期の期末配当」を合計したものでなければなりません。ただし、配当性向については、決算短信の1ページ目に掲載されているので、敢えて計算する必要はないでしょう。

　3つめの問題点は、親会社説にこだわる場合、**図表179**の分母は、**図表12**の[*15]親会社株主に帰属する当期純利益としなければなりません。**図表179**の分子は、非支配株主への配当金支払額を除いたものでなければなりません。

　親会社説を支持するみなさん、頑張って計算してください。

14-3-2　企業にとって社外流出率が雌雄を決する

　図表179の配当性向は、株主目線の指標です。企業としては、法人税等支払額を含めた社外流出額がどれくらいになるのかを求めたいもの。これを社外流出率と呼び、**図表180**で計算します。

図表180　社外流出率と社外流出額

$$\text{社外流出率} = \frac{\text{社外流出額(注)}4,264百万円}{(\text{内部留保の余剰}7,238百万円) + (\text{社外流出額(注)}4,264百万円)}$$

$$= 37.1\%$$

$$\text{(注)社外流出額} = \binom{\text{法人税等支払額}}{691百万円} + \binom{\text{自己株式の}\\\text{取得支出}\\2,762百万円} + \binom{\text{配当金支払額}}{796百万円} + \binom{\text{非支配株主への}\\\text{配当金支払額}\\15百万円}$$

$$= 4,264 百万円$$

257

14-3-3　あつものに懲りて、手堅い設備投資

　図表177の資金運用表の固定資金（キャッシュ・アウト・フロー）を見ると、有形固定資産の取得のために4,173百万円を支出しています。固定資金（キャッシュ・イン・フロー）にある社債の発行収入2,513百万円では賄いきれません。

　この設備投資に対して、内部留保の余剰7,238百万円の一部が充当されたようだ、と読み取ります。

14-3-4　経常資金の中にもベクトルがある

　図表177の資金運用表の経常資金（キャッシュ・アウト・フロー）では、売掛債権が2,717百万円、棚卸資産が87百万円、それぞれ増加しました。これらの資金不足を補うために、内部留保の余剰7,238百万円の一部が用いられたのだ、と読み取ります。

　図表177の資金運用表では、固定資金の不足5,312百万円と経常資金の不足1,926百万円が認められます。これらは内部留保の余剰7,238百万円によってカバーされていることから、問題ないといえるでしょう。

14-3-5　資金運用表チェックリスト

　資金運用表を利用して、貸借対照表の健全性も検証しましょう。その際のチェックリストを**図表181**に紹介します。自己資本と固定負債とを合わせて、**図表181**では固定長期資本と呼んでいます。

14-3-6　「問題あり」って何が問題？

　図表181で「問題あり」について図解すると、**図表182**になります。

　図表182で示される3本の矢印はいずれも、経常資金によって、固定資金の不足を補うものばかりです。**図表182**の状態にある企業の資金運用表を作成すると、経常資金から固定資金へ、資金が逆流することでしょう。

図表181　資金運用表チェックリスト

チェック項目	問題ありなし
(1) 流動負債から流動資産へ資金が流れる。 　　反対に、流動資産から流動負債へ資金が流れる。	ともに問題なし
(2) 固定長期資本から固定資産へ資金が流れる。 　　反対に、固定資産から固定長期資本へ資金が流れる。	ともに問題なし
(3) 固定長期資本から流動資産へ資金が流れる。	問題なし
(4) 流動資産を減少させて、固定長期資本に充当する。 　　（例：売掛金回収で長期借入金を毎月返済する）	問題なし
(5) 流動負債から固定資産へ資金が流れる。 　　（例：短期借入金で設備投資する）	問題あり
(6) 固定資産から流動負債へ資金が流れる。 　　（例：遊休土地を売却して短期借入金を返済する）	問題なし
(7) 固定長期資本から流動負債へ資金が流れる。 　　（例：長期借入金で短期借入金を返済する）	問題なし
(8) 流動負債から固定長期資本へ資金が流れる。 　　（例：短期借入金で社債を償還する）	問題あり
(9) 固定資産から流動資産へ資金が流れる。 　　（例：土地の売却により現金預金とする）	問題なし
(10) 流動資産の減少によって、固定資産へ資金が流れる。	問題あり

図表182　資金運用表で「問題あり」のケース

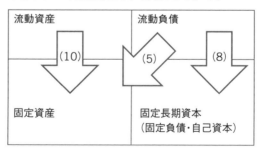

ただし、資金運用表によって導かれる分析結果は、ケース・バイ・ケースです。**図表181**のチェックリストも、参考程度としてください。

　例えば、翌期以降において資金的なゆとりが予想される場合は、流動資産の現金預金で、社債を償還したり、子会社株式へ投資したりすることもあるのですから。

第4節

翌期の
「予算貸借対照表」の
作りかた、教えます

――― 自分でパンツを脱げない男は、男でない。

（ゼフィレッリ監督『チャンプ』）

14-4-1　翌期の「予算貸借対照表」を作成できない理由

　〔8-2-3〕や〔11-2-2〕では、上場企業でも、翌期の予算貸借対照表を作成できていない事実を暴露しました。

　なぜ、予算貸借対照表を作成するのは、難しいのでしょうか。

　理由は簡単です。資金概念と資金運用表を理解していないからです。

　以下で、翌期の予算貸借対照表の作りかたを説明しましょう。

14-4-2　損益計算書は貸借対照表の連結環にあらず

　本書で紹介した資金運用表は、キャッシュフロー計算書の勘定科目を単純に組み替えて作成しています。

　いまでこそ、さらりと作成される資金運用表ですが、かつては大変な労苦を要しました。前世紀（20世紀）まで、キャッシュフロー計算書が開示されなかったからです。

　キャッシュフロー計算書が存在しなかった当時は、次ページ**図表183**で示すように、*1前期の貸借対照表と*3当期の貸借対照表の差額から、*4当期の資金運用表を作成していました。

図表183　貸借対照表、損益計算書および資金運用表の関係（当期分）

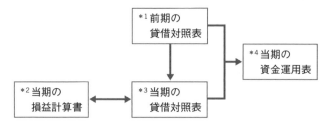

図表183で注意してほしいのは、*²当期の損益計算書の位置づけです。これは*¹前期の貸借対照表と*³当期の貸借対照表の差額から作成されるものではありません。すなわち、*²当期の損益計算書は、*¹前期の貸借対照表と関係なく、独立して作成される財務諸表だということです。

14-4-3　翌期の資金運用表を作成せよ

図表183にある「前期」を「当期」へ、そして「当期」を「翌期の予算」へ、それぞれ書き換えたものを、**図表184**に示します。

図表184　貸借対照表、損益計算書および資金運用表の関係（翌期の予算）

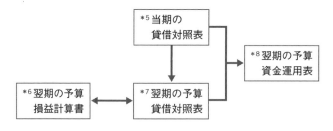

図表184にある*⁶翌期の予算損益計算書は、どこの企業でも難なく作成できます。
　ここで大きな勘違いが起きます。*⁵当期の貸借対照表と*⁶翌期の予算損益計算書とを組み合わせれば、*⁷翌期の予算貸借対照表を作成できるのではないかと。

はい、これは大きな勘違いです。

*5当期の貸借対照表と*6翌期の予算損益計算書はそれぞれ独立したものですから、両者を組み合わせたところで、*7翌期の予算貸借対照表を作成できるわけがないのです。

*7翌期の予算貸借対照表を作成するためには、**図表184**右側にある*8翌期の予算資金運用表を作成するところから始めましょう。これに*5当期の貸借対照表を「前残」として合算すれば、*7翌期の予算貸借対照表を作成することができます。

なお、*8翌期の予算資金運用表の「右上」に配置する当期純利益を、税引き前のものとするか、税引き後のものとするかは、お好みです。*8翌期の予算資金運用表で税引き後の「当期純利益」を用いる場合、法人税等支払額は登場しません。

14-4-4　予算貸借対照表を作成するための総仕上げ

予算資金運用表が完成したら、総仕上げです。
(1) 予算資金運用表の下段にある「経常資金」をバラして、それを前残（当期の貸借対照表）の流動資産と流動負債に振り分けます。
(2) 予算資金運用表の中段にある「固定資金」をバラして、それを前残の固定資産と固定負債に振り分けます。
(3) 予算資金運用表の上段にある「内部留保の余剰」を、前残の利益剰余金に加算します。

第15章

粉飾決算研究所からの告発

第1節

会計監査でも
見抜けない裏技がある

――― どうして、美人はいつもつまらない男と
結婚するのか？　それは、頭のいい男は
美人とは結婚しないからさ。

(モーム『呪われた男』)

15-1-1　東芝の不適切会計問題は古典的名作ばかり

　本書を執筆している時期に、東芝の「不適切会計問題」が起きました。「これは、いい題材になる」ということで、2015年7月に公表された「第三者委員会調査報告書」を入手し、何度も読み返しました。

　東芝の報告書で指摘されている粉飾決算の手法は、古典的名作といえるものばかりです。工事進行基準の見積もり額を操作したり、有償支給に係る未実現利益を隠したり、工程別原価計算の予定配賦率を操作したり。目新しいものは見当たりませんでした。

　ただし、東芝問題で取り上げられている不適切会計の事例を紹介するためには、工事進行基準・工事完成基準・工事損失引当金、有償支給・無償支給・未実現利益、工程別原価計算（累加法または累積法）・予定配賦率などの専門的な概念を説き起こすところから始めなければなりません。これでは入門書レベルを超えてしまいます。

　そこで、いままでの学習成果をベースにして、古今東西の企業で編み出された粉飾決算事例を、簡単に紹介することにします。簡単に、といってもその内容は、粉飾決算に取り組んだ当事者の「苦心の作」であり、そう簡単に理解できるものではありませんが。

第15章　粉飾決算研究所からの告発

15-1-2　さらば同志、粉飾決算で見事に散る

まずは、上場会社でありながら粉飾決算に手を染めて、見事に散っていったC社の事例[1]から見ていきます。

筆者の手許にある資料によれば、C社の粉飾決算は7年間にわたって行なわれました。当初は、架空の売上高113百万円（架空の経常利益113百万円）を計上するところから始まりました。売上高と同額の売掛金を計上するという、なんとも単純な粉飾決算から始まったのでした。その後、材料費や労務費など製造コストの圧縮、貯蔵品の過大計上、買掛債務の過小計上へとエスカレートしていきました。これらの手法はすべて、利益を過大表示させるものです。倒産直前期の損益計算書を、**図表185**に掲げます。

図表185　C社、倒産直前期における損益計算書　（単位：百万円）

科　　目	（1）公表数値	（2）実際数値	粉飾額 （1）－（2）
純売上高	*1 18,729	16,470	*2 2,259
売上原価	14,935	15,637	*3 ▲702
期首製品棚卸高	1,046	1,046	0
当期製品製造原価	14,994	15,652	▲658
期末製品棚卸高	1,105	1,061	44
売上総利益	3,794	833	2,961
販売費及び一般管理費	1,582	1,821	*4 ▲239
*9 荷造発送費	662	805	▲143
*9 販売手数料	216	251	▲35
広告宣伝費	27	37	▲10
接待交際費	99	122	▲23
事務用消耗品費	34	42	▲8
その他	544	564	▲20
営業外収益	1,011	1,011	0
営業外費用	2,393	2,575	▲182
支払利息	1,260	1,434	*5 ▲174
その他	1,133	1,141	▲8
経常利益	*6 830	*7 ▲2,552	*8 3,382

①本書で掲載している事例や企業は、すべてフィクションであることを、あらかじめご了承ください。

267

「(2) 実際数値」とあるのは、C社の倒産後に、同社の裏帳簿から判明した数値です。

一度でも粉飾決算に手を染めると、その穴を埋めるために、さらに大きな粉飾決算に手を染める必要があります。7年前に、経常利益113百万円の水増しを始めたことをキッカケに、倒産直前期では、水増しされた経常利益が*83,382百万円にまで膨れ上がりました。

C社の損益計算書を見ると、粉飾決算に関するあらゆるパターンが織り込まれています。その中心は、架空売上高の計上でした。倒産直前期の公表売上高*118,729百万円のうち、*22,259百万円が架空売上高となっていました。

これに加えて、売上原価を*3▲702百万円圧縮、販売費及び一般管理費を*4▲239百万円圧縮、支払利息を*5▲174百万円圧縮して、総額で*83,382百万円の経常利益を捻出しました。公表された経常利益は*6830百万円でしたが、実際の経常利益は*7▲2,552百万円の赤字でした。

15-1-3　最初から粉飾決算と疑うわけにいかないし

これだけの粉飾決算を行なっていながら、会計監査は何をやっていたのか、という問いには、架空の企業の話ということでご容赦願いましょう。これだけひどい粉飾決算の場合、会計監査でも容易にバレるものです。

例えば、**図表185**の*9荷造発送費と*9販売手数料に注目してください。これらのコストは、第8章のCVP分析で説明した変動費です。売上高が伸びているのに、荷造発送費や販売手数料が横ばい若しくは低下しているときは、「おかしいな」と疑わなければなりません。

また、支払利息を有利子負債で割った他人資本コスト率（**図表136**）が、異常に低いか、異常に高い場合も「おやっ？」と疑わなければなりません。C社の他人資本コスト率は、支払利息が少ない分だけ、異常に低い率になっていました。

倒産してからの事例分析は容易であるのに対し、事前の分析では数少ない資料から企業の業績を判断しなければなりません。それに、最初から粉飾決算だと疑ってかかるわけにもいきません。

困難といえば困難ですが、それが経営分析の面白さです。

第15章 粉飾決算研究所からの告発

15-1-4 インターネットにある「買い物かご」の誘惑

D社の場合、売上高6,807百万円のうち2,134百万円が、〔1-2-1〕で説明した「出荷基準」を満たさない売上高でした。D社のウェブサイトの「買い物かご」に、同社の商品が登録されると直ちに売上高を計上する、という会計処理を採用していたのです。

インターネット時代ならではの「在庫売り上げ」です。

売上高を計上するためには、「買い物かご」に登録された時点では早すぎます。消費者が「購入確定ボタン」をクリックした時点でも早すぎます。会社が実際に商品を出荷した時点でなければなりません。

筆者が密かに入手した調査報告書によると、D社の財務諸表には次の修正が必要である、という記述がありました。

図表186　D社の修正事項　　（金額単位：百万円）

売上高を減少させること		
（売上高に対応させて減少させる科目）		
売掛金	2,008	
子会社売掛金	44	
子会社受取手形	58	
子会社短期貸付金	22	[*1]2,134
売上原価を減少させること （売上原価に対応させて棚卸資産を減少させること）		[*2]745
売上総利益の過大計上額		[*3]1,389

D社では、「買い物かご」に登録された商品すべてを売上高とし、しかも、「購入確定ボタン」がクリックされなかった[*1]2,134百万円すべてを、翌期の会計処理で渋々取り消していました。これに対応する売上原価は[*2]745百万円にとどまり、差し引き[*3]1,389百万円もの利益を過大に計上していました。

D社は持株会社であり、「買い物かご」を利用した粉飾決算は、D社の子会社が行なっていました。だからといって、親会社であるD社が、「粉飾決算は子会社が勝手にやったこと」「親会社は関係ありません」と弁明したところで、誰も聞く耳を持ちません。

確かに、子会社が親会社にいい顔を見せようとして、子会社単独で粉飾決

算を行なう例は、よくあります。それに対して親会社が子会社を巻き込むことなく、親会社単独で粉飾決算を行なう例はほとんどありません。

親会社が粉飾決算を行なうときは、その隠れ蓑として子会社が利用されます。子会社は、資金・人材・取引の面で、親会社に支配されているのですから、親のいうことなら「何でもきいちゃう」のが道理というものです。

15-1-5　動機の不純な子会社、それを食い物にする親会社

E工業は、子会社であるE販売を利用して、売上高の粉飾を行なっていました。メーカーが販売子会社を持つのはよくあることです。

子会社を持つ動機が不純でした。E工業では、売れない在庫を子会社に押しつけて、E工業自体は売上高が順調に伸びているように見せかけていたのでした。

ただし、これでは連結財務諸表で、バレてしまいます。

そこで親会社と子会社の決算期を半年ずらすことで、粉飾決算が容易に見つからないようにしました。心憎いばかりの配慮です。親会社と子会社とで決算期が異なる場合は、気をつけましょう。

E工業とE販売の業績の推移を並べたのが、次の**図表187**です。

子会社E販売の棚卸資産を見ると、10年9月期では[*1]834百万円でした。11年9月期には[*2]2,836百万円へと激増しています。

本来、E工業の棚卸資産とすべきものを、子会社に対するものとはいえ、売掛債権という形に変えるとどうなるか。当然、売掛債権に対応した売上高がE工業で計上されることになり、利益が水増しされることになります。

E工業の、12年3月期の売掛債権[*4]8,089百万円は、同時期の売上高[*3]6,012百万円を上回っています。売掛債権が売上高を上回るというのは、売掛債権の回収に1年以上を要することを意味します。

いかに異常な事態であったかがわかります。

第15章　粉飾決算研究所からの告発

図表187　E工業・E販売、業績推移　　　（単位：百万円）

E工業 決算期		11年3月期		12年3月期	
売上高		6,835		*³6,012	
（うちE販売）		5,103		2,254	
売掛債権		3,716		*⁴8,089	
（うちE販売）		3,346		3,712	
E販売 決算期	10年9月期		11年9月期		12年9月期
売上高	3,256		4,681		6,064
買掛債務	443		3,838		3,576
棚卸資産	*¹834		*²2,836		2,056

15-1-6　値札飛ばしのルーツは不良債権飛ばしにあり

　E工業では、次の粉飾決算も行なわれていました。やはり、子会社を利用したものです。

　まず、親会社であるE工業から、子会社へ製品を販売する際、実勢価格よりも高い値段を設定しました。子会社も下流の販売代理店に製品を流すときに同様の手口を使って、利益の水増しを行ないました。

　現物は、E工業の倉庫から出荷したときに売上高を計上する基準（出荷基準）を採用していたので、売上高の計上方法に問題はありません。数量もバッチリと管理しているので、利益の水増しがバレる可能性もありませんでした。

　ここでの操作は、製品の単価に対して行なわれます。

　「いくらで売れるか」というのは、業界事情に通じていないとわからないもの。E工業は、そこに目をつけました。販売する製品の単価を高くするだけでなく、すでに陳腐化して売れる見込みのない在庫も過大評価する手法がとられました。

　孫会社まで総動員して、グループ企業内で製品をぐるぐる回したところで、いずれは破綻するというのに。「不良債権飛ばし」が流行した頃の金融業界にならって、社内では「値札飛ばし」と呼ばれていました。

15-1-7　営業利益が売上高を上回る上場企業が存在した

　Ｅ工業は非上場会社であり、連結財務諸表を作成する必要がないため、このようにデタラメな決算を組むことができました。連結財務諸表を作成していたら、親会社と子会社の取引などすべて相殺消去されてしまいますから、子会社への押込販売について自制が働いたことでしょう。

　Ｅ工業では、金融機関の貸し渋りを回避するため、3年前から利益を水増しする必要に迫られたといいます。

　喫煙者が禁煙した場合、きれいな肺に戻るまでには、喫煙期間の数倍の年数を要するといわれています。粉飾決算の場合、正常な姿に戻るためにどれだけの年数を要するか。それに関する統計資料は、筆者の手許にありません。ただ、一度失われた信用は、どんなに時間をかけても、取り戻せないことだけは確かなようです。

　非上場企業であっても、こんな出鱈目な会計処理など、容易に発見できるだろう、と考えるのは誤りです。

　例えば、東芝の不適切会計問題を扱った「第三者委員会調査報告書（要約版）」51ページを参照すると、「ＰＣ事業の月別の損益は、一時四半期末月の営業利益が売上を上回るほど異常な状態となった」とありました。

　図表12の*5営業利益が、その4行上の*1売上高を上回るとは、どういう事態なのか、筆者には想像が付きません。上場企業で行なわれている会計監査が、いかに出鱈目なものであるか、知れようというもの。Ｅ工業の事例などカワイイものです。

15-1-8　目クソが笑う

　Ｆ社はベンチャー・ビジネスの旗手ともてはやされ、その業績は青天井で伸びていきました。Ｆ社の「公表数値①」を見ると、売上高・当期純利益ともに目覚しく伸張しています。

第15章　粉飾決算研究所からの告発

図表188　Ｆ社、損益計算書推移　　　　　　　（単位：百万円）

決算期	科目	売上高	経常利益	当期純利益	売上高当期純利益率
第11期	公表数値①	15,266	516	192	1.26%
	実際数値②	11,438	338	▲8	▲0.07%
	粉飾額（①－②）	3,828	178	200	－
第12期	公表数値①	19,355	765	[*1]414	2.14%
	実際数値②	11,059	221	[*2]48	0.43%
	粉飾額（①－②）	8,296	544	366	－
第13期	公表数値①	36,171	1,736	932	2.58%
	実際数値②	13,507	▲1,753	▲2,763	▲20.46%
	粉飾額（①－②）	22,664	3,489	[*3]3,695	－

　「公表数値①」だけを見ると、Ｆ社は3期連続して増収増益を達成し、抜群の業績を誇っていたことになります。ところが、その実態は、多額の粉飾決算によるものであって、実際の収益力は極度に低下していました。

　第12期の当期純利益（公表数値①）は[*1]414百万円でしたが、実際には[*2]48百万円にとどまりました。第12期は持ち直したかに見えたものの、第13期には[*3]3,695百万円もの粉飾が行なわれていました。

　Ｆ社の粉飾は、売上高の架空計上、棚卸資産の過大評価など複雑多岐にわたります。なかでも、各地区の販売代理店に対し、商品すべてが未出荷でありながら売上として計上するという、在庫売り上げの操作を大々的に行なっていました。

　Ｆ社の経営者は倒産後、雑誌のインタビューに応え、「あと1、2年あれば、事業が軌道に乗ったのに」と述べていました。それは、たぶん、きっと、正しくないと思う。

　「銀行は、業績がいいときは『借りてくれ、借りてくれ』と、うるさかったが、ちょっとでも業績が足踏みすると、手のひらを返したように冷たくなった。だから、粉飾に走らざるを得なかった」とも述べていました。

　目クソが鼻クソの悪口をいうたぐいに似ています。

第2節

究極の
粉飾決算メニューをどうぞ

――――― 全体で決まったことなので……などとい
うのは、責任者としてとるべき責任の自
覚が欠けている。

(松下幸之助『社員心得帖』)

15-2-1　借入金が売上高に化ける錬金術

　大規模な粉飾決算には必ず、売上高の操作が伴います。常套手段だといっ
てもいいでしょう。いままでに紹介してきたもの以外で、売上高の粉飾決算
としてポピュラーな例を挙げると、**図表189**があります。

図表189　粉飾決算の例

（1）架空の取引先をつくり、架空の売上高を計上する。
（2）従来から取引のある相手へ、売上高を水増しする。
（3）資産の売却益を売上高として計上する。
（4）借入金の入金を売上高として計上する。
（5）前受金の入金を売上高として計上する。
（6）企業内部の振替取引を売上高として計上する。
（7）期末日近くにおいて買戻条件付で販売する。
（8）翌期の売上高を当期の売上高として計上する。

　図表189（4）「借入金の入金を売上高として計上する」は、粉飾テクニッ
クとして強烈です。どうして、このようなことを行なえるのでしょうか。貸
借対照表と損益計算書の構造を図解すると、容易に理解することができま
す。

274

15-2-2　貸借対照表と損益計算書が生まれる前の姿

　貸借対照表と損益計算書は、最初から分離されて作成されるものではありません。期中では、次の**図表190**で示す試算表が作成されます。

図表190　試算表

	*1 負債（他人資本）
資産（総資本）	純資産（自己資本）
	*2 売上高
総コスト	

　図表190の試算表は、5つの箱から構成されています。
　月次決算や期末決算になると、**図表190**にあるABCDのところで上下に切り離されます。それが**図表191**です。

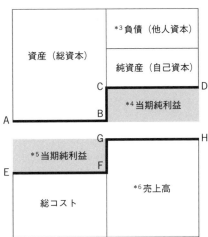

図表191　上下に分離された試算表

275

図表191上段が貸借対照表となり、線分CBが[*4]当期純利益を表わします。

図表191下段が損益計算書となり、線分GFが[*5]当期純利益を表わします。

図表191にある線分CBと線分GFは等しいことから、上段の貸借対照表から求める[*4]当期純利益と、下段の損益計算書から求める[*5]当期純利益とは、等しいことがわかります。

15-2-3　簿外負債は収益を劇的に改善させる

試算表の仕組みを理解したところで、**図表189**（4）「借入金の入金を売上高として計上する」の仕組みを説明します。

銀行借入金は、**図表190**の右上にある[*1]負債（他人資本）に計上すべきものです。

悪知恵を働かせて、**図表190**の右下にある[*2]売上高に計上したら、どうなるか。**図表190**の試算表全体の大きさは、まったく変わらないことがわかります。

銀行借入金を、**図表190**の[*2]売上高に計上したまま、**図表191**で上下を分離させた場合、**図表191**にある線分CBと線分GFがともに伸びて、当期純利益は大きく膨らみます。**図表191**の[*6]売上高に対応するコストはゼロなので、借り入れ金額そのものが、**図表191**の[*5]当期純利益をそのまま増加させます。

これが「借入金の入金を売上高として計上する」ことによってもたらされる、利益の過大表示です。

副次的な効果として、貸借対照表からみた財務体質が劇的に改善される、という点を挙げることができます。なぜなら、本来、**図表191**の貸借対照表の[*3]負債に計上されるべき借入金が存在しないからです。

この場合の借入金を「簿外負債」といいます。簿外とは、「帳簿の外に追いやられて隠されたもの」のことです。

借入金に係る利息（他人資本コスト）を支払うとき、これを正直に、**図表12**の[*7]営業外費用に計上しようものなら、**図表18**の他人資本コスト率が飛躍的に上昇し、粉飾決算が容易にバレてしまいます。

そこで、借入金に係る支払利息は、**図表191**の[*6]売上高から直接、間引い

276

てしまいます。そこまで取り組む勇気があれば、アッパレといえるでしょう。

15-2-4　包括利益の敗者復活戦

　粉飾決算メニューとはまったく関係ないのですが、**図表190**と**図表191**を図解した「行きがけの駄賃」として、「包括利益とは何者か」を説明しておきます。

　日本基準はどちらかというと損益計算書を重視する立場にあり、**図表191**下段の損益計算書によって[*5]当期純利益を求めます。

　日本基準によって作成された、貸借対照表の純資産の構成（**図表63**）を見ると、**図表191**の線分CBで表わされる[*4]当期純利益の項目が隠されています。日本基準はやはり、損益計算書重視といっていいでしょう。

　それに対して、IFRS基準は、貸借対照表重視です。貸借対照表にある資産や負債を、時価で評価し、その差額を**図表191**上段にある線分CBで表わそうとします。これが包括利益です。

　したがって、**図表191**上段の線分CBは、当期純利益ではなく、包括利益とするのが正しい表記となります。

　そうなると、**図表191**にある線分CB（包括利益）と、線分GF（当期純利益）とが一致しないことになります。それを調整するのが、**図表13**で図解した包括利益計算書です。

第3節

棚卸資産に対する粉飾

──────祇園精舎の鐘の声　諸行無常の響きあり
　　　　沙羅双樹の花の色　盛者必衰のことわり
　　　　をあらわす

（『平家物語』）

15-3-1　本日は棚卸につき休業します

　棚卸資産については、ある程度の経理操作が許容されています。理由は、棚卸資産の評価基準や評価方法について、複数の方法のうちの1つを、企業の裁量で選択することが認められているからです。

　評価基準や評価方法という専門的な表現では、わかりづらいかもしれません。利益増減要因分析表で用いた**図表86**で説明するならば、評価基準も評価方法も、**図表86**の縦軸（価格）をどのように決定するか、という話です。

　図表86の横軸（数量）については、棚卸が行なわれます。ほら、半年に1回、近くのスーパーマーケットで、「本日は棚卸につき休業します」という張り紙を見かけるでしょう。その日、店内では従業員総出で、棚に並ぶ商品の数を数えているのです。

　棚卸資産の評価基準から説明しましょう。これには、**図表192**の2種類があります。

図表192　棚卸資産の評価基準の種類

> （1）原価評価（最初に取得した原価を維持する）
> （2）時価評価（決算期ごとに時価で評価し直す）

　実務上の扱いでは、**図表192**（1）原価評価を採用している企業が圧倒的

です。商品であれば、それを仕入れたときの価額で貸借対照表に計上し、販売するときはその価額を売上原価とするものです。

例えば、10万円の商品を仕入れ、これを12万円で販売した場合、両者の差額2万円が、売上総利益になります。ひょっとしたら、販売するときまでに1,000円くらいは値上がりしていたかもしれません。そうした含み益を考慮しないのが、**図表192**（1）原価評価です。

15-3-2　時価評価が現場を混乱させる

売る売らないにかかわらず、決算期を迎えるたびに棚卸資産の時価を調べ、その時価に評価換えする場合があります。その結果、評価損や評価益が計上されます。これが**図表192**（2）時価評価です。

例えば10万円で仕入れた商品の時価が、9万円にまで値下がりしたので、期末に9万円で評価換えしたとします。差し引き1万円の評価損を認識することになります。

その後、この商品が12万円で売れたとしましょう。売上高は12万円であり、売上原価は9万円ですから、売上総利益は3万円になります。

評価換えしなければ、売上総利益は2万円でした。ところが、評価換えしたことにより、売上総利益は3万円になりました。これは商品を販売する前に、1万円の評価損を認識したからです。

最初に取得した原価（10万円）を維持するか、時価（9万円）で評価し直すか。そのどちらを採用するかは、企業自らの裁量で決めることができます。時価が下落しているときに時価で評価し直せば、評価損を計上することによって、当期の利益を圧縮することができます。

同じく裁量の範囲内ということで、期末近くにしばしば行なわれるのが、原材料や文房具の大量購入です。ただし、仕入れたままでは、貸借対照表の棚卸資産に計上するだけであって、節税になりません。

そこで原材料や文房具の「封を切る」のです。こうすることによって「費消した」という事実を、でっち上げることができ、損益計算書にコストとして計上することができます。姑息な節税策の1つです。

そうしたことを、企業の裁量として実践するかどうかは、モラルの問題で

す。

15-3-3 評価方法の多様性が粉飾に拍車をかける

　ある企業が、評価基準として、原価評価を採用していたとしましょう。このとき、評価方法も選択する必要があります。これには**図表193**の種類があります。

図表193　棚卸資産の評価方法の種類

個別法、先入先出法、単純平均法、総平均法、移動平均法 最終仕入原価法、売価還元法

　図表193の評価方法のうち、どれを採用するかは企業の裁量に委ねられているため、評価基準と合わせることにより、複雑な経理操作が可能となります。その結果、棚卸資産に対する粉飾決算を見抜く作業が困難を極めます。

　架空の棚卸資産を計上したり、市場ではもはや売れなくなって陳腐化した製品に対して評価減を行なわずにそのまま計上したり、さらには借入金の利息や接待交際費などを棚卸資産の価額に混入させたり。

　よくもまあ、これだけのことを思いつくものだと感心してしまいます。人智のおもむくところ、はかり知れないものがあります。

　図表185のC社では、架空売上高2,259百万円の計上とともに、売上原価を702百万円も圧縮していました。売上原価を圧縮する方法として一番簡単なのは、期末の棚卸資産を過大評価することです。

　C社では、架空の棚卸資産が累積するたびに、買掛債務などとの相殺を行なっていました。それでも702百万円を相殺し切れぬまま"タイムオーバー"になってしまったと、関係者の証言が残されています。

15-3-4 研究開発費はどこへ消えた、誰が隠した

　G社の、ある決算期における損益計算書を参照したところ、特別損益の内訳が、**図表194**の通りとなっていました。

第15章　粉飾決算研究所からの告発

図表194　G社の特別利益と特別損失の内訳　　（単位：百万円）

【特別利益の内訳】		【特別損失の内訳】	
固定資産売却益	2,136	固定資産売却損	23
貸倒引当金戻入益	60	棚卸資産評価損及び処分損	*1 2,571
その他	50	繰延資産償却	880
		貸付金貸倒償却	237
		投資有価証券評価損	90
		貸倒引当金繰入額	60
合　　計	2,246	合　　計	3,861

　この期の当期純利益は、大幅な赤字決算でした。その最大の原因が、棚卸資産評価損及び処分損の*1 2,571百万円にあったことは明らかです。

　G社は新製品の開発を積極的に行なってきましたが、これがことごとく失敗に終わりました。ところが、研究開発に要したコストを試作品として棚卸資産に計上し続けたのです。棚卸資産以外にも、失敗した研究開発費の一部を固定資産に計上してきました。

　研究開発費は〔4-6-4〕で説明したように、発生したその期にコストとして認識するのが原則です。実体のない棚卸資産や固定資産を、特別損失として表に出すことにした勇気は、少しだけ褒めるとしましょう。

15-3-5　オーナーとイエスマンがはびこる企業

　G社については、いままで第三者を欺いてきた責任を、今後、どうするのか。その問題が、G社に重くのしかかります。

　今のところ、G社の社長は、居座り続ける可能性が大きいようです。G社はオーナー企業なので、別にいいのかもしれません。取り巻き役員はイエスマンばかりだし。

　オーナー企業の社長は絶対君主ですから、責任の取りようがないのです。たとえ取締役会でオーナー社長が解任されたとしても、明日には再びオーナー社長が返り咲きます。

　取締役会のメンバーを決めるのは株主であり、その株主の最大派閥はオーナー自身です。オーナー社長の解任決議に賛成した役員を、オーナーが株主

の立場から逆に解任して、取締役をイエスマンに総入れ替えしてしまえば、オーナー社長の座は安泰です。

　会社法という法律が、取締役と株主との兼任を認めているのですから、どうにも手の打ちようがない。社外取締役がいたとしても、オーナー社長の暴走をどこまで止められるかは疑問です。

　反対に、オーナー社長が有能で、傑物である場合も問題です。社長が引退したとき、その会社の求心力が一気に雲散霧消してしまう可能性があるからです。

　経営分析の立場からすれば、オーナー企業というのは、良くも悪くも一代限りのもの、と身構えておく必要があります。

15-3-6　霞が関と虎ノ門の天下りシステムが最も強力

　H社は棚卸資産を利用して、かなり複雑な粉飾決算に取り組んでいました。筆者が確認しただけでも、貸借対照表に計上しておくべきではない「モノ」が、次の通りありました。

図表195　H社の棚卸資産

（1）販売した後で返品された製品を、当初の仕入れ価額で計上し直したモノ （2）市況の悪化により、時価が大幅に下落した原材料を据え置いたモノ （3）試作品として失敗したにもかかわらず、仕掛品として計上し続けているモノ

　H社が扱う製品は、元請け企業が指定する材質や寸法に応じて、生産を行なうものです。万が一、元請け企業から注文が取り消された場合、その製品を他の企業へ転売することができません。長期にわたって保有し続けることにより、陳腐化したものが相当数あったようです。

　スクラップ同然の棚卸資産であるにもかかわらず、とりあえず貸借対照表に計上しておいて、景気がよくなるのを待とう、という経営戦略だったのでしょう。

　元請け任せの経営戦略で成功している例は、天下りビジネス以外、見たことがありません。もちろん、ここでいう元請けは、東京の霞が関に存在します。下請け側は、お隣の虎ノ門に数多く存在します。

第4節

固定資産に対する
粉飾

――――― 遣っても溜ても金は面白い
(慶紀逸『武玉川』)

15-4-1　粉飾決算のゴミ箱といわれる由縁

　建物などの固定資産を取得する際に支払ったコストのうち、取得するまで
の銀行借入金に係る他人資本コスト、登録免許税、不動産取得税などは、貸
借対照表の固定資産の価額に含めることができます。これらのコストを付随
費用といいます。

　付随費用は、そのほとんどを損益計算書のコストとすることもできます。

　付随費用を固定資産の価額に含めれば、利益は増えます。固定資産の価額
に含めず、その期のコストとすれば、利益は減ります。どちらの会計処理を
選択するかは企業の裁量に委ねられているので、ここに経理操作を行なう余
地が生まれます。

　再三申し上げている通り、経理操作は悪いわけではありません。経理操作
に名を借りた、粉飾決算に気をつけなければならない、ということです。

　固定資産を取得した「後」に発生する他人資本コスト、さらには固定資産
管理のための人件費や各種の経費などを、固定資産の価額に含めれば、これ
は立派な粉飾決算です。度が過ぎると、接待交際費や、政治家への賄賂など
を、建物の壁に塗り込んでいる企業もあります。

　固定資産の修繕や改良に要したコストのうち、固定資産の価値を増加させ
たり、耐用年数を延長させる効果があったりするものは、固定資産の価額に
含めます。しかし、通常の修繕費までをも、固定資産の価額に含めれば、粉

飾決算の一丁上がりです。

　急激に劣化した固定資産については、減損処理を行なわなければなりませんが、これを行なわなければ不作為の粉飾決算です。

　「とりあえず放り込んでおけ」という意図が、建物の壁や柱にたくさん塗り込められています。固定資産が、「粉飾決算のゴミ箱」といわれる理由がおわかりいただけるでしょうか。

15-4-2　よくここまでやるものだ

　Ｊ社の損益計算書にあった特別損益で検証します。

図表196　Ｊ社の特別損益の内訳　(単位：百万円)

【特別利益の内訳】		【特別損失の内訳】	
固定資産売却益	1,841	固定資産売却損	44
有価証券売却益	457	固定資産除却損	*1372
国税等還付金	1,591	棚卸資産処分損	284
		貸付金貸倒償却	99
		投資有価証券評価損	14
		固定資産過年度除却損	*24,330
合　　計	3,869	合　　計	5,143

　Ｊ社では、この決算期において、固定資産過年度除却損を*24,330百万円、特別損失に計上しています。この正体は何か。

　Ｊ社は業種柄、つねに新製品を開発し続けなければならない状況にあり、そのためのコストも巨額です。そこで、新製品の研究開発費のほとんどを、固定資産に含めていました。その額なんと、*24,330百万円。

　巨額の粉飾が、固定資産を舞台にして行なわれる、典型的な例です。

15-4-3　「おバカな企業だ」と腹の中で笑う

　研究開発費は、〔4-6-4〕の説明や、Ｇ社の**図表194**でも説明したように、原則として、損益計算書のコストとする必要があります。百歩下がって（実

際には1歩も下がる余地はありませんが）、J社では、簿外にしてしまうことも検討したようです。

ここでいう簿外とは、**図表190**左側にある資産（総資本）または総コストの「外に置く」ことです。

どのような方法で「外に置く」にしろ、**図表190**右側にある他人資本や自己資本の一部も同時に簿外処理しないと、全体の釣り合いが取れません。これには難渋したそうです（社長室長談）。

固定資産として計上することにより、翌期以降、減価償却費として潜り込ませることはできないか、ということも検討したそうです（経理部長談）。

図表196を見ると、特別損失にもう1つ、固定資産除却損[1]372百万円があります。これは固定資産の一部について、減価償却を止めていたことによるものです。除却することで、特別損失として一気に噴き出したのでした。

日本の税制では、好きな時期に、好きなだけ減価償却を行なえばいい、という仕組みになっています。減価償却をまったく行なわなくてもいい（減価償却費が0円でも構わない）ことになっています。そのため、粉飾決算の手っ取り早い方法として、「減価償却の執行停止」はよく利用されます。

税務調査の場で、調査官が減価償却費の不足を発見したとしても、「減価償却をしたほうがいいですよ」とアドバイスすることは絶対にありません。そのようなことをしたら、当期純利益が減って、税収が減ってしまいますから。〔1-2-3〕でも紹介しました。

粉飾決算を発見した調査官は、腹の中できっと笑っていることでしょう。その屈辱を、粉飾決算を手掛ける企業側は、甘んじて受けなければなりません。

第5節

投資勘定と
簿外負債の粉飾

――― 人間、曲がったとなると、やっぱ意気地
のないものだ。

(久保田万太郎『末枯』)

15-5-1　金融商品会計の外ですから心配御無用

　固定資産の下のほうで計上される投資有価証券については、金融商品会計
（かつては時価会計と呼ばれました）の導入により、粉飾決算どころか経理
操作さえ思うにまかせないようになりました。よかった、よかった。

　ところが、投資有価証券のさらに下にある「のれん」や長期貸付金は、非
常に厄介な存在であり、利益操作が行なわれる余地があります。ここでいう
利益操作とは、減損損失や貸し倒れの先送りです。

　長期貸付金の相手方、つまり債務者側から「きちんと返済します。心配御
無用！」と言われ、貸し付けている企業側が「回復の見込みがあります。心
配御無用！」と主張すれば、会計監査は手も足も出ません。ここに経理操作
が顔を出します。

　経理操作がひどくなれば、粉飾決算となります。貸付先の倒産や業績悪化
などによって回収不能となった債権を貸倒処理せず、貸付金額をそのまま貸
借対照表に計上し続けるのは、粉飾といわなければなりません。

　例えば東芝は、原子力発電事業を北米で展開しようとしました。その矢先
の2011年3月に、東日本大震災が起きました。

　米国側の企業はさっさと撤退して減損処理したにもかかわらず、東芝が減
損処理に取り組んだのは、東日本大震災から4年経過後。投資勘定の扱いは、
本当に難しい。

15-5-2　回収されることのない長期未収入金

〔15-1-5〕で登場したE工業では、子会社であるE販売に、製品の広告宣伝費を負担させていました。E販売側に、このようなコストを負担する余裕はありません。

そこでE販売では、長期未収入金という科目に計上しました。**図表190**の試算表で説明するならば、左下のコスト（広告宣伝費）ではなく、左上の資産（長期未収入金）に計上します。

親会社から入金されることのない長期未収入金。実質的に、損失の繰り延べです。

次の、E工業とE販売の販売費の推移を、決算期のズレにだまされないようにご覧ください。

図表197　E工業・E販売、販売費の推移　　（単位：百万円）

E工業　決算期		11年3月		12年3月	
販売費及び一般管理費		*¹268		*²213	
利益剰余金		*³424		*⁴904	
E販売　決算期	10年9月		11年9月		12年9月
販売費及び一般管理費	*⁵99		*⁶303		*⁷1,054
長期未収入金	215		651		*⁸726
当期純利益	7		2		▲349

E販売では、実質的な損失の繰り延べといえる長期未収入金が、12年9月期には*⁸726百万円も累積しています。

一方、広告宣伝費を負担しなかったE工業の販売費及び一般管理費には、減少傾向（*¹268→*²213）が認められます。その結果、E工業の利益剰余金は、*³424百万円から*⁴904百万円へと順調に増加しています。

ところが、E販売の販売費及び一般管理費は急増（*⁵99→*⁶303→*⁷1,054）。実質的な赤字を隠すために、コストが繰り延べられた姿が、よくわかります。

「決算期に半年ものズレがあるのなら、E販売で仮決算を組ませるべきだ」という主張もあることでしょう。そうはいかないのが、実務の難しさです。

15-5-3　粉飾決算のスパイラル現象

　粉飾決算の末期症状になると、簿外負債にまで手を出すようになります。簿外負債とは、貸借対照表の負債の部に計上されない隠れ借金のことです。毒を食らわば皿までも、スプーンまでも、テーブルクロスまでも食らうのか。

　簿外負債の例は、仕入れた商品の買掛債務を貸借対照表に計上しなかったり、得意先へ支払う約束になっている未払いのリベートを計上しなかったりすることです。〔15-2-3〕では、銀行からの借入金が売上高に化ける話をしました。これも簿外負債の一種です。

　買掛債務や借入金を簿外処理する段階になると、医療用語でいえば「レベル4」の末期を迎えます。この段階になると、回収不能の売掛債権も累積しているはず。残高が異常にふくらみ、売掛債権回転期間が異常な伸びを示すようになります。

　「回収不能の売掛債権の増加」と「売掛債権回転期間の伸び」には、原因と結果の関係があります。したがって、回転期間が急速に伸びているという「結果」から、回収不能の売掛債権が累積しているのかもしれないな、という「原因」の存在を推定することができます。

　そうした疑いを持たれないようにするためには、回収不能の売掛債権と、買掛債務や借入金とを相殺し、簿外資産と簿外負債を両建てで作る必要があります。ここまでやると、粉飾のスパイラル（きりもみ）に突入します。

15-5-4　二重帳簿はどこへ消えた

　C社の過去の推移を再度調べてみたところ、売上高の粉飾によって累積してきた売掛債権を消すために、同額の買掛債務と相殺して、簿外資産と簿外負債を両建てさせていました。

　C社の、倒産直前までの二重帳簿を、筆者の管理ミスによって紛失してしまい、ここに掲載できないのが残念です。手許に残されたメモによると、簿外負債として次のものを挙げることができます。

第15章　粉飾決算研究所からの告発

図表198　C社の簿外負債

買掛金	543百万円
短期借入金	1,381百万円
未払金	270百万円

　メモの裏には、いったん簿外処理した買掛債務を復活させるために、短期借入金を簿外負債とせよ、という記録が残されていました。この筆跡は、誰のだ？

第16章

粉飾決算は
トイレ掃除の仕方で
わかる

第1節

損益計算書からの
アプローチ

——— 女が何時までも美しさを保つと云う事
は、金がなくてはどうにもならない事な
のだ。

(林芙美子『晩菊』)

16-1-1　掃除道具はそろったか

　財務諸表の二本柱とも言える貸借対照表と損益計算書は、**図表190**の試
算表を基礎としており、総資本、他人資本、自己資本、売上高、総コストの
5つの箱が強固に結びついています。前節までで紹介した粉飾決算の手法を
採用すると、5つの箱のどこかに必ず歪みが現われます。

　また、当期の財務諸表は、過去の財務諸表の延長線上で作成されるのです
から、当期の財務諸表の数値をすべて粉飾することに成功したとしても、過
去の財務諸表と比較すると、どこかに必ず歪みが現われます。

　その歪みを探るために有効な経営分析の手法としては、**図表199**に示す3
つがあります。

図表199　財務諸表の歪みを見つける方法

> （1）損益計算書からアプローチする方法
> （2）貸借対照表からアプローチする方法
> （3）キャッシュフロー分析からアプローチする方法

七つ道具にはあと4つ不足するのですが、これでも十分に利用できます。

第16章　粉飾決算はトイレ掃除の仕方でわかる

16-1-2　利益増減要因分析を活用する

　まずは、損益計算書からです。

　企業の営業利益や当期純利益を、前期のものと比べると、増加したり減少したりしているはずです。粉飾が行なわれていると、ヒット商品があるわけでもないのに、**図表131**（1）の増収増益が現われます。

　増収や減収はともかく、増益または減益となる要因には、**図表200**に示す2つの要因があります。

図表200　増益または減益となる要因

（1）売上総利益の増減
（2）販管費、営業外収益、営業外費用の増減

　特別利益と特別損失は、粉飾決算が発覚した後の戦後処理として利用されるものなので、**図表200**では取り上げません。

16-1-3　売上総利益の増減が嘘の始まり

　図表200（1）「売上総利益の増減」に不自然な点がないかを調べるには、**図表201**の利益増減要因分析表を用います。これは売上総利益を次の4つの要素に分解するものでした。

図表201　利益増減要因分析表の利用

（1）販売価格の変化による売上高の増減
（2）販売数量の増減による売上高の増減
（3）コストの変化による売上原価の増減
（4）販売数量の増減による売上原価の増減

　利益増減要因分析表は、次の**図表202**に示す項目のうち、どれか1つでもわかれば作成することができました。

293

図表202　利益増減要因分析表の増減率

> （1）販売数量の増減率
> （2）販売価格の変化率
> （3）コストの変化率

　図表202（1）販売数量の増減率がわかれば、利益増減要因分析表によって、**同**（2）販売価格の変化率と、**同**（3）コストの変化率がわかります。

　利益増減要因分析表により、その企業の販売価格が上昇していることが判明したにもかかわらず、同じ時期における他社製品すべての販売価格が下落していれば、「それなりの」理由がなければなりません。

　その企業の説明では、コストダウンの成果が顕著に現われているといいながら、現実には減産が行なわれていれば「おかしいぞ」ということになります。

　粉飾が疑われない場合であっても、同業他社の分析を行ない、各社の販売数量の増減率と、販売価格の変化率は比較してほしいものです。ダンピングによって販売数量を伸ばしているとか、販売数量を抑えて高いマージンを維持しているとか。

　粉飾決算とは別に、各社各様の経営方針について、興味深い相違点を見つけられることもあります。

16-1-4　パーセントで裏付け捜査を行なえ

　売上総利益だけでなく、売上高総利益率（粗利益率）にも注目します。これは売上総利益を、売上高で割って、百分率で表わしたものです。

　粉飾決算の多くは、売上高の水増しによって行なわれます。コストを計上しないまま、売上高の水増しを行なえば、売上高総利益率は上昇します。分析対象企業の過去数期間の売上高総利益率を並べてみたり、同業他社の売上高総利益率と比較したりすれば、異常な増減を発見できることもあります。

　競合製品の販売価格が下落しているときに、分析対象企業の売上高総利益率が上昇したり、同業他社が赤字であるのに当社だけが高い利益率を維持したりしていれば、それなりの理由がなければなりません。

第16章　粉飾決算はトイレ掃除の仕方でわかる

16-1-5　自白の強要

　C社の損益計算書（**図表185**）を再検討することにします。同社が公表していた売上高総利益率は、前期20.5％、当期20.3％でした。これは、業界でも抜群の利益率でした。

　業界トップでライバル企業のM社でさえ、前期18.0％、当期18.2％です。その他の同業他社は、10％〜15％にすぎません。M社では付加価値の高い製品なども扱っていますから、同社の売上高総利益率が高くなるのは当然ですが、C社はそのM社よりもさらに高くなっています。

　このような場合、C社の生産設備がフル稼働状態にあり、効率的な経営が行なわれているからだ、と良心的に解釈することもできます。

　ところが、当期におけるC社の総資本回転率は0.4回、固定資産回転率は0.7回であって、M社の総資本回転率0.6回、固定資産回転率1.2回に比べると、かなり低い水準にあります。同業他社のデータをすべて並べてみたところ、C社が最も低い回転率であることもわかりました。

　総資本回転率や固定資産回転率が低いにもかかわらず、高い売上高総利益率を達成できるとしたら、それは、特許などで技術的に他社を排除できるような特色ある製品を扱っているような場合です。C社には特許などで守られたノウハウなどはほとんど存在せず、主力製品は競争相手が多い状況にありました。

　これでは、良心的に解釈できるはずがありません。実際の売上高総利益率が前期9.0％、当期5.1％だと判明したのは、倒産したあとでした。やはり、業界で一番低かったのです。

16-1-6　世間の良識で販管費に切り込め

　前期との増減比較を行なうのであれば、売上総利益だけでなく、販管費、営業外収益、営業外費用についても行ないましょう。前期と比べて異常に増減している科目や、変動費に係る科目に注目します。

　利益を過大に表示しようとする粉飾決算では、本来、損益計算書に計上すべきコストを、貸借対照表の資産に緊急避難させている例が多いものです。

295

販管費や営業外費用で、実際よりも少なく表示されている科目がないか、特に注意してください。

　企業規模が拡大基調にあれば、販売手数料、旅費交通費、広告宣伝費などは、増加するのが世間の相場。従業員が増加したり、ベースアップが行なわれたりしていれば、人件費、福利厚生費などは急増するものです。リストラが行なわれているのなら、退職金の動きに注目します。

　借入金が増加しているのに、支払利息（他人資本コスト）が比例していなければ、その理由を確かめなければなりません。世間の常識を当てはめて、「おやっ？」と思うものがあれば、それが突破口になります。

16-1-7　少額といえども支払利息に矛盾はないか

　支払利息などの他人資本コストについては、貸借対照表の有利子負債と関連付けて、**図表18**の他人資本コスト率を求めます。計算した結果、他人資本コスト率が異常に高く、有利子負債の残高と比較して、他人資本コストが異常に多い場合は、貸借対照表に計上されていない（簿外の）借入金が存在するはずです。

　ただし、敵もさるもの。簿外の借入金を抱えている企業は、これに対する他人資本コストも簿外処理するものです。簿外としなくても、接待交際費や旅費交通費などの科目に潜り込ませてしまうこともあります。したがって、他の科目の増減にも眼を光らせなければなりません。

　他人資本コスト率が異常に低い場合は、利息の一部を固定資産や棚卸資産に混入させている可能性があります。疑えばキリがない話です。

第2節

貸借対照表からの
アプローチ

――― 他人を傷つけなければならないときは、
復讐におびえる必要のないほど、たたき
のめさなければならない。
(マキャベリ『君主論』)

16-2-1 粉飾決算は年度末に集中する

　貸借対照表の数値を使って粉飾決算を推定する場合、回転期間分析が重要なデータを提供してくれます。過去の回転期間と比較したり、同業他社の回転期間と比べたりすることで、粉飾発見の手がかりを得られるケースがあります。これは貸借対照表の性質に由来します。

　損益計算書で架空の売上高が計上されていても、売上高はその年度限りの数値です。

　ところが、水増しされた売掛債権や棚卸資産の残高は、期を追うごとに累積していく、という性質を持ちます。したがって、粉飾が行なわれていれば、回転期間は長期化の傾向を示します。

　売掛債権回転期間（**図表38**）や棚卸資産回転期間（**図表39**）を計算する場合、分子については、期中の平均残高をとらず、期末の残高をとるようにします。粉飾決算は「決算」という文字がつくことでもわかる通り、期中で行なわれるものではなく、期末の決算時に集中して行なわれるものだからです。

16-2-2 買掛債務と融通手形のドッキング

　買掛債務回転期間（**図表59**）は、買掛債務の平均的な支払い期間を表わ

します。簿外の買掛債務があれば、異常に短い支払い期間となります。反対に、買掛債務に融通手形が含まれていると、回転期間は長くなります。

おっと、融通手形などという専門用語が飛び出しました。これは、商取引に基づかずに振り出される手形です。2社以上が互いに、同額の手形を振り出すことによって行なわれます。

融通手形のほとんどは簿外扱いとなり、粉飾決算に結びつくだけでなく、1社の倒産によって他社への連鎖倒産を招くなど、極めて危険な取引です。

買掛債務回転期間は、売掛債権回転期間と並べて、過去の実績や同業他社との比較を行なうようにします。

16-2-3　台所事情は火の車

E工業の例で、回転期間分析を行ないます。比較するものとして、同業他社のY$_1$社とY$_2$社のデータを使います。

3社について各回転期間を求めてみたところ、**図表203**の通りとなりました。

図表203　3社の回転期間

回転期間	E工業			Y$_1$社	Y$_2$社
	前々期	前期	当期	当期	当期
キャッシュ回転期間(月)	1.3	1.9	*1 2.1	1.2	1.8
売掛債権回転期間(月)	6.9	9.1	*2 10.9	*9 3.1	*10 4.5
製品回転期間(月)	0.18	0.13	*3 0.20	0.64	2.05
仕掛品回転期間(月)	0.96	0.97	0.98	0.87	1.50
材料回転期間(月)	0.95	0.84	0.85	2.85	0.96
固定資産回転率(回)	1.5	1.4	*4 1.1	3.0	3.0
買掛債務回転期間(月)	*5 4.7	7.4	*6 6.9	1.1	1.4
有利子負債回転期間(月)	9.5	11.1	*7 14.0	8.0	7.6
総資本回転率(回)	0.8	0.7	*8 0.6	1.4	1.3

回転期間を見るにあたっては、**図表204**を判断基準とします。

298

第16章　粉飾決算はトイレ掃除の仕方でわかる

図表204　回転期間の判断基準

> （1）　E工業の過去の回転期間の推移はどうなっているか。
> （2）　同業他社の回転期間と比較して突出した値はないか。

　E工業に注目します。キャッシュ回転期間が、当期末で[*1]2.1か月ありま
す。月平均売上高の2か月分に相当するキャッシュを持っていることになりま
す。同業他社よりも高い水準ですし、E工業の3期間の推移を見ても増加傾
向にあることがうかがえます。

　ところが、有利子負債回転期間が[*7]14.0か月になっており、前々期から3
期連続で伸びています。

　ここから推測できることは、E工業の実際キャッシュ残高が多いのは、資
金繰りに余裕があるのではなく、資金不足を補うために有利子負債を急増さ
せているからでしょう。苦しい台所事情を反映しています。

16-2-4　苦肉の押し込み販売

　E工業の当期末の売掛債権回転期間が、[*2]10.9か月になっています。同業
他社（[*9]3.1か月と[*10]4.5か月）と比べると異常な長さです。E工業の過去2
期間の増加ぶりも異常です。

　商品や製品の販売条件は、通常、得意先との交渉や業界の取引慣行など、
外部の要因によって決められるものです。ライバル企業と競合する製品を扱
うのであれば、ほぼ横並びのデータとなるはずです。

　E工業のように、同業他社と大きく乖離したり、数年で急増したりするの
は、「怪しい」と見なければなりません。売掛債権に焦げ付きがあるのでは
ないか、と疑ってかかる必要があります。

　E工業では、販売部門を子会社（E販売）に委ね、ここに製品の押込み販
売をしていました。子会社では、親会社の命じるまま、製品を在庫として積
み上げておくだけであって、親会社へ支払う資金などありません。

　E工業には、子会社に対する回収不能の売掛債権が累積する一方です。そ
の資金手当てのために、有利子負債が急増した可能性があります。

16-2-5 倉庫の棚に並んだ在庫も怪しい

　E社の製品回転期間が[*3]0.20か月と、異常に短くなっています。E工業では、製品として完成したものを直ちに子会社へ出荷していたものと推測されます。

　E工業の買掛債務回転期間が、[*6]6.9か月となっています。同業他社と比べても、かなり長めです。E工業の買掛債務回転期間が、2期前ですでに[*5]4.7か月にまで達しており、2期前ですでに資金繰りに追い詰められていたのではないか、と推測できます。

16-2-6 こうなったら固定資産も疑え

　E工業の固定資産回転率が[*4]1.1回となっており、同業他社に比べて効率が非常に悪い。E工業の稼動状況がいかに低いものであるかがわかります。

　E工業では、外注よりも社内加工の比重が高いため、固定資産への投資額が多い、という事情があります。

　しかし、これだけ固定資産回転率が低いと、遊休設備があるのではないか、また、減価償却が行なわれていないのではないか、と疑われても仕方がありません。

　総資本回転率が[*8]0.6回にとどまるのも、異常です。流動化できない売掛債権や、支払いが遅延している買掛債務の急増が、総資本回転率を悪化させた可能性があります。

第3節

粉飾決算・番外編

――― 日本人は「絶望」を知らない。絶望する
まえに諦感に入ってしまう。

(山本周五郎『断片』)

16-3-1 善意の粉飾と、悪意ある粉飾

　粉飾決算には、善意のものと、悪意のものがあります。ここでいう善意・
悪意とは、民法189条①などで用いられているものと同じです。

　悪意ある粉飾は、粉飾決算であることを「知って」会計処理を行なうこと
です。これは、当事者を説得することが容易です。なぜなら、自分たちのやっ
ていることが、不正であることを知っているから。

　自分たちだけではどうにも引くに引けぬ事態になり、第三者から指摘され
ることを待っている、と考えることができます。

　始末におえないのが、善意の粉飾です。自分たちの行なっていることが粉
飾決算だと理解できない場合、これを説得するのは至難のワザです。

　例えば、在庫売り上げは、粉飾決算に繋がりやすいことを説明しました。

　ところが、日本の民法は、意思主義を採用しています（民法91条、176
条）。意思主義とは、当事者の意思が合致したときに契約が成立し、所有権
が移転するものです。

　したがって、出荷の有無にかかわらず、インターネットで申し込みがあっ
た時点で契約を成立させて（売上高を計上して）どこが悪い、という論理に

---

①民法第189条（善意の占有者による果実の取得等）第1項　善意の占有者は、占有物から生ずる
　果実を取得する。第2項　善意の占有者が本権の訴えにおいて敗訴したときは、その訴えの提起
　の時から悪意の占有者とみなす。

301

なります。

　在庫売り上げは法律理論に基づいているのだ、という信念を持っている人に対して、「当事者の意思が合致した時点」ではなく、それよりももっと後の、物を出荷した時点（出荷基準）で売上高を計上すべきなんですよ、と説明しても、なかなか理解してもらえません。

　信念を持っている人を説得するのも難儀ですが、会計原則や会計基準を「知らずに」粉飾決算に取り組んでいる場合も困ったことになります。

　のっぴきならぬ事態に陥ったとき、彼らの決め台詞は、いつもこうです。

　「前からこうしていたんだ。どこが悪い！」

　そうさ、前から悪いんだよ。

16-3-2　社長も知らないところで

　大企業の粉飾決算は、潰れてみないとわかりません。大企業では、有資格者を含む経理のベテランを配し、種々の巧妙な粉飾を行なうことが可能です[2]。

　これに対し、中小企業では、業績を常に把握できるような高い経理水準を保っている企業と、税務申告期限ぎりぎりにならないと財務諸表を作成できない企業との、二極化傾向があるような気がします[3]。

　特に中小企業では、経理部門に対する経営者の関心が非常に低く、かつ、経理担当者の会計処理も自己流となっているのが特徴です。まれに、経理に関心のある経営者もいますが、社長が帳簿を見るのは経理担当者に対して気の毒だ、といった感覚のようです。

　担当者に全幅の信頼をおき、放任していたら、経営者も知らぬまに粉飾が行なわれ、倒産に追い込まれたという例は、数え切れないほどあります。

　近年、経理部門や総務部門をアウトソーシング（外部委託）する企業が多くなりました。これにより、財務諸表は、ブラックボックスと化します。

　日常の会計処理の段階から外部委託することにより、月中の業績を把握できないまま、年に一度の税務申告時に何とか辻褄を合わせようとする。納税額を低くするために、利益を無理にでも圧縮しようとする。その反対に、公

---

②可能性を申し上げているだけです。
③気がするだけです。

共事業からの受注を得たいがために、実質的には赤字にもかかわらず、税務申告では黒字を装う。

こうした行為を積み重ねていくと、もはや、アウトソーシング業者にも説明できない財務諸表ができあがります。

倒産した中小企業の財務諸表を参照すると、経営者でさえ実態を把握できないものが数多く存在します。いえね、そういう話を、自己破産した経営者から、しみじみと聞かされたことがあるもので。

16-3-3　抜かずの宝刀の斬れあじ

非上場企業であっても、会社法2条6号の大会社（資本金が5億円以上または負債総額が200億円以上の会社）に該当する場合は、公認会計士による会計監査を受けることが義務づけられています（同328条）。この義務を怠ったとき、100万円の罰金（正確には「過料」）が課せられます（同976条）。

負債総額が200億円以上の非上場企業は、そこそこ存在すると思われます。そのほとんどが会計監査を受けていないでしょう。

では、罰金100万円を納めているかというと、そんな話、いままで聞いたことがありません。これを抜かずの宝刀といいます。

会計監査を受けるために公認会計士に支払う報酬は、毎年100万円以上を要します。罰金と比べたら、そりゃあ、罰金を払ったほうが安上がりです。しかも、宝刀で斬られた企業は1社もないのですから、これほどのナマクラ刀はありません。

経営分析の対象とする企業で、負債総額が200億円以上ある場合、会計監査を受けているかどうかを最初に確かめてみてください。もし、会計監査を受けていないようであれば、まず間違いなく粉飾決算が行なわれています。

これだけ巨大な図体をしていて、我田引水の経理を行なって、無傷であるわけがない。

分析する側にとって、会計監査を受けていない企業の経営分析作業は、僥倖（思いがけない幸せ）です。仲間を集めて、どこに粉飾が行なわれているのか、大いに楽しみながら分析してみてください。

303

16-3-4　建設業は「粉飾決算のデパート」って本当ですか

　業種を聞いただけで、「あ、これは危ないな」と心配してしまうのが建設業界です。

　こういっては物議を醸すかもしれませんが、中小の建設会社で、かつ、公共工事を受注しているところは、99％ぐらいの確率で、粉飾決算が常態化している、と筆者は確信しています。なにしろ、公共工事の入札に参加するためには、黒字であることが絶対条件ですから。

　最初に損益計算書のオシリ（当期純利益）をいくらにするかを決め、そこから遡って、売上高やコストを決めていきます。これを粉飾といわずして、なんというか。

　いえ、あなたの会社が粉飾をしていると申し上げているのではありません。きっと、あなたの会社は、1％の中に入るほどの健全経営をしていることでしょう。

　筆者は、残り99％の話をしているだけです。

16-3-5　別表一、四、五で粉飾決算の足がかり

　中小企業では、第三者による会計監査を受ける義務がありません。会社の暴走を止めるのは監査役の責務なのですが、オーナー企業ではまったく期待できません。会計事務所も結託している可能性があります。

　では、何を信じて経営分析を行なったらいいのか。せめてもの拠り所が、法人税申告書です。

　法人税申告書に記載された申告所得は、法人税法に基づいて計上されたものです。税務署による調査も行なわれます。

　申告所得を水増しして計上すれば、納付すべき税金もそれに応じて増えますから、申告所得まで過大に粉飾するのは、よほどの覚悟を必要とします。

　経営分析資料として法人税申告書を入手するのであれば、別表一、別表四、別表五（一）、別表五（二）を取り寄せましょう。繰越欠損金がある場合は、別表七も取り寄せます。それぞれの別表の金額が一致し、財務諸表の数値と符合しているかどうか、必ず確かめてください。

第16章　粉飾決算はトイレ掃除の仕方でわかる

　減価償却の明細表や、会計ソフトで自動的に計算された経営分析資料まで、ご丁寧につけてくださる企業もあります。ファイルが厚くなるだけであって、不要な資料です。

　別表十一（引当金関係）や、別表十六（減価償却関係）も必要ではないか、と思われるかもしれません。しかし、これらは経理操作が最も行なわれやすいもの。これら別表に頼るよりも、経理操作が行なわれていることを前提とした、経営分析の手法を考えましょう。

　別表四は、税法の損益計算書といえるものです。これを入手したら最初に、一番上の「当期利益[4]又は当期損失の額」が、損益計算書の当期純利益と一致しているかを確かめます。「純」があるかないかの違いですが、金額は必ず一致します。

　別表四において、当期利益から課税所得までの間に展開される、加算・減算の欄で金額的に大きなものは注意して読みましょう。

　別表五（一）は貸借対照表の資本の部に相当し、企業の内部留保（基礎体力）を知ることができます。**図表177**の資金運用表にあった、内部留保の「税務版」です。

16-3-6　「下の下」の企業

　経営分析を行なう者として、別表一を入手したらその左上に、税務署受付印があるかどうかを必ず確認してください。バ〜ンと元気よく押してあるものがいい。

　中小企業の法人税申告書を拝見すると稀に、税務署受付印のないものがあります。会計事務所が法人税申告ソフトを利用して企業の代わりに税務申告書を作成し、会計事務所が電子申告ソフトを利用して、企業の代わりに税務申告書を税務署に「送信」している場合に、受付印の「印字漏れ」が生じます。

　会計事務所を責めているのではありません。

　法人税申告書は、会計事務所が企業の代わりに提出するものではなく、企

---

[4]別表四で表示されているのは、当期「純」利益ではありません。

305

業自らが提出するものです。電子申告の時代になっても、その姿勢は変わり
ません。

　いや、もっというならば、法人税申告書は会計事務所が作るものではなく、
企業が自分の手で作って、自分の足で提出できるものでなければなりませ
ん。

　第三者から「この金額は、どうやって計算したのですか？」と質問されて、
「会計事務所が計算したものなので、弊社ではわかりません」などと答える
企業は、分析対象として「下の下」の評価を下していい。

　税法は難しい？　経理や総務に、相当の人員を配置する余裕がない？　ソ
フトの購入代が、もったいない？

　そうですか。だから、その会社は「下の下」なのです。

16-3-7　税務申告書が悪用される

　L社がM銀行を通して、信用保証協会つきの融資を申し込んだことがあり
ました。この融資制度は、信用保証協会から企業へ直接、貸し付けが行なわ
れるのではありません。銀行から企業への貸付金に、信用保証協会が保証を
与えることで、企業に対して間接的に資金を供給する制度です。

　信用保証協会も、保証するにあたっては、保証先の企業の審査を事前に行
ないます。L社もその手続に倣い、同社の財務諸表が、M銀行を経由して、
信用保証協会へ提出されました。

　数日後、信用保証協会からM銀行の担当者に対して、妙な電話連絡があり
ました。

　「このたび、M銀行からご提出いただいたL社の財務諸表なのですが、数
か月前にN銀行から申し込みがあったL社の財務諸表と違うようですが」

　M銀行から提出されたL社の財務諸表と、N銀行から提出されたL社の財
務諸表とが違う、というのです。L社の財務諸表の決算年度はどちらも同じ。
このカラクリを仕組んだ真犯人は誰だ？

　M銀行の担当者がL社に照会すると、L社は粉飾の事実をあっさりと認め
ました。L社はカアチャン経理で、財務諸表を書き換えるほどのノウハウは
ありません。

306

第16章　粉飾決算はトイレ掃除の仕方でわかる

　よくよく聞くと、L社を担当する会計事務所が作成してくれた、というこ
とでした。それなりの報酬も、会計事務所から要求されたそうです。
　このときに悪用されたのが、税務申告書に押される税務署受付印です。
　税務申告書は、期限内であれば何度でも提出することができます。一度提
出した申告書であっても、誤りがあればそれを訂正して再提出することが可
能なのです。
　狡猾な人物は、次の悪知恵を働かせます。すなわち、業績の良い財務諸表
に基づいた税務申告書を作成し、税務署受付印がバ〜ンと元気よく押されて
いるものを金融機関に提出するのです。翌日、真実の財務諸表と税務申告書
を作成し直して、税務署へ再提出します。電子申告の時代になって、この方
法はさらに簡単なものとなりました。
　これは詐欺です。しかし、金融機関にとって、自身の手元にある税務申告
書に押されている税務署受付印が「最終確定版」であることを、どうやって
見抜けばいいのか。悩みは深い。

307

第4節

アカウンティング・エンターテインメントは続く

―――― 花に嵐のたとえもあるぞ「さよなら」だ
けが人生だ

（井伏鱒二『厄除け詩集』）

16-4-1　大理石で固められたトイレも要注意

　いままで、粉飾決算の事例を書き並べてきました。「こんなの、ウソだろう」と思われるかもしれません。事実は小説よりも奇なり、と申します。

　粉飾決算の誘惑に負けてしまう企業の心が、社会を揺るがす経済事件へと発展することもあります。

　筆者の前職は、銀行員でした。その銀行に入って、課長から最初に教えられたことがありました。企業の心の変わりようを知るために、会社を訪問したら、ときどきその会社のトイレを借りることだと。

　トイレがどれだけ清潔に維持されているかで、その企業の心がわかる、と教えられました。

　この教えは、公認会計士になった現在でも、ずいぶんと役に立ちます。ウソだと思ったら確かめてみてください。

　トイレが汚い会社の財務諸表は、十分注意して見なければなりません。いろんなシグナルが、トイレにこめられています。

　大理石で固められた「個室」がある会社も要注意でした。

16-4-2　ゲームの達人と、宿命の対決

　財務諸表の粉飾は、企業の存続を危うくします。企業が公表する財務諸表

のすべてに粉飾がある、とはいいませんが、まったくない、とも言い切れません。

粉飾を行なおうとする企業と、これを発見しようとする外部分析者との間には、常に相手の手の内を推測しながら、新しい手法を開発しようとする、いわば「宿命の対決」があります。

対決は、企業の内と外だけではありません。企業内部にいる者は、経理部・財務部・工場・支店などで、ひょっとしたら密かに行なわれている暴走を、事前にくい止めなければなりません。

あなたが、「やっぱり、それはマズイから、やめようよ」と諫言できるだけの、能力と度胸を持っていないと。当事者として、ときには助言者として、自社の将来を洞察できる力がほしい。

経理操作については、財務諸表を注意深く観察することによって比較的容易に見抜くことができます。

しかし、粉飾決算については、外部の者に発見されないように複雑な操作を行なう場合が多いので、その発見は容易ではありません。経理操作を丹念に追いかけたり、経営分析の手法を活用したりして、おおよその見当をつける必要があります。

しかも、最初から粉飾だと疑ってかかるわけにいきません。粉飾決算を暴くことが、経営分析の目的ではないのですから。経営分析本来の目的は、企業の将来像を描くことです。

公表される財務諸表は所詮、前期までのものであり、かつ、公表されたときはかなりの日時が経過していて、その間の情勢も変化しています。また、公表される財務諸表は、法令などで定められた最小限度の会計数値を、一定の形式によって報告しているに過ぎないため、このような公表数値だけに頼って分析を行なうと、お門違いの結論を導き出す場合もあります。

それでも、分析する者としては、公表されている財務諸表だけが、企業を理解するための唯一の資料となります。そうであるならばこれを徹底的に活用して、粉飾決算の追及から成長性の検討まで、いろんな想像の翼を羽ばたかせてみましょう。経営分析は、想像力の豊かさを競うゲームなのだから。

16-4-3　会計監査はコピーに騙され続けた歴史である

　いや～、ここまで読んでいただいて、誠にありがとうございました。途中で放棄されたら、「この本の良さがわからないとは、なんて不幸なヤツだろう」という言葉を、あなたの背中に投げかけようと思っていました。

　そうしなくてすみました。

　ここまでお読みいただいたお礼として、経営分析を行なうにあたっての3つのキーワードを、最後にもう一度、復習しておきます。

　短期的には収益性と資金繰りとを同時に追求することは難しいが、長期的には、収益性が上がれば資金繰りもうまくいく、と述べました。これらが証明されるかどうかが、経営分析を行なうにあたっての、1つめのキーワード。

　収益性分析・キャッシュフロー分析ともに、短期の眼、長期の眼でながめてください。

　2つめは、経営分析の対象とする資料の信憑性。企業から提出される財務諸表などは、すべてコピーでしょう。これをそのまま信ずることはできません。筆者の経験から申し上げれば、公認会計士が行なう会計監査は、コピー用紙に騙され続けた、苦い歴史の積み重ねです。

　3番めはやはり、その企業を実際に訪ねて、トイレを借りることです。机上の推論だけでは読み取れないものがあります。

　ということで、ここでいったん、トイレ休憩をとりましょうか。

　おっと、ここで筆を置いても、後から読み返すと「ここは、こう書くべきだった」と悔やむ箇所が必ず生じます。それは補足説明として、次のブログでフォローすることにします。

『会計雑学講座とサバイバル経営戦略の後日談』
http://cpa-factory.at.webry.info/

　さらなる「アカウンティング・エンターテインメント」の世界へ、読者を誘うこととしましょう。

索引

C
CVP図表 ……………………… 157, 178
CVP図表 Part I …………………… 168
CVP図表 Part II ………………… 169, 170
CVP分析 ………… 114, 154, 165, 168,
173, 175, 178, 179, 268

D
D/Eレシオ …………………………56, 57

E
EBITDA ………………………90, 114, 171

G
give and take ……………………… 224

I
IFRS基準 ……6, 8, 10, 19, 22, 30, 40, 57,
83, 88, 89, 90, 91, 128, 277

M
M&A ………………………… 7, 84, 89, 171

N
NOPAT→ 税引き後の営業利益

R
ROA→ 総資本利益率
ROE→ 自己資本利益率
ROE経営 …………………………… 126

W
WACC→ 加重平均資本コスト率

あ
アウトソーシング ………………… 302
悪意ある粉飾 ……………………… 301
粗利益率→ 売上高総利益率
安全性……………… 11, 51, 55, 114
安全性分析…………………………… 34

い
意思主義…………………………… 301
一時的な支払い準備 ……………… 64
インサイダー情報 ……………… 2, 56
インセンティブ…………………………5, 8

う
受取手形………………32, 37, 66, 96, 204
売上原価…… 23, 74, 78, 79, 134, 210, 293
売上総利益…… 23, 78, 118, 127, 279, 293
売上高………6, 23, 85, 134, 135, 174, 175
売上高営業利益率…… 13, 14, 60, 61, 115,
121, 127, 130, 131, 197
売上高線………………………… 154, 155
売上高総利益率………………… 294, 295
売上高当期純利益率………………… 127, 134
売上高利益率………………………… 129
売掛金……………… 7, 32, 37, 54, 66, 204
売掛債権…… 32, 37, 46, 66, 67, 204, 205
売掛債権回転期間……61, 67, 72, 100, 132,
206, 236, 288, 297, 298
売掛債権回転率………………… 61
運用形態………… 33, 34, 46, 200, 205

え
営業運転資金…………… 95, 100, 104, 202,
210, 225, 232, 248
営業外資金………………… 202, 218, 227
営業外収益………………… 23, 293
営業外損益………………… 24
営業外費用…………………23, 276, 293
営業活動………………… 204
営業活動キャッシュフロー ……………… 245
営業権→ のれん
営業コスト ………………… 134, 135, 142
営業支出………………… 235, 236
営業収支尻………………… 236, 240
営業収入………………… 231, 235, 236
営業上の権利………………… 84
営業利益………13, 23, 111, 118, 126, 127,
134, 135, 160, 169, 174, 175, 293
エクイティ・ファイナンス ………………… 51

お
追い貸し ………………… 97
オーナー企業 ………………… 281
親会社株主………………… 28
親会社株主に係る包括利益 ……………… 23
親会社株主に帰属する当期純利益
………… 23, 26, 27, 41, 128, 174, 257
親会社説…………29, 39, 57, 108, 128, 257

311

か

買掛金‥‥‥‥‥‥‥‥‥‥‥32, 54, 204
買掛債務‥‥‥‥‥‥32, 37, 94, 204, 208
買掛債務回転期間‥‥‥‥‥‥‥‥‥‥297
買掛債務回転期間 Part I‥‥‥‥‥‥　99
買掛債務回転期間 Part II‥‥‥‥‥‥　99
会計監査‥‥‥‥‥‥‥‥‥‥‥‥5, 303
会計基準‥‥‥‥‥‥‥‥‥‥‥‥‥‥　6
会計処理‥‥‥‥‥‥‥‥‥‥‥‥‥6, 9
『会社四季報』‥‥‥‥‥40, 50, 57, 64, 128
回収期間‥‥‥‥‥‥‥‥67, 98, 206, 214
回収コスト‥‥‥‥‥‥‥‥‥‥‥‥　66
外注費‥‥‥‥‥‥‥‥‥‥‥‥‥94, 99
回転期間‥‥‥‥‥‥‥‥60, 61, 62, 85
回転期間分析‥‥‥‥‥‥‥‥‥60, 297
回転率‥‥‥‥‥‥‥60, 61, 62, 85, 132
外部購入費用‥‥‥‥‥‥‥‥‥‥170
価格競争‥‥‥‥‥‥‥‥‥‥‥‥173
価格分析‥‥‥‥‥‥‥‥‥‥‥‥135
加算方式（付加価値）‥‥‥‥‥‥‥170
貸し倒れ‥‥‥‥‥‥‥‥‥47, 118, 286
加重平均資本コスト率‥‥‥‥‥187, 188
過剰債務‥‥‥‥‥‥‥‥‥‥‥‥104
過少資本‥‥‥‥‥‥‥‥‥‥‥‥51, 52
株価‥‥‥‥‥‥‥‥‥‥‥‥110, 197
株式数‥‥‥‥‥‥‥‥‥‥‥‥‥110
株主資本‥‥‥‥‥‥‥32, 40, 107, 118
株主資本等変動計算書‥‥‥‥‥19, 111
借入金依存度‥‥‥‥‥‥‥‥‥97, 104
借入金返済‥‥‥‥‥‥‥‥‥197, 201
借入金利子率‥‥‥‥‥‥‥‥‥‥122
為替感応度‥‥‥‥‥‥‥‥‥135, 147
為替相場‥‥‥‥‥‥‥‥‥‥‥‥147
勘定科目法‥‥‥‥‥‥‥‥‥163, 171
勘定連絡図‥‥‥‥‥‥‥‥75, 76, 201
完成品‥‥‥‥‥‥‥‥‥‥‥‥‥　81
間接金融‥‥‥‥‥‥‥‥‥‥‥‥101
完全親会社‥‥‥‥‥‥‥‥‥‥‥　28
完全子会社‥‥‥‥‥‥‥‥‥‥‥　28

き

企業間信用‥‥‥‥‥‥‥‥‥‥‥　54
企業集団‥‥‥‥‥‥‥‥‥‥‥‥　18
季節的要因‥‥‥‥‥‥‥‥‥206, 209
基礎研究‥‥‥‥‥‥‥‥‥‥‥‥　91
期中平均株式数‥‥‥‥‥‥‥‥‥110

規模の経済

規模の経済‥‥‥‥‥‥‥‥‥‥56, 89
期末発行済株式数‥‥‥‥‥‥‥‥110
逆粉飾‥‥‥‥‥‥‥‥‥‥‥‥‥5, 7
キャッシュ・アウト・フロー‥‥238, 253, 258
キャッシュ・イン・フロー‥‥236, 253, 258
キャッシュ回転期間‥‥‥‥‥‥‥63, 67
キャッシュフロー‥‥‥‥‥‥‥‥‥　11
キャッシュフロー計算書‥‥‥19, 34, 63, 111,
　　　　195, 221, 230, 244, 245, 261
キャッシュフロー分析‥‥‥11, 33, 34, 35, 73,
　96, 97, 162, 184, 194, 200, 230, 244, 310
業績悪化‥‥‥‥‥‥‥‥‥‥‥‥‥　9
業績予想‥‥‥‥‥‥‥‥‥‥4, 160, 174
業績予想の修正‥‥‥‥‥‥‥‥‥174
金額で判断する方法‥‥‥‥‥‥‥134
銀行家比率→ 流動比率
銀行借入金‥‥‥‥‥‥‥‥‥187, 276
均等償却‥‥‥‥‥‥‥‥‥‥‥‥　89
金融収入‥‥‥‥‥‥‥‥‥‥‥‥232
金融商品会計‥‥‥‥‥‥‥‥‥‥286
金融商品取引所‥‥‥‥‥‥‥‥‥109
金融取引‥‥‥‥‥‥‥‥‥‥‥‥196
金利負担‥‥‥‥‥‥‥‥‥‥‥‥210

く

黒字倒産‥‥‥‥‥‥‥‥‥‥‥‥196

け

経営安全度‥‥‥‥‥‥‥‥‥‥‥159
経営資源‥‥‥‥‥‥‥‥‥‥‥‥132
経営指標‥‥‥‥‥‥‥‥‥‥‥‥　11
経営成績‥‥‥‥‥‥‥‥‥‥‥‥　20
経営分析‥‥‥‥‥‥‥‥‥‥‥11, 12
経済的単一体説‥‥‥‥30, 40, 57, 108, 128
計算書類→ 財務諸表
経常資金‥‥‥‥‥‥‥‥37, 202, 218, 221,
　　　　227, 245, 251, 258, 263
経常収支‥‥‥‥‥‥‥‥‥‥‥‥233
経常収支尻‥‥‥‥‥‥‥‥‥‥‥240
経常的な支払い準備‥‥‥‥‥‥‥　64
経常利益‥‥‥‥23, 118, 134, 160, 174, 227
経理操作‥‥‥‥‥6, 10, 89, 120, 278, 283
決済条件‥‥‥‥‥‥‥‥‥‥‥‥　67
決算資金‥‥‥‥‥‥‥‥95, 202, 218, 219,
　　　　221, 239, 247, 248, 253
決算書→ 財務諸表

312

決算短信·················110, 160, 174, 257
月商······················64, 97
限界利益······ 114, 169, 170, 172, 173, 175
減価償却······ 8, 52, 84, 120, 196, 214, 285
減価償却費············· 8, 85, 91, 155, 170,
171, 214, 215, 222, 253, 285
減価償却累計額··············· 85
原価評価·····················278
研究開発費··············91, 281, 284
現金及び現金同等物の期末残高············ 63
現金支出·····················231
現金支払い額··················64
現金収入·····················231
現金増加額··············· 195, 196, 197
現金預金······· 32, 95, 204, 205, 235, 245
現金預金回転期間··············· 61
現金預金回転率··············· 61
検収基準·····················7
減収減益·····················179
減収増益·····················179
建設仮勘定···················83
健全性··············11, 51, 55, 56, 114
健全性分析···················34
減損処理··················89, 284
減損処理前利益·················90
減損損失·····················286
原料·····················71

こ

公共工事·····················304
貢献利益→ 限界利益
控除方式（付加価値）·················170
コスト ············ 23, 78, 85, 293, 294
コストアップ···················135
コスト削減の効果 ···············140
コストダウン ············ 135, 294
コストの変化率 ···············294
固定資金········· 37, 202, 203, 214, 221,
245, 248, 251, 258, 263
固定資産·············· 32, 50, 51, 83, 84, 259
固定資産回転期間················ 61
固定資産回転率··········· 61, 62, 86, 295
固定資産売却益············· 85, 223
固定長期資本··················258
固定長期適合率··········· 51, 52, 101
固定費········· 50, 155, 156, 163, 164,

168, 169, 172, 173, 175, 179, 215
固定比率·····················50
固定費率·····················155
固定負債············· 32, 51, 52, 101
誤謬·····················3
個別財務諸表············· 18, 25, 27, 28, 75
個別貸借対照表·············· 63, 108
固変分解············· 155, 163, 179
コロガシ単名手形 ·············· 104, 227

さ

在庫売り上げ·············· 269, 301
最終利益·····················25, 31
最小自乗法··················179
財政状態·····················20, 33
財政状態変動計算書················ 19
財務活動キャッシュフロー ·········· 223, 245
財務収支·············· 233, 241
財務諸表·············3, 18, 19, 75
債務超過············· 108, 109, 254
債務不履行··················102
裁量·············· 278, 283
材料·····················71
材料回転期間 Part II ·············· 79
材料勘定·····················78
材料仕入高···················99
材料費·····················78, 79
先入先出法···················82
差引過不足···················233
差引留保利益··················124

し

仕掛品········· 37, 70, 71, 79, 81, 208, 282
仕掛品回転期間·················80
仕掛品回転期間 Part II ·············· 80
仕掛品勘定···················78
仕掛品の製造方法················79
時価評価············· 84, 89, 277, 278, 279
事業税率·····················185
資金運用·····················208
資金運用表········· 195, 221, 230, 244, 249,
250, 252, 253, 256, 261, 305
資金運用表チェックリスト ·················259
資金管理·····················242
資金繰り ············ 11, 197, 198, 201
資金繰り表 ············ 64, 195, 201, 221,

313

230, 235, 236, 250	資本利益率… 16, 114, 115, 118, 120, 129
資金需要…………………… 201, 211, 218	事務用消耗品費………………………… 84
資金循環…………………………… 12, 13	社外流出… 125, 202, 203, 219, 222, 248
資金ショート ……………………… 64	社外流出額………………………… 256
資金の固定化 …………………… 37	社外流出率………………………… 257
資金の分類………………………… 202	社債………………………… 37, 94, 187
資金の方向性……………………… 249	社債発行…………………………… 197
資金の量…………………………… 249	社債利子率………………………… 122
自己株式…………………………… 107	社債利息………………………… 39, 122
自己株式の取得支出 ………… 253, 256	借金返済能力……………………… 104
自己資金 ……………… 56, 95, 187, 192	収益……………………………… 12, 231
自己資本…… 32, 39, 50, 51, 94, 107, 108,	収益性………………… 11, 12, 114, 194
117, 118, 187, 241, 242, 275	収益性分析…… 11, 13, 19, 33, 34, 44, 73,
自己資本コスト ………………39, 122, 188	114, 134, 154, 162, 184, 194, 310
自己資本コスト率 ………………39, 122, 188	収益力……………………………11, 12
自己資本当期純利益率 …………… 127	収支……………………………… 231
自己資本比率 ………45, 51, 54, 55, 108	終点投入…………………………… 80
自己資本∞親会社説… 32, 39, 109, 118, 128	収入超過…………………………… 247
自己資本利益率……… 16, 25, 31, 118, 119,	住民税率…………………………… 185
126, 127, 192, 194, 198	出荷基準………………… 6, 269, 302
仕込み資金………………………… 211	純資産………………… 58, 84, 277
資産合計…………………………32, 36	純資産合計………………………32, 39
試算表……………… 275, 287, 292	純資産の部………………………… 107
支出………………………………85, 86	償却前利益…………………………… 90
支出超過…………………………… 247	上場廃止…………………………… 109
『持続的成長への競争力とインセンティブ』… 126	『上場廃止基準概要』……………… 109
実際キャッシュ期末残高 ……………… 247	少数株主…………………………… 28
実際キャッシュ残高 …… 32, 37, 49, 50, 62,	少数株主損益調整前当期純利益………27, 41
95, 192, 204, 205, 299	少数株主持分……………………… 41
実際キャッシュ残高対有利子負債比率 … 50	少数株主利益………………………28, 41
実際キャッシュ増減額 ……………… 245	使用総資本… 32, 36, 53, 61, 62, 118, 121
実質借入金利子率………………… 189	譲渡担保…………………………… 105
実質社債利子率…………………… 189	消費……………………………… 71
実質利子率………………………… 189	商品………………………… 37, 70, 71
支手決済…………………………… 238	商品仕入高………………………… 99
自転車操業 ……………………… 34, 211	正味……………………………… 226
始点投入…………………………79, 80	正味営業運転資金 ………… 221, 225, 226
支払手形……………… 32, 46, 204	正味営業運転資金の回転期間……… 226
支払利息…23, 39, 122, 155, 215, 268, 296	正味経常資金……………………… 227
四半期…………………… 21, 110	剰余金計算書……………………… 27
四半期ごとの当期純利益 ……………… 116	賞与資金…………………………… 211
資本回転率………………………… 129	初期投資…………………………… 102
資本金……………………………… 107	諸経費支払資金…………………… 211
資本コスト ………………… 39, 122, 127, 188	新陳代謝………………… 48, 62, 72, 132
資本コスト率 ……………… 188, 191, 192	信用取引…………………………… 196
資本剰余金………………………… 107	信用保証協会……………………… 306

314

す

数量分析···································· 135
スケールメリット ·············· 56, 89, 187
ステークホルダー ················· 9, 11

せ

税金等調整前当期純利益········ 23, 25, 118,
　　　　　　　　　　　　184, 222, 253
税効果会計······························ 25, 184
税効果会計適用後の法人税等の負担率 ··· 186
生産性····································· 11
製造親会社························· 54, 121
製造経費···························· 78
製造原価明細書··········· 75, 78, 163
製造子会社····················· 54, 70, 121
静態比率········45, 60, 96, 114, 194, 195
静態分析····························· 195
成長性····································· 11
税引き後の営業利益 ················· 190
税引前当期純利益 ···················· 25
製品······················· 37, 70, 71, 79
製品回転期間 Part Ⅱ ················ 78
製品開発····························· 91
製品製造原価························· 81
税前純利益·········· 23, 25, 124, 184, 186
税務署受付印························· 305
税務調査····························· 285
税率差異····························· 186
セグメント情報 ····················23, 24
セグメント利益 ··················· 23
善意の粉飾························· 301
前残····························· 263

そ

総コスト ·············· 24, 154, 163, 195, 275
総コスト線 ···········155, 156, 180, 181
増資····························· 197
総資産····························58, 83
総資本········ 32, 36, 53, 83, 118, 242, 275
総資本営業利益率······15, 16, 61, 115, 118,
　　　　　　　　　120, 121, 125, 129, 190
総資本回転率··· 13, 14, 60, 61, 62, 67, 85,
　　　　　　　　115, 121, 130, 131, 197, 295
総資本当期純利益率··········· 118, 121, 125
総資本利益率····························· 16
増収減益····························· 179

増収増益···························· 179, 273
総製造費用························· 78
素材····························· 71
その他の包括利益累計額
　　············· 32, 40, 63, 84, 107, 221
損益計算書······· 19, 22, 23, 27, 75, 84,
　　　　　　105, 127, 134, 163, 244
損益分岐点···········156, 164, 169, 215
損益分岐点売上高···········156, 157, 179, 198
損益分岐点図表··········· 157 → CVP 図表
損益分岐点操業度··· 159 → 損益分岐点比率
損益分岐点比率··················· 158
損益分岐点分析→ CVP 分析
損金算入····························· 39
損金不算入························· 40

た

大航海時代························· 20
第三の財務諸表····················· 244
貸借対照表··· 13, 19, 32, 33, 200, 201, 244
滞留債権····························· 67
タカダ式為替感応度分析 ················· 150
棚卸資産············· 32, 37, 46, 70, 71, 73,
　　　　　　　　204, 205, 208, 209
棚卸資産回転期間··· 24, 71, 100, 210, 297
棚卸資産回転期間 Part Ⅰ ················· 71
棚卸資産回転期間 Part Ⅱ ·············72, 73
他人資本············· 32, 39, 53, 54, 94, 95,
　　　　　　　　107, 242, 275
他人資本コスト ····· 39, 105, 122, 170, 188
他人資本コスト率 ······ 39, 105, 122, 188,
　　　　　　　　　　268, 276, 296
他人資本比率····························53, 54
短期借入金················· 37, 48, 50, 52, 94,
　　　　　　　　95, 101, 227, 259
短期有利子負債··· 32, 37, 68, 94, 104, 237
短期リース債務 ·····················37, 94
単体財務諸表→ 個別財務諸表
単利計算構造························· 180
弾力係数····························· 175

ち

地方法人特別税····················· 185
中間財····························· 170
『中小企業BCP策定運用指針』 ·········· 163
『中小企業実態基本調査』····· 13, 47, 54, 55

315

中小企業庁方式‥‥‥‥‥‥‥‥‥ 164
長運→ 長期運転資金
長期運転資金‥‥‥‥‥‥‥‥ 105, 227
長期借入金‥‥‥‥‥‥ 37, 50, 94, 259
長期未収入金‥‥‥‥‥‥‥‥‥‥ 287
長期有利子負債‥‥‥‥ 32, 37, 94, 104
長期リース債務‥‥‥‥‥‥‥‥37, 94
調達源泉‥‥‥‥ 33, 34, 39, 46, 94, 98, 221
調達資本‥‥‥‥‥‥‥‥‥‥ 36, 245
直接金融‥‥‥‥‥‥‥‥‥‥‥ 101
陳腐化‥‥‥‥‥‥‥‥‥‥‥‥ 282

つ

月平均売上原価‥‥‥‥‥‥‥‥‥ 99
月平均売上高‥‥‥‥‥‥‥ 63, 64, 226
月平均費消額‥‥‥‥‥‥‥‥‥‥ 72
つなぎ資金‥‥‥‥‥‥‥‥‥‥‥ 220

て

定期預金‥‥‥‥‥‥‥‥‥‥‥‥ 63
手形繰り‥‥‥‥‥‥‥‥‥‥‥ 237
手形割引‥‥‥‥‥‥‥‥‥ 231, 236
適正在庫‥‥‥‥‥‥‥‥‥ 209, 210
適切な会計処理‥‥‥‥‥‥‥‥‥‥ 8
デッドストック‥‥‥‥‥‥‥ 95, 209
デフォルト‥‥‥‥‥‥‥‥‥‥ 102
手持ち期間‥‥‥‥‥‥‥‥ 72, 216
電子記録債権‥‥‥‥‥‥‥ 37, 66, 231
電子記録債務‥‥‥‥‥‥‥‥‥‥ 37

と

投下資本‥‥‥‥‥‥‥‥‥‥‥ 36
当期純利益‥‥‥‥ 22, 27, 30, 31, 90, 111,
117, 118, 126, 127, 157, 160,
161, 168, 169, 170, 171, 174, 275, 293
当期損失‥‥‥‥‥‥‥‥‥‥‥ 305
投機目的‥‥‥‥‥‥‥‥‥‥‥ 209
東京証券取引所‥‥‥‥‥‥‥‥‥ 174
当期利益‥‥‥‥‥‥‥‥‥‥‥ 305
当座資産‥‥‥‥‥‥‥‥‥‥‥ 48
当座比率‥‥‥‥‥‥‥‥‥‥‥ 48
投資活動キャッシュフロー‥‥‥‥‥ 245
投資その他の資産‥‥‥‥‥‥‥‥ 84
投資有価証券‥‥‥‥‥ 84, 203, 218, 286
動態分析‥‥‥‥‥‥ 195, 197, 255
特別損益‥‥‥‥‥‥‥‥‥‥‥‥ 24

特別損失‥‥‥‥‥‥‥‥‥‥‥ 23
特別利益‥‥‥‥‥‥‥‥‥‥‥ 23
トレードオフ‥‥‥ 15, 60, 120, 197, 207, 210

な

内部留保‥‥‥‥‥90, 96, 102, 103, 170, 203,
219, 221, 222, 241, 245, 248, 249, 305
単年度の〜‥‥‥‥‥‥‥‥‥ 221
〜の累積額‥‥‥‥‥‥‥‥‥ 221
内部留保の余剰‥‥‥‥‥ 253, 258, 263

に

日銀方式‥‥‥‥‥‥‥‥‥‥‥ 165
『日経会社情報』‥‥‥40, 50, 57, 64, 128
二番手商法‥‥‥‥‥‥‥‥‥‥ 187
日本基準‥‥‥‥‥‥‥6, 10, 24, 30, 41, 57,
89, 90, 91, 108, 128, 277

ね

値引き‥‥‥‥‥‥‥‥‥70, 130, 148
年末決済資金‥‥‥‥‥‥95, 211, 212

の

のれん‥‥‥‥‥‥‥ 7, 37, 84, 88, 89, 286
のれん減損損失‥‥‥‥‥‥‥‥‥ 90
のれん償却額‥‥‥‥‥‥‥‥ 90, 222
のれん償却前利益‥‥‥‥‥‥‥‥ 90

は

ハードルレート‥‥‥‥‥‥‥‥‥ 192
廃棄損‥‥‥‥‥‥‥‥‥‥‥‥ 70
買収企業‥‥‥‥‥‥‥‥‥ 7, 88, 89
配当金‥‥‥‥‥‥‥‥‥39, 111, 122
配当金支払額‥‥‥‥ 222, 223, 247, 248, 256
配当性向‥‥‥‥‥‥‥‥‥ 256, 257
配当率‥‥‥‥‥‥‥‥‥‥ 39, 122
薄利多売‥‥‥‥‥‥‥‥ 14, 130, 216
バッファー在庫‥‥‥‥‥‥‥‥‥ 208
販管費‥‥‥‥‥‥‥‥‥23, 134, 293
販売親会社‥‥‥‥‥‥‥‥ 54, 70, 121
販売価格‥‥‥‥‥‥‥‥‥ 135, 293
販売価格の変化率‥‥‥‥‥‥‥‥ 294
販売子会社‥‥‥‥‥‥‥‥‥ 54, 121
販売数量‥‥‥‥‥‥‥‥‥ 135, 293
販売数量の増減率‥‥‥‥‥‥‥‥ 294
販売費及び一般管理費‥‥‥‥‥‥ 23, 134

ひ

非資金コスト	222, 253
非支配株主	28, 222
非支配株主に係る包括利益	23
非支配株主に帰属する当期純利益	23, 28, 41
非支配株主への配当金支払額	222, 223, 253, 256
非支配株主持分	32, 41, 58, 107, 108, 128
費消	71, 82, 279
費消額	73
費消期間	71, 216
非上場企業	5
日銭商売	196
被買収企業	7, 88
評価益	279
評価換え	279
評価・換算差額等	63, 107, 108
評価基準	278
評価減	70
評価損	279
評価方法	280
比率分析	249

ふ

風説の流布	10
付加価値	70, 170, 173, 295
含み益	63, 279
含み損失	210
複利計算構造	181
負債合計	32, 39
負債純資産合計	32, 36
負債総額	303
負債比率	53
付随費用	283
不正	3, 5
不正会計	4
不適切会計	5
不適切会計問題	2, 3, 266
不適切な会計処理	3
フリーキャッシュフロー	247
不良債権	206, 237, 271
プロジェクトの収益性	122
粉飾決算	4, 266, 267, 283

へ

平均自己資本	117

平均資本	117
平均総資本	117
平均投入	80
別表	304
返済期限	39, 64, 94
変動費	155, 156, 163, 164, 168, 169, 172, 268, 295
変動費率	156, 160, 161, 169, 172, 215
変動利益→ 限界利益	

ほ

包括利益	23, 111, 118, 277
包括利益計算書	19, 22, 26, 111, 277
法人実効税率	185
法人税申告書	304
法人税等	23, 25, 123, 124, 134, 171, 184
法人税等支払額	222, 253, 263
法人税等調整額	25, 184
法人税等負担率	186
法人税法	8
法人税率	185
法定実効税率	124, 185, 186, 187
法律上の権利	84
簿価	86, 108
簿外	276, 296
簿外資産	288
簿外負債	276, 288
保管コスト	210
ポケットマネー	56
本業の儲け	121, 135

ま

前受金	204, 236
前渡金	204, 238

み

未収入金	66
未成工事受入金	204
未払金	94, 99, 202

む

無形固定資産	32, 38, 83, 84, 89, 203
無形資産	32, 83, 84
無借金経営	95, 105, 123, 127
無利子負債	94

317

も

儲け ··································· 12
目標売上高 ···················· 139, 161
目標当期純利益 ····················· 161
持ち合い株式 ························· 63
モルモット企業 ····················· 187

ゆ

有価証券 ······ 32, 37, 62, 95, 204, 205, 245
有価証券報告書 ········3, 10, 19, 23, 71, 99,
110, 115, 165, 179
有形固定資産 ······ 32, 37, 83, 84, 85, 101,
102, 203, 216, 218, 258
有形固定資産回転率 ··············85, 132, 216
有形資産 ···························32, 83
融通手形 ···························· 298
有利子負債 ········ 37, 50, 56, 64, 94, 103,
171, 268, 296, 299
有利子負債回転期間 ······ 97, 104, 226, 299
有利子負債返済期間 ·························· 104

よ

予算資金運用表 ····················· 263
予算損益計算書 ················· 162, 262
予算貸借対照表 ····················· 162
四半期報告書 ······················· 116

り

リース ···························· 105
リース債権 ·····················37, 66
リース債務 ························· 37
リーマンショック ·················· 179
利益剰余金 ········ 107, 121, 221, 263, 287
利益処分計算書 ····················· 27
利益増減要因分析 ········114, 134, 135, 148
利益増減要因分析表 ······142, 143, 278, 293
利害関係者 ······················· 9, 11
利鞘 ·····················61, 131, 197
利子率 ···························· 39
利得行為 ··························· 3
リトマス試験比率 → 当座比率
流動化 ·············· 37, 47, 96, 202, 203
流動資産 ·················· 32, 46, 47, 259
流動性 ····················· 11, 114
流動比率 ········ 46, 47, 52, 94, 194, 249
流動負債 ·················· 32, 46, 47, 259

れ

利用価値 ···························· 85
両建て ··························48, 54

れ

連結財務諸表 ··········· 18, 25, 26, 28, 75
連結貸借対照表 ···············63, 107, 108

ろ

労務費 ···························· 78
ローン ···························· 105

わ

割引手形 ··················· 37, 67, 94, 95, 96

［著者］

高田 直芳（たかだ・なおよし）

公認会計士、株式会社CPAファクトリー取締役社長。
都市銀行勤務を経て、1997年公認会計士開業登録。
2009年から2013年まで、公認会計士試験委員。

【論文受賞歴】
新日本法規財団奨励賞（2015年3月）
対象論稿名『会計学と原価計算の革新を目指して』
【主な著書】
『「戦略会計」入門』『「管理会計」入門』『戦略ファイナンス』『原価計算』『「経営分析」入門』『会計は、コストをどこまで減らせるのか？』『会計＆ファイナンスのための数学入門』（以上、日本実業出版社）
『ほんとうにわかる財務諸表』『ほんとうにわかる管理会計＆戦略会計』『ほんとうにわかる経営分析』（以上、PHP研究所）
【eラーニング】『よくわかる管理会計入門』（日本経済新聞社）
【ホームページ】『会計雑学講座』http://www2s.biglobe.ne.jp/~njtakada/

［決定版］新・ほんとうにわかる経営分析

2016年2月12日　第1刷発行
2016年2月24日　第2刷発行

著　者──高田直芳
発行所──ダイヤモンド社
　　　　　〒150-8409　東京都渋谷区神宮前 6-12-17
　　　　　http://www.diamond.co.jp/
　　　　　電話／03·5778·7236（編集）03·5778·7240（販売）

ブックデザイン──ISSHIKI
校正────加藤義廣（小柳商店）
製作進行──ダイヤモンド・グラフィック社
印刷────堀内印刷所（本文）・加藤文明社（カバー）
製本────川島製本所
編集担当──横田大樹

© 2016 Naoyoshi Takada
ISBN 978-4-478-06737-6
落丁・乱丁本はお手数ですが小社営業局宛にお送りください。送料小社負担にてお取替えいたします。但し、古書店で購入されたものについてはお取替えできません。
無断転載・複製を禁ず
Printed in Japan

◆ダイヤモンド社の本◆

現場でのニュアンスまで解説した「英語×会計」ジャンルの決定版

見開き2ページで会計英単語1つを取り上げ、日本語との意味の違いや実務上の注意点、類似用語との違いまで深堀して解説。また、関連用語や他の単語と組み合わせた使い方も例示するほか、米国のAnnual Reportでの実例から、著名企業がその単語をどのように使っているかも紹介する。

会計プロフェッショナルの英単語100
世界の一流企業はこう語る
大津広一・我妻ゆみ [著]

●四六判並製●定価（本体2000円＋税）

http://www.diamond.co.jp/